U0856935

2019年度浙江省哲学社会科学规划后期资助课题（19HQZZ01）

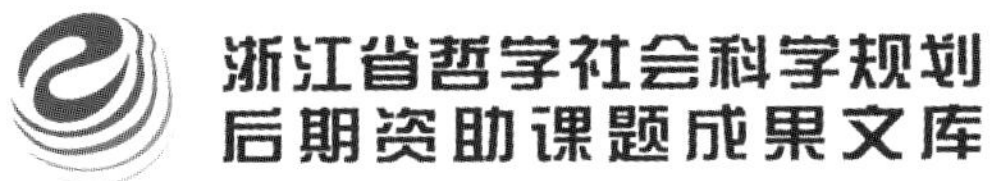

冲突与交融：民国时期教会大学华人校长角色研究

杨习超　著

中国社会科学出版社

图书在版编目(CIP)数据

冲突与交融：民国时期教会大学华人校长角色研究／杨习超著．—北京：中国社会科学出版社，2021.5

（浙江省哲学社会科学规划后期资助课题成果文库）

ISBN 978-7-5203-8688-3

Ⅰ.①冲…　Ⅱ.①杨…　Ⅲ.①教会学校—高等学校—华人—校长—学校管理—研究—中国—民国　Ⅳ.①G649.296

中国版本图书馆CIP数据核字(2021)第127820号

出 版 人　赵剑英
责任编辑　宫京蕾
特约编辑　刘淑秀
责任校对　周　昊
责任印制　李寡寡

出　　版　中国社会科学出版社
社　　址　北京鼓楼西大街甲158号
邮　　编　100720
网　　址　http：//www.csspw.cn
发 行 部　010-84083685
门 市 部　010-84029450
经　　销　新华书店及其他书店

印刷装订　北京君升印刷有限公司
版　　次　2021年5月第1版
印　　次　2021年5月第1次印刷

开　　本　710×1000　1/16
印　　张　17.75
插　　页　2
字　　数　300千字
定　　价　98.00元

序

杨习超博士的新著《冲突与交融：民国时期教会大学华人校长角色研究》，以民国时期教会大学16位华人校长为样本，系统研究了他们的角色冲突与交融问题。这部著作是在其博士学位论文基础上修改、加工出版的，其特点是文献资料丰富、翔实，并且运用了历史制度主义和社会认同理论作为理论视角，阐释了教会大学华人校长角色从冲突到交融的过程、成因及历史价值。

中国近代的教会大学，是西方列强在轰开了沉重的国门之后乘虚而入的。其实这些教会大学在向中国政府立案之前，就是外国人利用不平等条约自说自话建在中国土地上的外国大学，特别是那些办在“租界”里的教会大学，彻头彻尾就是建在其中国“飞地”上的外国大学。20世纪20年代中期，“收回教育权”运动风起云涌，迫使办在中国的外国教会大学必须向中国政府立案，而立案的必备条件之一是必须由华人担任校长。本书述及的华人校长，全都是在这样的背景下被教会方面遴选出来的。

教会大学虽然向中国政府立了案，校长也都由华人担任，形式上看似乎是中国的大学了，其实不然，它们在骨子里仍然是“外国的”大学，这是因为，这些大学的举办者是外国教会，办学经费来自外国教会，校董会由外国教会控制，校长由外国教会任命（有几所教会大学在华人担任校长之后，原先的外籍校长转身变成了掌握实权的“校务长”），办学基本上也沿袭了教会所在国的大学模式。因此，当这些中国精英坐上教会大学校长的位置时，导致校长角色冲突的各种要素，实际上已经内置在这个位置之中了。

本书在三个维度上展现了教会大学华人校长的角色冲突，即“华人校长教育家身份与其代理人身份的冲突”“中西文化冲突与价值观碰撞”“双重办学主体下华人校长的经济独立性缺位”，其实质也就是“教育”

与“宗教”的冲突，“中学”与“西学”的冲突，“国府”与“教会”的冲突。这些冲突是教会大学华人校长在整个办学过程中始终都无法回避的主要的矛盾，也是他们当时面临的共同难题。

好在这些华人校长个个都学贯中西，兼有宗教情怀和家国情怀（这也是他们既能够被教会选中同时又为中国政府所接受的原因），因此他们比其他任何国人都更有可能利用自身的这些优势来化解冲突，在各种冲突的矛盾中寻求平衡：“教育”与“宗教”的平衡，“中学”与“西学”的平衡，“国府”与“教会”的平衡。搞平衡，会让人联想到和稀泥、打太极。设身处地地为这些华人校长考虑一下，在那样的教会大学里，打太极可能还真不失为一种有效的化解手段，更何况这种太极绝不是其他什么人打得了的。更重要的是，他们打太极搞平衡，显然还有更深层的意义。因为在华人校长掌校之前的这些教会大学，宗教甚于教育，西学压倒了中学，教会权威盖过了国府。华人校长上任之时，“宗教”“西学”“教会”在学校里全都呈碾压之势，根本用不着去“平衡”，而需要“平衡”的，恰恰是“教育”“中学”“国府”。因此，华人校长在种种冲突关系之间致力于建立“平衡”，其倾向性是显而易见的，目的正在于扶持“教育”和“中学”，在于重视“国府”。这种倾向性，是由他们的家国情怀和民族感情所决定的。其实，这些华人校长在各种冲突之间也并非总是倾向于打太极、搞平衡，从钟荣光、刘湛恩、陈裕光、吴贻芳等校长对“中国化”办学目标的不懈追求中，我们还是可以看到他们勇往直前的一面的。

从角色冲突到角色交融，对教会大学的华人校长来说，其实就是校长个人职业发展和进步的过程；对于学校来说，其实就是西式教会大学在中国土壤里蜕变改性的过程。从角色冲突到角色交融，实质乃是华人校长个人的职业发展和西式教会大学在中国蜕变改性交织在一起的一个历史过程。在这个过程中，有校长个人的因素在起作用，也有时代和社会的因素在起作用。在后一方面，本书虽有论及，但略欠深入，这是需要作者在后续的研究中予以加强的。

周　川

2019 年 8 月 20 日

前　言

19世纪中后期，近代中国高等教育在西学东渐的潮流中发轫，西方基督教传教士在华创办的10多所教会大学扮演着中国高等教育舞台上的重要角色。教会大学与西方列强有着千丝万缕的联系，文化侵略原罪难辞，但它们通过建学校、开医院树立起慈善形象，赢得广泛的社会认同。中国社会对西学的迫切需求也为教会大学的发展提供了宽松的空间。清政府慑于列强的坚船利炮，对西方传教士在华的办学、传教行为少有干涉。民国伊始，国人民族主义意识高涨，“非基督教”运动和“收回教育权”运动迫使教会大学在办学形式上作出调整，由清末的自主办学转变为民国时期的注册立案。嗣后，国民政府公布了《私立学校规程》等法令，规定教会大学“须由中国人任校长”，由此揭开了中国教会大学华人校长的历史序幕。

本书主要就东吴大学杨永清，金陵大学陈裕光，燕京大学吴雷川、陆志韦，沪江大学刘湛恩，圣约翰大学涂羽卿，华中大学韦卓民，华西协合大学张凌高，岭南大学钟荣光、陈序经，齐鲁大学朱经农，福建协和大学林景润，之江大学李培恩，金陵女子文理学院吴贻芳，华南女子文理学院王世静，以及辅仁大学陈垣等16位华人校长开展研究，他们的任职时间大都在1927年国民政府成立至新中国成立初期。

本书运用政治学和经济学的制度理论、社会学的身份认同理论等多学科的研究方法，从宏观的制度因素和微观的个体因素分析了民国时期教会大学华人校长的角色形成、冲突与交融，从近代中国社会制度变迁、中西文化冲突和华人校长个体认知等方面解读其角色冲突的成因、角色交融的特征及历史价值。具体章节安排如下：

第一章介绍了本书的选题思路、研究意义，对中国教会大学华人校长的相关文献进行了综述，引出了本研究的问题，设计了研究方法，规划了研究内容及逻辑框架。

第二章首先对本书的核心概念进行了解释和界定，包括中国教会大学、华人校长角色、角色冲突与交融。同时对本研究的理论基础进行了详细阐述，从宏观层面上运用历史制度主义理论对教会大学华人校长群体角色的形成和发展进行分析，从微观层面上运用社会认同理论解读了华人校长的角色冲突、交融及历史价值。

第三章对教会大学华人校长的角色形成及其特征进行了分析，总结了华人校长角色形成、角色冲突与交融的外部表征和概念内涵。从华人校长与西方教会、国民政府及中国社会的多重关系，以及近代中国社会变迁角度分析了华人校长角色诞生的历史机缘，并从华人校长身份的多重性解读其角色特征。

第四章对教会大学华人校长角色冲突的对象、表现形式及其影响进行了分析。从国民政府法令的政治强制力，西方教会的基督教文化驱动力，以及中国社会对西学东渐的积极回应等制度要素出发，探讨了华人校长角色身份的多重性、组织的交叉性和行动的矛盾性等多重角色特征及其对教会大学办学的影响。

第五章对教会大学华人校长角色冲突的原因进行了分析。华人校长多重角色代理人身份的冲突性，中西文化冲突和价值观碰撞，双重办学主体下华人校长经济独立性的缺位等三个方面，即组织文化、社会制度、经济资源是华人校长角色冲突的根本原因。宗教信仰是教会的文化核心，政治统领是民国时期中国社会制度的特征，经济和人力资源是教会对大学控制的物质基础，基督化与中国化的融合则是华人校长角色认知的价值导向，也是华人校长角色冲突与交融的本质。

第六章对华人校长角色冲突过程中的交融特征及其历史价值进行了分析。华人校长积极推动“中学为体，西学为用”对立性教育制度向中西教育制度的融合，缓和了国民政府一元政治生态对西方基督教思想的排斥，以时代赋予的教育家的理性，有效地调和了自身的角色冲突，推进了教会大学的社会认同。华人校长在多重角色制约下表现出卓越的时代教育家形象，开拓仁德、实利并重的教育活动和社会服务，对现代大学制度建设中校长角色定位的探讨具有珍贵的历史借鉴价值。

第七章对本书的核心观点和理论贡献作了总结，对未来的研究提出了展望。本书提出了华人校长角色冲突的概念，对华人校长群体的核心特征作出理论刻画，形成本书研究的核心主题；围绕华人校长角色冲突与交融这一主题概念，把以往研究的人物叙事与近代中国制度变迁关联起来，形成了本书研究的核心线索，架构出华人校长角色研究的有机整体，建立了区别于前人研究的新视野；从华人校长角色的内外部联系出发，确定了问题的整体研究框架，构建了华人校长角色现象研究整体的解释体系；分析了华人校长角色交融的特征，对近代中国制度变革时代背景下该群体的角色行为、思想演变及其历史价值进行了历史反思，并对后续研究提出展望。

本书以民国时期教会大学华人校长群体研究与国内外从事中国教会大学史、中西文化对比以及高等教育国际化研究的学者朋友交流，敬请提出宝贵意见。

目　　录

第一章

绪　论

第一节　问题提出与选题意义

一　问题提出

基督教大学在世界高等教育史上历史悠久，占有极其重要的学界地位。许多国际一流大学都有深厚的教会渊源，如英国的牛津大学、剑桥大学，法国的巴黎大学，德国的海德堡大学，奥地利的维也纳大学，美国的哈佛大学、耶鲁大学、康奈尔大学等。始于清末民初的近代中国高等教育建制，与19世纪来华传教的欧美基督教团体存在非常直接的关系。近代中国最早的三所官办大学——京师大学堂、北洋大学堂和山西大学堂都曾得到了西方基督教传教士的支持。以李提摩太（Timothy Richard）、明恩溥（原名阿瑟·亨德森·史密斯，Arthur Henderson Smith）等为代表的传教士积极说服英、美政府退还部分庚子赔款，用于山西大学堂和清华学校等高等教育机构的建设。《第二次中国教育年鉴》记载，“清同治元年，设同文馆于北京，聘请英籍教师二人，培养翻译人才，从事外交事务。”①后同文馆改为京师大学堂，1898年，美国北长老会传教士丁韪良（William Alexander Parsons Martin）被聘为京师大学堂（今北京大学前身）总教习；1902年，美国公理会传教士丁家立（Tenney Charles Daniel）担任北洋大学（今天津大学前身）总教习；同年，英国浸礼会传教士李提摩太担任山西大学堂西学书斋总理。周川教授认为：“中国近代大学建制的发展过程，是不断摆脱古代官学影响而逐步引入西方现代大学模式的过

① 教育部教育年鉴编纂委员会：《第二次中国教育年鉴》（第5编），商务印书馆1948年版，第489页。

程，是对‘大学’的本质不断探索、对‘大学’本质的理解不断深化的过程，也是通过法律形式不断加以规范的体制化过程。”① 19 世纪末期开始在华创办的中国教会大学，承袭了西方大学的模式，它们从最初的外籍传教士掌校，发展到后来的华人校长掌校，实现了传教功能向教育功能的转型，培育了中国教会大学特色的人文教育思想和现代大学理念，在实践中诠释了近代中国大学制度建设的求索之路。

清末民初的中国正处在从近代社会向现代社会转型蜕变的重要阶段，国内政治风云变幻，文化思想激荡，内忧外患迭起。新与旧、中与西、自由与专制、激进与保守，各种社会力量跻身中国的历史舞台。鸦片战争之后，西方列强用炮舰敲开了闭关锁国的清政府大门，与此同时，西方传教士在不平等条约的庇护下获得了在华居住权和传教权，他们办学校、开医院、建教堂，传播基督教文化信仰，培养神职传教人员，形成了一股强势的外来文化力量。1844 年 10 月 24 日，清政府签署了《中法黄埔条约》，第二十二款规定，“佛兰西人亦一体可以建造礼拜堂、医人院、周急院、学房、坟地各项，地方官会同领事官，酌议定佛兰西人宜居住、宜建造之地。……倘有中国人将佛兰西礼拜堂、坟地触犯毁坏，地方官照例严拘重惩”②；1845 年 11 月 29 日中英《上海租地章程》第十条规定，“洋商租地后，得造房屋，供家属居住并供适当货物储存；得修建教堂、医院、慈善机关、学校及会堂”③；1860 年 10 月 25 日《中法北京条约》第六款规定，“应如道光二十六年正月二十五日上谕，即晓示天下黎民，任各处军民人等传习天主教、会合讲道、建堂礼拜，且将滥行查拿者，予以应得处分。又将前谋害奉天主教者之时听充之天主堂、学堂、茔坟、田土、房廊等件应赔还，交法国驻扎京师之钦差大臣，转交该处奉教之人，并任法国传教士在各省租买田地，建造自便”；1868 年 7 月 28 日《中美华盛顿续约》第七条规定，“……美国人可以在中国按约指准外国人居住地方设立学堂……”④ 1906 年，清政府学部发布《咨各省督抚为外人设学无庸立案文》指出：“至外国人在内地设立学堂，奏定章程并无允许之文；除已设

① 周川：《中国近代大学建制发展分析》，《北京大学教育评论》2004 年第 3 期。

② 王铁崖：《中外旧约章汇编》（第一册），三联书店 1957 年版，第 62 页。

③ 王铁崖：《中外旧约章汇编》（第一册），三联书店 1957 年版，第 67 页。

④ 王铁崖：《中外旧约章汇编》（第一册），三联书店 1957 年版，第 263 页。

各学堂暂听设立，无庸立案外，嗣后如有外国人呈请在内地开设学堂者，亦均无庸立案”。[①] 从《中法北京条约》的“自便”到学部的“无庸立案”，清政府对教会大学的既不支持也不干涉态度，为西方基督教传教士在华办学留出了较为宽松的空间。

1864 年，美国南北长老会派狄考文（Calvin Wilson Mateer）筹建登州文会馆（齐鲁大学前身），1888 年，长老会在广州创设格致书院（岭南大学前身），1879 年美国基督教监理会在苏州天赐庄开办博习书院（东吴大学前身），到 19 世纪末 20 世纪初，基督教各教派在华先后办起 10 多所大学，分布在中国 11 个省区，包括广州的岭南大学，苏州的东吴大学，北平的燕京大学和辅仁大学，济南的齐鲁大学，南京的金陵大学和金陵女子文理学院，杭州的之江大学，上海的沪江大学、圣约翰大学和震旦大学，成都的华西协合大学，武汉的华中大学，福州的福建协和大学和华南女子文理学院等。从晚清政府、北洋政府和南京国民政府到社会精英、普通民众及就读于教会大学的青年学子，不同的社会群体对教会大学所代表的西方文化制度反应不一，或提防、或对抗、或融合、或旁观，也不乏崇拜甚至皈依者。以燕京大学、东吴大学和上海圣约翰大学为代表的 13 所新教教会大学扬名海内外，涵盖文学、理学、工学、农学、医学、法学、商学、图书馆学及体育学等多种学科，培养出一大批杰出校友，如上海圣约翰大学的林语堂、邹韬奋、顾维钧、周诒春、陶行知、荣毅仁、经叔平等，燕京大学的黄华、侯仁之、谢家麟等，东吴大学的费孝通、雷洁琼、赵朴初、马寅初、李政道、谈家桢、陆志韦、查良镛等，沪江大学的徐志摩、李公朴、吴经熊等，震旦大学的马君武、邵力子、于右任等。这些教会大学的知名校友后来成为民国时期和中华人民共和国成立初期政、工、商、学等各个领域的领导者和开拓者。以东吴大学校长杨永清、燕京大学校长陆志韦、金陵大学校长陈裕光、金陵女子文理学院校长吴贻芳、华南女子文理学院校长王世静等为代表的中国教会大学华人校长是教会组织的门生，同时，他们又是担负国家命运的民族教育家。回溯那段历史，中国教会大学曾经是近代中国放眼望世界的窗口，也是中国社会走出闭关锁国、开启中西文化交流的重要平台。教会大学创办之初虽然是以传播基督

① 朱有瓛、高时良：《中国近代学制史料》（第四辑），华东师范大学出版社 1993 年版，第 26 页。

教的身份出现，但是事实上也带来了西方的自然科学和民主思想，引领中国走出传统的封建体制，开启了对外改革开放和文化交流，为近代中国培养了大批新式的知识人才，奠定了近现代中国大学教育的基础。对曾经的教会大学开展多学科、多视角和跨文化的研究，对于当今高等教育国际化风起云涌，改革浪潮变幻中的中国大学发展具有深刻的理论和现实意义。

新中国成立以来，关于民国时期的中国教会大学，国人不乏贬斥之言，教会大学的相关研究无视教会大学在教育层面的成就，紧揪着“基督教伴随着帝国主义的炮舰进入中国”的原罪不放，教会大学也就成了文化侵略的代名词。今天，再回首观望中国教会大学在华发展的历史，从文化交流的角度不失为西方对中国教育的贡献。但是，在那个西方资本主义扩张、军事霸权横行的历史时代，教会大学的传教士仰仗中外不平等条约的庇护，获得了诸多超领土、超国民的治外法权，其中不乏傲慢者蔑视甚至欺凌国人，大大挫伤了中国人的民族情感，基督教在华传播从一开始就被打上了文化侵略的烙印。但是，数十年后，以教会大学华人校长为代表的大批近代中国知识界精英竟然“从”了基督教信仰，反过来证明了教会大学在文化和价值信仰层面拥有特殊的认同度。杨永清、陈裕光、吴贻芳、张凌高、李培恩、林景润和王世静等一批优秀的中国教会大学华人校长成为虔诚的基督徒，在思想上、文化上认同教会大学的教育理念，值得学界做深入的思考和研究。从 19 世纪中期初具雏形到 20 世纪 50 年代告别历史舞台，教会大学在华培养出大批民国精英和新中国的建设人才。从燕京大学的司徒雷登（John Leighton Stuart）、金陵女子大学的德本康夫人（Mrs. Laurence Thurston）、东吴大学的林乐知（Young J. Allen）、上海圣约翰大学的卜舫济（Francis Lister Hawks Pott）等教会大学外籍校长，到杨永清、刘湛恩、李培恩、陈裕光、钟荣光、陆志韦、吴贻芳等第一代教会大学华人校长，他们经历数十年，从几间民房、几位教师、几个学生到钟楼巍峨、校舍隽秀，从八股经学到理工农医，最终随着时代的节奏倾覆崩塌，惨遭历史无情地淹没，需要给他们一个理性的评价。

晚清时期，教会大学被赋予了较为宽松的发展空间。辛亥革命之后，新成立的国民党政府陆续颁布了一系列要求教会大学立案的法令，加快了教会大学的改组。1925 年 11 月 16 日，教育部颁布了《外人捐资设立学校请求认可办法》，第三条规定“学校之校长，须为中国人，如校长原系外国人者，必须以中国人充任副校长，即为请求认可时之代表人"[①]。1926 年 10 月 18 日，国民政府中央教育行政委员会公布《私立学校规程》与《私立学校校董会设立规程》，规定外国人设立及教会设立的学校为私立学校，"须受教育行政机关之监督及指导"，"私立学校不得以外国人为校长，如有特别情形，得另聘外国人为顾问"；"私立学校不得以宗教科目为必修科，亦不得在课内作宗教宣传"；"私立学校如有宗教仪式，不得强迫学生参加"。在学校董事会组成上，规定"外国人不得为校董；但有特别情形者，得酌量充任，惟本国人董事名额占多数；外国人不得为董事长，或董事会主席"[②]。1928 年 2 月，大学院又公布了《私立学校条例》，第六条规定"私立学校校长须以中国人充任"[③]。国民政府对于教会大学重组的核心要求是教会大学改由中国人为校长，中国人在董事会中占多数，实质是逐步推动教会大学的中国化，学校的管理要纳入到中国政府的管辖之下。近代中国在与西方列强和东方的日本较量中屡受屈辱，整个民族从切肤之痛中认识到现代教育的重要性。某种意义上，华人校长角色的确立是教会大学中国化的象征，身在中国社会近代化的历史前沿，他们要肩负起中国政府、青年学子和社会民众对他们特殊的角色期待；而作为教会组织精心选任的教会大学校长，他们又潜意识地被赋予了西方基督教组织对他们的角色期待；作为新旧时代转型期的民族精英知识分子，华人校长拥有新时期学者理性的自我认知，他们从自身的理性评判出发，对西方教会、国民政府、现代大学教育的本质及中华民族的命运都饱含自身特殊的期待。他们从跻身近代中国历史舞台那一刻起，便汇集了众多角色期待于一身，这些期待之间有共性也有差异，有合作也有冲突。教会和国民政府凭借强大的组织资源，在这组多重关系中占据优势，压制华人校长的个性表达；反过来，这些华人校长所拥有的精英知识分子的理性和教育家的使命感，则推动着他们积极探索一条举办新教育、创造新思维、树立新文化、尝试新制度、改良新中国的教育救国之路。

本书的研究对象以中国教会大学首任华人校长为主，包括东吴大学杨永清，金陵大学陈裕光，燕京大学吴雷川，沪江大学刘湛恩，圣约翰大学

---

① 国民政府：《政府公报》，第 3459 号，1925 年 11 月 20 日。

② 上海市档案馆外滩馆档案，档案号：Q249-1-8。

③ 国民政府大学院：《大学院公报》第 1 年第 3 期，1928 年 3 月。

涂羽卿，华中大学韦卓民，华西协合大学张凌高，岭南大学钟荣光，福建协和大学林景润，金陵女子大学吴贻芳和华南女子大学王世静等。燕京大学第二任华人校长陆志韦，曾任齐鲁大学校长的朱经农和吴克明，以及之江大学校长李培恩等人，分别在本校历史上长时间主政，在他们掌校期间的影响也较大，他们的校长职位行为、宗教教育思想以及与国民政府、西方教会之间的关系也是本书所重点关注的。

二 选题意义

历史以来，大学的声誉和重大发展往往铭刻有某个校长的教育思想、办学理念和其他个人标签，如艾略特之于哈佛大学，蔡元培之于北京大学，梅贻琦之于清华大学等。本书循着近代中国社会变迁的足迹，基于翔实、可靠的文献资料，本着尊重历史、科学治学的态度，管窥那个特殊的历史时代，剖析中国高等教育史上绝无仅有的教会大学华人校长现象背后的本质，不仅充满挑战，而且对今天的中国大学制度建设具有现实的借鉴意义。

从隋、唐年间科举取士制度开始，到清末民初时期现代大学的出现，中国社会经历了从封建王权制度向共和民权制度的转型，这个过程的典型特征就是学习和效仿西方的社会制度。一直以来，旧式科举教育取才的主要目的是为统治者服务，与旧式教育依附权力的积弊相对，现代大学则以民主、科学和开启民智的崭新面目示人，提倡人性解放和民主思想。李鸿章、张之洞、曾国藩等清末洋务派官员大力倡导西学，办学堂，兴实业，虽其本意为“制夷”，但在生产实践中逐渐改良了旧制，引入了新思维；蔡元培在北京大学倡导“兼容并包”在教育领域引领了中国社会的思想解放和理性发展。教会大学作为民国时期成绩卓越的私立大学，代表了近代中国“西学东渐”的成果，为中国社会学习西方搭建起文化沟通的平台。1906 年，孙家鼐、张百熙会同张之洞递交的《学部奏请宣示教育宗旨折》中说：“中国政教之所固有而亟宜发明以距异说者有二：曰忠君，曰尊孔。中国民质之所最缺而亟宜箴砭以图振起者有三：曰尚公，曰尚武，曰尚实。”① 学部的这份奏折把“公”提到了教育宗旨的第一位，映射了几千年来封建社会延续的“学而优则仕”官本位统治思想的狭隘和

① 两江学务处：《学务杂志》，南洋官报局排印，第六期。

追逐私利之弊。教会大学重视平民教育、开启民智的先进文化模式推动了中国几千年来知识由“为上服务”转向“为下服务”①。在当时，学习西方为朝野所追捧，上流官宦纷纷送子弟入读教会大学，即便在国立大学，也大量聘用外籍教授。根据民国教育部高等教育司的统计，京师大学堂在光绪三十二年，全校教员有35人，14人为外籍教授，以民国六年计，国立大学有北京大学、北洋大学两校，其他尚有公私立大学八校。② 教会大学华人校长作为近代中国社会“西学”范例和基督教教育的“产品”，他们顺应时代，肩负时代重托，传承基督教的奉献、牺牲和服务精神，实施教育救国使命。研究这批特殊的知识精英群体，了解西式大学这一新生组织进入中国社会中心的历史背景，剖析近代中国社会在告别闭关锁国旧制，开创开放新制，与西方进行文化交流、对话过程中存在的共性与差异、合作与冲突，发现近代中国知识分子教育救国的理想与现实之间的差距，对高等教育社会生态研究具有重要的理论和实践价值。

1. 理论意义。龚放教授在“当代高等教育前沿问题研讨会”上说：“如果我们不在复杂而又剧烈的社会变革中不断地回溯和追问，那么，高等教育的本质特点、大学精神、文化底蕴和人的发展的价值等等，常常会被功利挤占，被浮云遮蔽，被大呼猛进的人们所淡忘。”③ 本书从历史制度主义视角梳理了中国教会大学华人校长的角色冲突，从理论上揭示了近代中国高等教育建制过程中内外部因素的运行机制及其影响；从社会认同视角剖析教会大学华人校长角色行为，从理论上揭示了近代中国知识分子放眼望世界过程中的自我解放，阐述了他们在处理大学与政府、教会、民族等各种关系时所展现的特殊视野，诠释了大学走入现代社会中心需要处理好的政治、文化和社会等问题，为当代大学在错综复杂的现代社会关系中构建现代大学制度提供了理论依据和历史参照。

2. 实践意义。中国教会大学实现了从传教功能向教育功能的蜕变，在华人校长任上逐步实现了中国化和本土化。20世纪50年代之后，世界各民族逐步告别了封建集权体制，进入民主共和时代，价值观和思想的多

---

① 杨习超、陈新忠：《社会认同视域下教会大学农村公共服务研究》，《华中农业大学学报》（社会科学版）2016年第4期。

② 杜元载：《抗战前之高等教育》，中国国民党党史编辑委员会1971版，第38页。

③ 龚放：《对教育本质的反思与追问：高教研究的重要前沿》，《中国高教研究》2003年第6期。

元化成为主流。大学作为思想活跃、文化多元的营地，其发展走向将影响整个社会的未来前景。香港回归之后，中国实际上又重新拥有了基督教大学——香港中文大学崇基学院和香港浸会大学，未来台湾地区的回归也必将涉及台湾辅仁大学、东吴大学和中原大学等基督教大学的问题。华人校长角色冲突研究对于宗教信仰自由的大环境下，如何从正面引导宗教信仰，提升宗教信徒们的知识层次、道德修养和社会责任，使中国的基督徒像民国时期教会大学华人校长为代表的基督教杰出人士，把基督教的“爱与奉献”与中国高等教育事业及中国社会建设事业有效地结合起来，弘扬当年捐资办学，创设医疗服务的正能量，树立积极向上的现代宗教精神，开辟多元文化背景下的现代大学制度，具有宝贵的实践借鉴价值。英国教育哲学家约翰·亨利·纽曼曾提出：“大学提供的智育文化其本身是非常高贵的，不仅与社会的、活跃的职责相关，而且与宗教影响相关。……一方面，我们把理性交给大学，另一方面，我们把道德交给宗教。”① 他指出，大学相对于教会是独立的。但是，离开了教会的帮助，大学就不能充分地完成其目的，因为教会对实现大学的完整性是必要的，神学作为宗教意义的真理，在这种完整的知识体系中，是一个不可分割的组成部分。宗教的介入非但不会改变大学的特征，反倒会使大学在履行其智育职能的过程中表现得更稳健，更具教育力。关于宗教对大学的责任，纽曼认为大学为实现其目的就应接受宗教的道德影响。② 德国古典哲学创始人康德也认为：“道德不可避免地要导致宗教。”③ 中国教会大学华人校长群体研究对于建设现代大学的理性和道德思考，以及青年的多元价值批判具有历史借鉴意义。

第二节 相关文献综述

新中国成立伊始，“视洋为敌”成为当时中西国际关系的常态，在华西方传教士也遭到了大规模的驱逐。1951 年年初，新中国教育部全面接管外国人在华所办的教会学校和教会医院，1952 年，教育部在全国高校

---

① John Henry Newman：*The Idea of A University*，San Diego：Ubi Caritas Press，2016：137.

② 徐辉、顾建新：《纽曼及其〈大学的理想〉》，《中国大学教学》2003 年第 4 期。

③ ［德］康德：《单纯理性限度内的宗教》，李秋零译，中国人民大学出版社 2012 年版，第 3 页。

范围实施了院系大调整，之后，西方传教士与他们为之奋斗近一个世纪的教会大、中学校，彻底在历史的洪流中湮灭。长期以来，教会大学研究在国内学术界属于敏感区域，基督教传教士、教会等多被冠以“帝国主义侵华工具”等字眼儿，曾经就职于教会大学的教职员工也不得不小心翼翼掩盖自己的经历。1978 年，党的十一届三中全会召开给中国教育界和文化界带来了巨大变化，邓小平提出了“实事求是”“解放思想”。人们才挣脱种种思想束缚，重新开始审视中国教会大学的历史，对之作出新的评价。[①] 美国普林斯顿大学林蔚博士曾经颇为乐观地说：“这些研究趋向乃是中国同西方世界重新接触的合乎自然的结果。中国与西方的重新接触再次提出了一系列社会、文化和知识的相互影响问题。这些问题在 1949 年以前的历史中曾不断激起尖锐的思想冲突，一些西方学者业已经历了这一饶有兴味的探索过程，而如今中国学者也正在开始进行这方面的探索。”[②]

一 中国教会大学研究的兴起及成就

20 世纪 80 年代，在党的十一届三中全会和改革开放政策的提振下，中国又一次掀起了学习西方的热潮，西学东渐风尚再起，国内对中国教会大学的相关研究也日臻成熟。华中师范大学章开沅教授，四川大学顾学稼教授，杭州大学曾钜生教授，福建师范大学高时良教授，苏州大学王国平教授、周川教授，上海大学陶飞亚教授，复旦大学徐以骅教授、王立诚教授，北京师范大学史静寰教授等先后撰文、出版著作，对曾经风靡一时却在争议中陨落的中国教会大学展开研究。香港中文大学吴梓明教授所在的崇基学院、美国耶鲁大学中国基督教高等教育研究中心、鲁斯基金会等地则成为中国教会大学研究的重要海外基地。美国新泽西州立罗格斯大学中国历史学教授杰西·格·卢茨（Lutz Jessie Gregory）女士和曾任金陵大学英文系教授的芳·威廉（William P. Fenn）博士是中国教会大学研究的海外知名学者。

首先，在华中师范大学校长章开沅教授和四川大学历史系顾学稼教授带领下，国内自 1988 年起连续召开了几场重要的中国教会大学研究国际会议。1988 年 3 月，章开沅教授、顾学稼教授和美国普林斯顿大学林蔚

① 马敏：《近年来大陆中国教会大学史研究综述》，《世界宗教研究》1996 年第 4 期。

② ［美］林蔚、章开沅：《中西文化与教会大学》，湖北教育出版社 1991 年版，第 5 页。

博士共同主持了中国教会大学史研究工作会议，就中国教会大学史研究的意义、方法以及相关研究的中外学术合作等主题进行了广泛的探讨和磋商。参加会议的学者主要来自北京大学、华中师范大学、复旦大学、苏州大学和杭州大学等历史上有着教会渊源的大学。1989 年 6 月 1—3 日，第一届“中国教会大学史国际学术研讨会”由章开沅教授领衔，在华中师范大学开幕。出席本次会议的中国学者有 30 余位，分别来自中国社会科学院、中国第二历史档案馆以及四川联合大学、复旦大学、南京大学等国内 8 所高校。出席会议的国外学者包括 8 名美国学者，一名加拿大学者及两名来自香港的学者。会议得到美国鲁斯基金会的资助。[①] 会后，章开沅教授和林蔚博士联合主编了《中西文化与教会大学》，正式开启了中国内地教会大学史研究的序幕。1991 年 6 月，第二届教会大学史国际学术研讨会在南京师范大学召开，大会的主题是“教会大学与中国教育现代化”，到会的学者分别来自中国内地，香港、台湾地区，美国、加拿大。会议的主题涉及中国教会大学当年的办学环境及办学特点等问题。1994 年 5 月，在四川联合大学召开了关于中国教会大学研究的研讨会，会议的主题为“教会大学与中国现代化”，就民国时期教会大学与中国社会、政治、文化、教育、经济、宗教，以及教会大学的校园建筑、教会大学抗战时期的内迁历史、基督教在中国内地的传播、基督教在华传教政策等问题展开讨论。会后，顾学稼教授主持编撰了《中国教会大学史论丛》。1995 年 10 月，华中师范大学主持召开了“社会转型与文化变迁国际学术研讨会”。主要讨论了教会大学与近代中国社会转型、教会大学的国际化特征等问题。徐以骅教授指出，这些研讨会从各个侧面反映了中国学者正视过去的基督教教育事业，重新肯定基督教教育事业在中国社会发展历程上所产生的积极影响和成果。[②]

1994 年，章开沅教授带领他的研究团队创建了“中国教会大学史研究中心”，1999 年，章开沅历史文化中心与鲁斯基金会合作，完成了《中国教会大学史研究丛书》，对当年的北平燕京大学、武昌华中大学、福州福建协和大学、金陵女子文理学院、杭州之江大学、上海圣约翰大学、山

① 马敏：《架设沟通中西文化的桥梁——章开沅先生与中国教会大学史研究》，《华中师范大学学报》（哲学社会科学版）1995 年第 3 期。

② 徐以骅：《教会大学与神学教育》，福建教育出版社 1999 年版，第 3 页。

东齐鲁大学、苏州东吴大学、福州华南女子文理学院、成都华西协合大学这10所教会大学作详细的介绍和论述，对这些曾经为近代中国高等教育作出巨大贡献的教会大学的历史存在状况和演变路径给予了全面的、鲜活的呈现，为广大教会大学和近代中国高等教育研究者提供了翔实、可靠的史料来源。

其次，与国内华中师范大学、四川大学、杭州大学、北京师范大学等主要教会大学研究基地相呼应，1993年12月，由吴梓明教授主持，香港中文大学主办了“中国教会大学历史文献国际研讨会”，来自美国、加拿大以及中国内地和香港的中外学者多达60余人，40位专家学者宣读了相关研究论文，会议重点报道了中国教会大学档案文献在中国内地及世界各地的储藏情况。吴梓明教授主持编撰了《中国教会大学历史文献研讨会论文集》。1994年，时任香港华人基督教宗教教育促进会主席的吴梓明博士联系内地、香港十多位学者分工撰写了《基督教教育与中国社会丛书》，包括陶飞亚、吴梓明的《基督教大学与国学研究》，史静寰、王立新的《基督教教育与中国知识分子》，黄新宪的《基督教教育与中国社会变迁》，徐以骅的《教会大学与神学教育》，吴梓明编著的《基督教大学华人校长研究》，朱峰的《基督教与近代中国女子高等教育——金陵女大与华南女大比较研究》及刘家峰、刘天路的《抗日战争时期的基督教大学》。这套丛书的出版，也标志着内地、香港两地学者首次携手合作、共同撰写有关基督教教育与中国社会课题的专论。① 1998年，吴梓明教授和梁元生教授主编的《中国教会大学文献目录》出版，详细列出分散在中国第二历史档案馆、华中师范大学档案馆、华西医科大学档案馆、上海图书馆和上海市档案馆等地的教会大学资料。

最后，除内地、香港以外，远在美国纽约的中国基督教大学联合董事会②给予中国教会大学研究很大的资金支持。美国、加拿大等地一些曾经

① 吴梓明：《基督宗教与中国大学教育》，中国社会科学出版社2003年版，第5页。

② 中国基督教大学联合董事会又名中国基督教大学托事部（United Board for Christian Colleges in China，简称U.B.C.C.C.），是由原在美国的中国基督教大学校董联合会（Associated Boards for Christian Colleges in China，简称A.B.C.C.C.）为中国13所基督教大学的各董事会联合办事机构演变而来的。1927年8月，各教会在上海开会，由燕京大学校长司徒雷登提议，成立联合托事部。1945年6月30日校董联合会年会上，正式宣告中国基督教大学联合托事部的产生。办公地点位于纽约市五街150号。

在中国教会大学工作过的教师和宗教人士，通过日记、回忆录和论著等形式参与中国教会大学的研究。其中，卢茨教授的著作 *China and the Christian Colleges 1850—1950*，1971 年由康奈尔大学出版社出版，中文译名《中国教会大学史（1850—1950）》，由杭州大学曾钜生教授翻译，1987 年在浙江教育出版社出版，该著作全景记载了中国教会大学百年历程，是当今不可多得的中国教会大学研究最重要的文献之一。另外一位曾就职于金陵大学、东吴大学等多所中国教会大学，担任过中华基督教大学联合董事会干事的芳·威廉博士著有 *Christian Higher Education in Changing China, 1885—1950*，1976 年在密歇根大学出版。芳·威廉博士用自己的亲身经历记述了教会大学在华的历史变迁。菲利普·韦斯特（Philip West）著作 *Yenching University and Sino-western Relations, 1916—1952* 由哈佛大学出版社于 1976 年出版。长期担任燕京大学校长和校务长的约翰·司徒雷登把自己在华献身近代中国高等教育的一生撰写成《在华五十年——司徒雷登回忆录》。斯坦福大学裴士丹教授（Daniel H. Bays）和魏爱莲女士（Ellen Widmer）于 2009 年合著出版了 *China's Christian Colleges: Cross-cultural Connections, 1900—1950*，另有裴士丹教授独著的 *A New History of Christianity in China*，从文化交流和基督教传播层面介绍了中国教会大学发展历程。

基于前述文献回顾，中国教会大学以往研究特点包括：（1）教会大学的历史脉络梳理；（2）教会大学的宗教传播与中国文化的交流；（3）教会大学的办学特色等。总体上说，研究从 20 世纪 80 年代之前关于教会大学的文化侵略论转向了文化交流论。徐以骅教授说：“作为中国新式高等教育的先驱和西学输入的媒介，教会大学在引进介绍西方文化和西方新式教育体制方面有启蒙和示范的作用。”①

二 教会大学华人校长研究视角与观点

国内对教会大学华人校长的研究，主要采取人物传记、年谱和个案研究的形式，研究的理论视角有中西文化交流视角、宗教思想视角、心理活动视角、人才培养视角、学生管理视角等，研究内容包含了华人校长的家庭背景、求学经历，加入基督教的缘由、独特的人格品质，以及个人教育

① 徐以骅：《基督教在华高等教育初探》，《复旦学报》（社会科学版）1986 年第 5 期。

理念和办学功绩等，这些研究通常在历史叙事的基础上对华人校长的个人特质、治学方略等进行提炼和评价。

1. 个案研究

比较有代表性的个案研究有：刘良模（1983）《爱国教育家刘湛恩博士》，周川（1992）《刘湛恩与沪江大学》，秦和平（1997）《张凌高与华西协合大学》，程斯辉、孙海英（2004）《厚生务实　巾帼楷模——金陵女子大学校长吴贻芳》，孙邦华（2004）《身等国宝　志存辅仁——辅仁大学校长陈垣》，王运来（2004）《诚真勤仁　光裕金陵——金陵大学校长陈裕光》，欧安年（2005）《岭南大学首任华人校长钟荣光》，周蕾（2005）《一位赤诚的爱国者——记沪江大学校长刘湛恩》，平欲晓、张生（2006）《一个教会大学校长的生存状态——陈裕光治理金陵大学评述》，封小平（2006）《坚毅中闪烁着智慧——记中国第一位女子大学校长吴贻芳先生》，孙邦华（2007）《陈垣与抗日战争时期的北平辅仁大学》，丁磐石（2008）《忆燕京大学校长陆志韦》，陈才俊（2008）《华人掌校与教会大学的中国化——以陈裕光执治金陵大学为例》，章华明（2012）《沪江大学的忠诚守卫者——樊正康》，李毅红、于玲玲（2015）《刘湛恩公民教育思想研究》等。这些个案研究的主要贡献是：（1）梳理了各位华人校长的成长经历；（2）厘清了个体对教会大学改组之后的主要贡献；（3）得出了个体教育思想形成的因果关系；（4）呈现了华人校长掌校的历史过程；（5）突出了华人校长的人物性格。个体分析受到华人校长所处的不同地域、当地文化等因素影响，注重个体个例，忽略了群体的时代标签性作用。

例如，程斯辉、孙海英（2004）著《厚生务实　巾帼楷模——金陵女子大学校长吴贻芳》围绕“厚生”来论述金陵女子大学校长吴贻芳的个人特质、教育思想和办学方略。程、孙两位学者分析了吴贻芳“为基督服务”的教育理念，具体到大学运行，是培养学生的基督精神，即服务社会精神，也就是大学作为树人的基地，最重要的是人格培养，把人从世俗的利益观拉回到人性之善。在学科设置方面，积极开拓应用性强的课程和专业，适应中国社会的现实需求。

2. 人物传记

比较有代表性的人物传记包括：项文惠（2004）《广博之师——陆志韦传》，朱维铮（2005）《马相伯传略》，钱焕琦（2014）《吴贻芳》等。

年谱有张若谷（1971）《马相伯先生年谱》，刘乃和（2002）《陈垣年谱》，李良明等（2010）《韦卓民年谱》等。这些人物传记的主要特点是：从时间顺序叙述了华人校长的生活背景和教会大学经历。这种叙事陈述和历史考据，为读者提供了了解这批特殊历史人物的翔实信息和清晰的历史脉络，但是理论深入显得不足，逻辑结论也比较简单。

项文惠（2004）在《广博之师——陆志韦传》中重点对燕京大学校长陆志韦"孩提时代"的生活困顿状态和在教会帮助下获得"人生转折"，最后"走进燕园"的经历进行叙述，强调了东吴大学求学和芝加哥大学留学的经历对他的基督教品质形成的决定作用，以及陆志韦如何在燕京大学校长任上直面时代变革大潮，坚持基督人格理念和民族大义，保持学者教育家的风范。项文惠把"加入基督教"看作陆志韦的人生转折，究其根源，项抨击了那个"鱼龙混杂、泥沙俱下的时代"和"人心浮动、动荡不安的时代"，"苦难之于生命，可以超脱，可以挣扎，可以消沉，也可以向某种精神境界皈依。因当时身处的环境，陆志韦感知现实世界的方式，是选择了后者"。[①] 陆志韦早年毕业于教会东吴大学，东吴大学的校训为"Unto a Full-grown Man"[②]（"造就完美的人"），这也是孙乐文博士创办东吴大学时之初衷："我们应该铭记的基本原则有三：其中之一是'我们的教育必须是基督教的'。使我们的学生有充分的机会去了解基督教信仰在整个生活中的要旨和意义。"[③]

钱焕琦、孙国锋（2012）著《厚生育英才》叙述了吴贻芳整个一生中的重要事件，突出了吴贻芳的"厚生"教育理念和吴贻芳在不同时期的个人品质及其形成原因。强调了吴贻芳早年遭遇家庭悲剧、教会学校求学生涯对她思想上的影响，也是吴贻芳在掌校金陵女子大学之后大力推行"全人格教育"的心结根源，吴提出"服务中国"，就是要把她所接受的基督精神与中国社会实际相结合，与世界和平事业相融合，正是这样的宗教思想与中国实际相结合，成就了吴贻芳教育家的一生。

3. 宗教教育思想

宗教思想研究的代表性成果有周洪宇（1994）的《卓越的基督徒教育

---

① 项文惠：《广博之师——陆志韦传》，杭州出版社 2004 年版，第 14—15 页。

② 源自《圣经·新约》第四章第十三节。

③ 项文惠：《广博之师——陆志韦传》，杭州出版社 2004 年版，第 16 页。

家——韦卓民教育思想初探》，金一虹（2005）的《吴贻芳的教育思想与实践》，李永贤（2006）的《国家之光　人类之瑞——马相伯教育救国思想及实践》，徐海宁（2007）的《吴贻芳教育思想的社会学分析》，何建明（1996）的《陈垣与辅仁大学的国学教育》，梅川（1996）的《缅怀教会前贤韦卓民博士》等。宗教思想视角的华人校长研究对于读者和后来研究者从基督教文化传播方面理解华人校长的个体成长和人格特点有很大帮助，但是对华人校长的制度治校及应对中国社会的各种力量等方面有所忽略，没有完整地展现华人校长特有的人格特征和中西文化结合的教育家身份。

何建明（2002）所著《吴雷川的耶稣人格论》一文从人生学的立场，对吴雷川接受基督教的过程进行了研究，认为“从吴雷川接受基督教的过程就可看出人本意识的影响”①。面对非基督教运动的冲击，吴雷川认识到，“只有耶稣的人格足为我们信仰的中心。他是以身作则，教训我们做人必以改造社会为天职，更教训我们持身涉世要服从真理，这正是我们做人的规范”②。

李韦（2012）在《徘徊于世界主义与爱国主义之间的吴雷川》文中把吴雷川的基督教思想归为近代知识分子用耶稣基督人格来诠释爱国主义的方向。因为吴雷川认为基督教的中心是耶稣基督，而耶稣基督之所以重要就在于其是“完人之范”，他的“完人之范”又体现为他彻底觉悟，成为“智、仁、勇”三达的人，还体现在他参与改造社会的实践上。③

钱焕琦（2014）著《吴贻芳》从世界女子高等教育的视角对中国第一位女子大学校长开展研究。钱把吴贻芳校长与复旦大学前校长谢希德、东南大学前校长韦钰和同济大学前校长吴启迪等中国现代教育史上屈指可数的女校长进行比较，评述她们独特的治校理念、办学风格。突出了吴贻芳少年时期求学于教会学校，青年时期留学密歇根大学，毕业后成为金陵女子大学校长，践行“全人格教育”“服务社会教育”等人生变化与基督宗教介入有密切的联系。书中描述了吴贻芳的宗教信仰：“凝视着神圣的教堂，听着牧师的布道声，贻芳感到自己的灵魂真的得到了净化，精神也有了寄托……，这是贻芳一生中的重大转折，从此，她有了精神支柱，灵

---

① 何建明：《吴雷川的耶稣人格》，见卓新平、许志伟《基督宗教研究》，宗教文化出版社2002年版，第541—560页。

② 吴雷川：《基督教与中国文化》，上海青年协会书局1940年版，第10页。

③ 李韦：《徘徊于世界主义与爱国主义之间的吴雷川》，《基督宗教研究》2012年第00期。

魂有了归宿，她开始处处以基督徒的标准严格要求自己，力求做一个真正爱世人的人。”①

丰春光（2014）著《韦卓民教育思想与实践》对华中大学首任华人校长韦卓民博士的宗教信仰经历、教育经历、教育理念、治学理念、掌校历程等方面进行梳理与回顾，分析了韦卓民教育思想形成的原因。韦卓民博士成功地把基督教奉献精神与大学的人格教育结合起来，把基督教的爱转化为对国家和民众的爱。

4. 心理分析

心理分析的代表性成果有许浚（2012）的《和平与智慧女神——教育家吴贻芳的心理分析》，从金陵女子大学校长吴贻芳人生经历的不同阶段心理分析，揭秘吴贻芳教育理念及人格魅力，解读了她的“金陵情结”形成原因与旧制度对她的心灵创伤和基督教引领她心灵追求密不可分，造就了一代巾帼教育家和金陵女子大学的辉煌，让人感念至深。作者用“安其不安　天下为何有我”分析了吴贻芳少年的挫折与磨难，以及对她人性的影响。家庭的变故和不幸，是她唯责任的价值观。“安其所安　心安即是归处”，吴贻芳受教会中学和大学教育潜移默化的影响，洗礼为基督徒，终身为自己的教会大学服务。她在学校倡导和平和家庭理念，在社会呼吁停止武力，人类大同。“安之若命　自性明心见性”，吴贻芳突破了简单教徒式教育，积极把握机会，为国家出力，为教育献身。文中重点分析了吴贻芳在人生不同阶段的心理变化，“我这样做，因为我该这样做!”教育救国誓言不泯，“在苦难中升华个人的生命”②。

林杉（2016）的《吴贻芳：最是那心底的一抹浪漫》，记录了一代教育大家吴贻芳先生曲折而又不凡的一生。文中详细介绍了她不幸的家庭遭遇，少年时期父兄先后沉江，母姊相继去世，中年时期妹妹离奇失踪等个人坎坷经历，官僚腐败、军阀混战等民族灾难没有击倒吴贻芳，相反，吴贻芳从痛苦中崛起，在不幸中奋发，投身基督信仰，广播爱的精神，把金陵女子文理学院办成民国时期极负盛名的女子大学，其本人也成为一代教育大家。

---

① 钱焕琦：《吴贻芳》，中国传媒大学出版社 2014 年版，第 15 页。

② 许浚：《和平与智慧女神——教育家吴贻芳的心理分析》，南京出版社 2012 年版，第 106 页。

也有学者通过年谱、书信、文集等方式对华人校长进行研究。辅仁大学华人校长陈垣在新中国成立之后任北京师范大学首任校长，他本人的研究论著比较多，有多部文集出版。中国社会科学出版社 1995 年出版了《陈垣集》，“中央研究院”中国文哲研究所 1992 年编著出版了《陈垣早年文集》，北京师范大学编著的《陈垣校长诞生百年纪念文集》，1980 年由北京师范大学出版社出版。文集主要是陈垣先生对西方文化、中国文化以及史学、杂文和史源考证等方面的研究成果。刘乃和编著的《陈垣年谱》2002 年由北京师范大学出版社出版，详细记录了陈垣先生的生平大事记。陈垣之子陈智超先生编著的《陈垣来往书信集》（增订本）于 1990 年出版，是研究陈垣先生以及辅仁大学的重要史料。收录了陈垣先生致他人书信 375 封、来信 892 封。2010 年出版了增订版，新增书信 467 封、来信 180 封及陈垣批复家书 125 封，总计收入来往书信 2164 封，是研究陈垣先生及近代中国教育、文化、历史的珍贵资料。

前述研究集中在对华人校长个人品质、教育理念和办学思想方面，研究方法主要通过叙事文本解读，采用文化交流的视角，从文化渗透和文化影响解读华人校长的人格品质、教育思想，但是，对 10 多所教会大学华人校长的整体研究并不多见。

吴梓明教授（2001）编著的《基督教大学华人校长研究》，是唯一一部把 10 位中国基督教大学华人校长集中起来研究的著作，但是该著作采用了论文集的形式，分别由 10 位来自内地和香港的学者对华人校长以个人传记的形式分篇论述，没有对比，也没有统一。对 10 位华人校长教育理念的形成及其实践教育理念的情况进行了分析和介绍，在肯定他们成绩、贡献的基础上，揭示了基督教大学华人校长办学治校的艰辛和他们坚韧奉献的品质，也对教会大学校长面临的共同问题和表现出的一些特征进行了抽象概括。

程斯辉（2007）在《中国近代大学校长研究》中将中国近代大学校长作为一个整体，个案考察与群体分析相结合，呈现了中国近代大学校长制度及其治校办学的历史。但是，仅选取了金陵大学校长陈裕光、辅仁大学校长陈垣和金陵女子大学校长吴贻芳三位教会大学校长，阐述了他们的办学思想与治校方略。程斯辉指出：“教会大学一些著名的华人校长，虽属西方文化主导型，但他们最终走上中西文化兼容、沟通的轨道，一方面表明教会大学华人校长在治校过程中把握了时代发展的趋势，另一方面也说明中西文化兼容是大学校长应具有的最佳文化知识结构或最佳文化知识背景，校长具有中西兼容的文化知识背景或学科知识结构，对于提升大学校长的管理力量有着重要的价值。”[①] 程斯辉教授认为，私立教会大学校长与公立大学校长的不同在于这些教会大学校长没有官僚身份，他们的地位相对比较稳定，在位时间也较长，对培育大学特色起到了关键作用。他们的西方文化特色，使他们在掌校过程中强调民主治校和平等观念。该著作关于教会大学校长的内容较少、篇幅较短，更多的是颂扬三位校长的文化优势及其敬业守道之雅士品质，没有详细地从他们学术成长历程和成为校长之后的掌校行为以及他们的校长角色展现，去分析华人校长角色行为带来的效应和隐含的问题及问题的影响和根源。

刘保兄（2010，2011）在《华人长校与基督教大学办学性质的嬗变》和《基督教大学华人校长办学思想及实践之比较》中提出：“华人长校后在一定程度上改变了基督教大学的办学性质，基督教大学华人校长引领基督教大学发展的重任，并积极探索基督教大学中国化之路，不仅为中国近代高等教育的发展积累了宝贵的经验，更为西方教育模式的本土化发展，为中国教育近代化之发展作出了可贵的探索。”[②]

蒋超（2010）在《岭南大学华人校长研究》中运用归纳的方法总结了岭南大学三位华人校长钟荣光、陈序经、李应林的办学特色，体现在民主管理、开源节流、建设教授队伍、重视学术研究、坚持办学自主和提倡爱的教育等方面。

三 教会大学华人校长以往研究小结

以上关于教会大学华人校长研究的主要观点有：（1）基督教信仰是华人校长典型的个人特质，是他们教育理念的核心和所有行为的内在动机。研究者把华人校长个体的精品人格归因于他们早年在教会学校学习期间接受的教会办教育、行慈善的惠民、利民形象对他们长期的、潜移默化的影响，并有效地把他们对基督信仰的理解转化为人格品质教育理念。（2）把基督教“为上帝服务”转化为“服务中国”的爱国主义行为。在教会大学推行适应

① 程斯辉：《中国近代大学校长研究》，博士学位论文，华中师范大学，2007 年。

② 刘保兄：《基督教大学华人校长办学思想及实践之比较》，《山西大同大学学报》2011 年第 4 期。

中国需求的科学和实利教育，实现高等教育为社会服务的职能。（3）在校内开启民主治校的风气。华人校长与国立大学校长不同，没有官衔，也摒弃了浮华的官本位思想，务实低调，平易近人，充分调动了中外教授的积极性。（4）重视国学与中国文化的研究，促进中西文化的沟通与交流。研究者采用的主要方法有：历史叙事、文献诠释、个案研究和文化比较等。

表 1-1　　中国教会大学华人校长研究概况

研究视角	主要结论	研究方法	代表性研究
教育思想 办学方略	民主治校、开放办学 人格教育、社会服务	历史叙事 个案研究 文本诠释	诚真勤仁　光裕金陵——金陵大学校长陈裕光（王运来，2004） 厚生务实　巾帼楷模——金陵女子大学校长吴贻芳（程斯辉，孙海英，2004）
个人品质 宗教思想	献身教育、理性、独立 基督即人格，完人形象	话语分析 文本诠释	卓越的基督徒教育家——韦卓民教育思想初探（周洪宇，1994） 吴雷川的耶稣人格论（何建明，2002）
个体经历 心理活动	以宗教情感寄托 规范个人行为德性	历史叙事 个体认知	和平与智慧女神——教育家吴贻芳的心理分析（许浚，2012） 吴贻芳：最是那心底的一抹浪漫（林杉，2016）
文化交流 国际视野	把基督博爱教义 融入爱国精神	文化比较	徘徊于世界主义与爱国主义之间的吴雷川（李韦，2012）
群体研究	基督教信仰和人格是华人校长教育思想、办学实践的基础	历史叙事 文本诠释	基督教大学华人校长研究（吴梓明，2001）

吴梓明教授在《基督教大学华人校长研究》中对 10 位华人校长教育理念的形成及其实施教育理念的情况进行了分析，褒扬了基督教大学华人校长办学治校付出的艰辛和他们的奉献品质，没有从历史的角度深入挖掘校长角色的内涵特征和履行其校长角色过程中的各种现象和本质。

复旦大学朱维铮教授在为《基督教大学华人校长研究》作的序中说："令我感到不足的，是这些论著无不涉及华人校长的教育思想和实践等问题，却如雪泥鸿爪，一瞥即逝。要领略这至关重要的历史问题的全貌……自然感到困难，乃至在整体上感到面对空白。"① 卢茨教授的《中国教会大学史》主要对中国教会大学的历史脉络进行梳理，而对华人校长的研究涉及内容不多。

① 吴梓明：《基督教大学华人校长研究》，福建教育出版社 2001 年版，第 13 页。

教会大学作为近代中国高等教育启蒙时期一个特殊的历史现象，有着特定的社会、经济、政治和文化根源，教会大学华人校长的出现不是个偶然现象，他们身上带有鲜明的时代印记，他们的生活环境、求学经历以及工作经历等微观条件使他们在中国社会历史变迁这个宏观过程中形成了特殊的角色特征，他们身处国际、国内、宗教、教育、政治、文化等各种关系的漩涡，面临东西方文明碰撞带来的冲突，我们需要拓展对这个精英群体的认识，从历史制度主义的视角分析他们的产生、发展、冲突等现象，揭示隐藏于这些现象背后的根源、本质，对研究近代中国高等教育发展历程，尤其教育的民族化、国际化和全球化趋势，有着极其珍贵的价值借鉴和现实意义。

闭关锁国几千年的中国历史能容得下教会大学这么一个外来事物奇迹般地存在了近百年，必然是有特定的历史、文化、制度基础和缘由。华人校长从少年求学到陪伴他们的教会大学陨落，把他们的一生奉献给了教会大学的课堂、校园和学生，他们经历了中国社会制度变迁最为剧烈和险象环生的 50 年，遭遇了错综复杂的历史考验。历史制度主义强调重大事件构成了历史的推动力，对于教会大学华人校长群体而言，他们的教育成就和人格养成受到了诸多历史要素变迁的影响。现有文献资料显示了个体研究的主要成果，而对于教会大学华人校长群体在那个新旧冲突、内忧外患时代的角色特征及其背后的历史社会根源缺乏完整性的研究。对华人校长个体教育思想的研究视角单一，集中在宗教思想和救国思想，群体性、全方位、多视角的系统分析相对较少；办学方略研究中，揭示问题的较多，对该方略背后的校长角色内涵和因果转化的研究较少。立足教会大学的“大学理想”，从历史制度和社会变迁、组织系统及华人校长角色行为的维度探讨华人校长群体与教会、学校、政府关系的研究尚不多见；运用历史文献提炼出全面、真实的华人校长群体特征，并构建华人校长角色理论的研究在目前的教会大学史学界还是一个空白。

大学的使命在于育人，尤其是要塑造青年理性的人文角色。从华人校长角色研究中揭示近代中国教会大学的育人理念也是本书的一个重要目的。

第三节　研究方法

伯顿·克拉克（Burton R. Clark）认为，没有一种研究方法能揭示一切，在探索高等教育复杂现实的过程中，求助于若干关系相近的学科和它们所提出与运用的一些观点有很大好处。[①] 潘懋元教授也认为，从某一门学科的观点考察高等教育，只能看到高等教育的一个侧面，只有把多门学科观点的研究成果综合起来，比较分析，才能获得比较全面的认识。[②] 教会大学华人校长群体作为近代中国高等教育史上独特的人文、历史现象，涉及中国社会制度变迁应对西方资本主义扩张和宗教渗透力量的角逐，高等教育与宗教的结合，大学自治与政治控制的冲突，西式教育模式与中国传统教育的冲突等，涵盖了历史学、文化学、政治学、教育学、宗教学、哲学、经济学和管理学等多学科的研究。本书主要采用了文献分析法和历史制度主义的研究方法。从历史制度主义视角梳理了华人校长角色萌芽、成长、转型和没落等多个阶段的历史进程和演变脉络，研究华人校长、教会组织、民国政府、中国社会以及教会大学师生等相关各方的行为、态度、对话和结果，解释这些现象背后的因果关系。

一 文献分析法

中国教会大学的历史，从19世纪50年代筹备期开始算起，到20世纪50年代新中国成立后结束，历时近百年，是中国近现代高等教育史、文化史上和中外关系史上重要的篇章，教会大学华人校长可谓第一代“纯西式”的大学生。关于这批校长的生平记录、个体研究文献众多，但是由于年代久远，原始资料缺乏，想真实反映这个群体的角色形象颇有难度。为了尽可能收集到翔实、可靠的一手文献，笔者于2013年3—7月在苏州大学图书馆、档案馆，上海市图书馆、档案馆和浙江省图书馆、档案馆等省市区域查找有关东吴大学校长杨永清，金陵大学校长陈裕光，金陵女子文理学院校长吴贻芳，沪江大学校长刘湛恩、凌宪扬、樊正康，圣约翰大学校长涂羽卿和之江大学校长李培恩等教会大学华人校长的文献资料。2013年7月18—31日，赴北京国家图书馆和北京大学图书馆查阅有关燕京大学校长陆志韦、辅仁大学校长陈垣、齐鲁大学校长朱经农以及相关教会大学的文献资料；同年的8月1—3日，赴济南市山东省档案馆查阅登

① ［美］伯顿·克拉克：《高等教育新论——多学科的研究》，王承绪等译，浙江教育出版社2003年版，第2页。

② 潘懋元：《多学科观点的高等教育研究》，上海教育出版社2007年版，第4页。

州文会馆、齐鲁大学，以及李天禄、林济青、朱经农等校长的文献资料；2014 年 6 月 8—14 日，赴武汉市华中师范大学历史文化学院中国教会大学史研究中心查阅该中心保存的中国教会大学缩微胶卷。2014 年 7 月 11—29 日，又远赴美国康涅狄格州纽黑文市，在耶鲁大学神学院图书馆查阅、整理有关中国教会大学和教会大学华人校长的个人传记、往来书信、校务报告、校史研究、学位论文、期刊文章等文献资料。2016 年 7 月 29 日，再次赴北京国家图书馆古籍馆，北京大学图书馆古籍部，核对相关文献资料，8 月 1—4 日，从北京赶赴南京中国第二历史档案馆查阅金陵大学、金陵女子文理学院、陈裕光、吴贻芳等历史文献资料。前后历时三年半，颇有收获。

耶鲁大学之行对于笔者而言是一次难以置信的经历。由于历史上的原因，加上中国教会大学的特殊性质，很多教会大学的资料没有公开出版，在收集、甄别上难度很大。中国教会大学在华的最后几年，国内陷入大规模的战争，在洛克菲勒基金会等慈善机构资助下，大部分的中国教会大学资料运送到大洋彼岸的耶鲁大学图书馆保存。该资料统一归类在亚洲基督教高等教育联合董事会档案第 11 组，由 Martha Smalley 博士带领耶鲁大学神学院图书馆基督教高等教育亚洲联合会的研究团队于 1982 年 3 月完成归档，为读者提供了详细的目录索引。该档案资料集的英文全称为：Archives of the United Board for Christian Higher Education in Asia：Record Group No 11。华人校长信件的归档方法为，根据个人、年代、日期把一页页原始的信纸分装于几个纸质文件夹，再依次装入档案盒，编号方式为：Box××× Folder×××，即某某盒、某某文件夹，如陆志韦的信件档案编号为 C. W. Luh Box54 Folder 1397 等，吴贻芳的档案为 Wu Yifang Box77Folder 2078，其他校长的信件依次排序。所有信函内容均由英文撰写，多数是打字机打印，有华人校长的手写签名。这批校长的档案名称也是根据他们与教会大学纽约联合董事会通信时所用的英文名字命名，如华中大学校长韦卓民用的名字是 Francis Wei，华南女子文理学院校长王世静用的名字叫 Lucy Wang。本书中这部分的文献资料脚注统一为：×××（校长名字）. *Archives of the United Board for Christian Higher Education in Asia*：*Record Group No*. 11. New Haven：Yale Divinity School Library，Box××× Folder×××。即“某校长（或文件名）。中国基督教高等教育联合董事会档案，第 11 组，纽黑文：耶鲁大学神学院图书馆，某盒，某文件夹”。这些校长的名字统一使用了这批档案记载的英文名字或者缩写，如陆志韦的名字为C. W. Luh或者Luh，Chih-wei；刘湛恩为Liu，Herman C. E.；陈裕光为Chen Yu Gwan；吴贻芳为Wu，Yi-fang；杨永清为Yang，Y. C. 或者Yang Yung-ching；王世静为Wang，Lucy；李培恩为Lee，Baen E.；林景润为Lin Ching-jun；李天禄为Li Tien-lu；吴克明为Wu，Ke-ming；张凌高为Dsang，Lincoln（Lin Gao）；韦卓民为Wei，Francis Cho-min；方叔轩为Fong，S. H.；樊正康为Van Tsing Kong等。

本书中所引用的华人校长信件内容均来自耶鲁大学神学院图书馆保存的民国时期中国教会大学文献资料的打印稿英文原件，并由本书作者自行翻译成中文。研究从华人校长角色视角出发，从历史文献资料中去了解他们的个人生活场景、求学教育经历和掌校过程，归纳出华人校长的角色特征，描绘出教会大学华人校长所处的社会环境、国家环境、政治环境、教育环境、宗教环境等与本研究紧密相关的全景图，为深入研究主题、展开问题思考奠定扎实的文献基础。

二 历史制度主义方法

高等教育是社会大系统的子系统，需要从社会大系统发展的视角来审视高等教育的问题和走向。[①] 就本书而言，教会大学华人校长研究是基于特定时代的中国政治、文化、制度背景下的人物再现展开的，涉及教会大学诞生、发展的经济基础、社会形态和教育理念等方面，需要引入多学科交叉研究。

英国哲学家培根说："读史使人明智。"近代中国启蒙思想家龚自珍先生也强调历史学在人类社会生活中起着极其重要的作用。龚自珍所说的"出乎史，入乎道"和"欲知大道，必先为史"等，深刻地揭示了人类社会生活中"史"与"道"、"为史"与"知道"的逻辑辩证关系。意思是说，从纷繁复杂的历史现象中，探索社会发展的途径；要真正掌握社会发展的"大道"，就必须先去研究蕴含社会发展"大道"的历史。[②] 在20世纪的前50年里，教会大学所创造的成绩不失为近代中国一段宏大的历史史诗，在华人校长任职前后，一系列的制度变迁，一大批社会改良团体纷

① 杨习超：《高等教育多学科研究的基本问题探析》，《高校教育管理》2012第2期。

② 田居俭：《欲知大道，必先为史》，《求是》1994年第15期。

墨登场，推动着中国社会的文化洗礼与制度演变。本书需要沿着近代中国的客观史实进行历史追踪，展开与华人校长的时空对话。

历史制度主义作为新制度主义的一个分支，是西方政治学以经验为基础的分析范式。历史制度主义的焦点在于解释制度的产生路径和时间序列。[①] 历史制度主义具有宏观方法论属性，而这种方法论属性在某种程度上则是通过它们的理论要素呈现出来。[②] 诺贝尔经济学家、华盛顿大学教授道格拉斯·诺斯（Douglass C. North）从经济学角度解释历史制度变迁，认为制度变迁的路径依赖和回馈是功能的表现，也就是激励结构或合作效应，体现在一套制度成型后，行为者用某种方式来调整自己的策略，以反映或者强化该制度的逻辑性。[③] 芝加哥大学教授茜达·斯科克波尔（Theda Skocpol）和西北大学教授凯瑟琳·瑟伦（Kathleen Thelen）从政治学角度分析历史制度变迁的决定因素，尤其指出政治事件对制度变迁的强大推动力量。斯坦福大学教授、社会学家威廉·理查德·司格特（William Richard Scott）等则从社会学和组织学解释了历史制度变迁中的组织特征。历史制度主义在时间要素上创造了关键节点的概念，并用这一概念来分析历史过程中某个特殊的时间点，这个点上发生了重大的政治事件，对后面的历史发展产生了重大影响。[④] 基于历史制度主义对重大事件节点的理论视角，本书重视关键事件的结构化案例分析和教育政策分析。

本书运用历史制度主义方法，沿着中国教会大学华人校长所处的国内、国际历史环境和一系列重大历史事件的产生轨迹，梳理华人校长出现的历史要素，分析角色冲突与交融的内外部条件之间的辩证关系，结合华人校长的个人经历、求学经历、掌校过程，以及在与中国政治制度、社会文化，与西方教会关系中的行为特征，勾勒出教会大学华人校长角色冲突的发生、发展框架，深入研究其表现、结果和根源，以得出符合事实的

---

① Cathleen Thelen：Historical Institutionalism in Comparative Politics，*Annual Review of Political Science*，1999（2）. 本书中相关英文文献的引用均由笔者本人翻译而来。

② 杨光斌、高卫民：《历史唯物主义与历史制度主义：范式比较》，《马克思主义与现实》2011 年第 2 期。

③ Cathleen Thelen：Historical Institutionalism in Comparative Politics，*Annual Review of Political Science*，1999（2）.

④ 刘圣中：《历史制度主义——制度变迁的比较历史研究》，上海人民出版社 2010 年版，第 157 页。

结论。

第四节 研究构思与内容框架

一 研究构思

之前关于教会大学华人校长的国内文献研究，比较注重他们的性格养成规律，以及对他们掌校教会大学过程的影响，并提出对整个民国高等教育理念变革的启迪，如坚持人格教育、民主治校、教会大学中国化等。本书的主线是，从历史制度变迁的视角梳理出华人校长角色特征及角色冲突的来龙去脉，挖掘出华人校长所处的角色关系中，各相关方基于资源、利益、观念的影响因素对华人校长角色冲突的影响方式及因果关系。本研究不是简单地歌功颂德或价值批判，而是要发现存在什么问题，为什么是这样的问题。在开始研究之前，笔者在国内外搜集到大量的华人校长本人的信件、著作等第一手资料，从历史制度主义、角色互动和社会认同的视角对这批资料梳理和解读，细观他们这批时代知识精英在历史制度“破与立之间”“新与旧之交”登上近代中国高等教育舞台的大环境、大背景，归纳出他们在掌校前后的角色行为特征，厘清他们与西方教会、中国社会、国民政府、教会大学师生等所形成的关系，揭示他们在校长任上对中国教会大学发展的影响，以及对近代中国高等教育的贡献。

基于社会制度变迁大背景和华人校长个人成长的分析，本书对这个特殊群体进行历史的、辩证的、全面的剖析，梳理这批教会大学华人校长个人成长轨迹、教育思想形成和掌校过程，理解社会、教育等现象之间的因果关系，总结出华人校长的大学教育观、价值观，给予历史一个客观的解释，给予教会大学华人校长群体一个理性的评价，这也是本书的目的之一。为了达到这一研究目的，需要澄清以下误区。

其一，本研究应该立足于基督新教改良思想在全球的传播和作为慈善团体的实际行为表现的事实，而不应该拘泥于意识形态对抗的敌对导向，要理性看待不同文化之间的差异和冲突。联合国教科文组织在《文化多样性全球宣言》中将“文化多样性”定义为：“文化在不同的时代和不同的地方具有各种不同的表现形式。这种多样性的具体表现是构成人类的各群体和各社会的特性所具有的独特性和多样化，文化多样性是交流、革新和创作的源泉，对人类来讲就像生物多样性对维持生物平衡那样必不可少。”① 查尔斯·泰勒提出了现代思考的基础是“善念”，他认为现代信仰是围绕“善”而展开的，无论是获得领袖地位，还是传播信仰，行“善”是行为的核心。② 西方资产阶级工业革命之后，劳动力得到解放，封建专制制度土崩瓦解，民众思想得到解放，全球走向多元化社会。教会、协会、非政府组织等和政府一道儿，成为影响社会发展的重要团体，他们得以发展的前提是以善念服务民众，而不是靠武力、强权。燕京大学陆志韦、圣约翰大学涂羽卿、岭南大学陈序经等教会大学华人校长在政治运动中遭受迫害，把他们的教会背景与帝国主义关联起来，显然是狭隘的。

其二，华人校长的角色形成，是外因和内因共同作用的结果。外因主要是中国社会变迁过程中的重大事项，内因则是华人校长对教会大学事业的主观认同和他们对时代责任的主动担当。教会大学是西方列强在华侵略扩张的产物，也是近代西方教育模式在我国萌生和成长的结果。兴办教会大学固然是西方列强侵华的衍生物，但客观上也适应了清末民初中国社会近代化发展的历史需求，伴之而来的西方新兴教育模式植根于中华土壤，促进了我国传统教育向近代教育的转变。孙竞昊说：“仅就教育现代化而言，以教会大学为最高代表的教会学校体系把欧美先进的教育体制输入中国，其先进的办学方式、崭新的课程设置、高效率的管理机制，冲荡了衰朽的学塾书院制度，成为旧教育最早的历史否定物，充分显示出先进文明的魅力。”③

带着以上问题的思考，本研究沿着教会大学华人校长角色形成、角色冲突及原因、角色交融及特征分析的思路展开。

（1）教会大学在华历史演变及华人校长角色形成

本研究从中国近代社会历史变迁出发，循着教会大学入华的足迹，分析这个西方与东方相交的重大事项的由来，这也是华人校长群体出现的先决条件。伴随18世纪末19世纪初欧洲工业革命和资本主义经济的发展，

---

① 意娜：《论“文化多样性”理念的中国阐释》，《同济大学学报》（社会科学版）2018年第3期。

② ［加拿大］查尔斯·泰勒：《自我的根源——现代认同的形成》，韩震等译，译林出版社2012年版，第136—138页。

③ 孙竞昊：《西学、西教、近代化——对教会大学在中国及相关问题的思考》，见顾学稼《中国教会大学史论丛》，电子科技大学出版社1994年版，第116页。

基督教在世界范围大规模扩张。中国的清朝政府经历了第二次鸦片战争战败和太平天国对清政府的颠覆，于 19 世纪 60 年代开始了自强运动，一方面开办军械所、造船厂，另一方面翻译西方技术著作。同时设立总理衙门负责外交事务，设立同文馆培训西学。①

19 世纪初，西方传教士陆续来到中华大地，携着他们自诩神赐的圣经文明和福音使命进入中国，建教堂、医院，投身教育服务，从中国民生问题的基础环节进行宗教传播。举办教育这一传播福音的形式逐渐成为最有效的途径。况且，清政府迫切需要学习西方的科学文化和先进技术，西方教会自筹资金、自聘师资在中国境内办大学，不仅帮助清政府培养人才，而且省去大笔的财政支出。特别是在 1894 年“甲午战争”中清政府溃败于东瀛小邦日本，随后被迫签订了丧权辱国的《马关条约》，深深刺痛了“天朝士人”的自尊。以湖广总督张之洞为代表的现代改革派提出“今欲强中国，存中学，则不得不讲西学”②。出于学习西方长处的目的，清政府以张之洞等为首的改革派着手发展西学，积极引进英法德意等西方国家的算数、几何、天文等自然科学，建立了一批洋务学堂，天津中西学堂与南洋公学的建立，体现了从“西文”“西艺”向“西学”“西政”的学习转向。③ 西方教会借此机会，通过建学校和医院等方式进入中华，也带来了人文、艺术、宗教和社会科学等教学内容。

从 19 世纪中期到 20 世纪初，基督教团体以超乎想象的热情和执着在中国建立起数十家教育机构，从零散的学院到通过联合、合并的基督教大学，从单以传经为目的的宗教专门教育，发展到文、理、商、农、医等学科齐全的现代大学。但是，教会大学毕竟是源自外族的异质文化，与中国这个两千年封建帝制主导的国度，不可避免地要产生冲突。一方面，教会大学培养学生信奉基督，直接危害到政府的利益；另一方面，五四运动之后，中国的民族主义高涨，之前在不平等条约庇护下传教士及教堂、教会大学等所享有的“治外法权”“设学无庸立案”等特权伤害了中国人民的民族自尊，加上一些传教士假借殖民主义者的军事霸道，在与国人的接触

① Jessie G. Lutz. China's View of the West: A Comparison of the Historical Geographies of Wei Yuan and Xu Jiyu. *Social Sciences and Missions*. 2012（25）.

② 张之洞：《劝学篇》，广西师范大学出版社 1898 年版，第 43 页。

③ 黄启兵：《中国高校设置变迁的制度分析》，福建教育出版社 2007 年版，第 36 页。

中傲慢自大，引起了中国社会对教会大学的尖锐批评。在中外势力博弈中，全国基督教大会在清华的召开，成为激起“非基督教”运动和“收回教育权”运动的导火索，立案问题随即成为教会大学在华生存的焦点。而中国人做校长，是教会大学中国化的标志，也是基督教高等教育在华成就的代表。一系列有关私立学校立案的要求，如《私立学校规程》《私立学校董事会规程》中重要一条要求是，必须由中国人做教会大学的校长。校长的“中国人”身份是教会大学立案的焦点，民国政府与西方教会对于中国人校长人选的问题，华人校长自身的情况都将影响着教会大学的性质并转而影响中国近代高等教育的发展。在中国社会的历史变迁中，教会大学逐步中国化，而华人校长的集体亮相是这一中外关系冲突的标志性结果。

（2）华人校长执掌教会大学的历程及其角色发展

与京师大学堂和北洋大学同时代的中国教会大学，在近代中国社会、教育领域都占有着重要的地位。东吴大学、燕京大学、金陵大学、华中大学、之江大学等以深厚的文化内涵和严谨的学风教风赢得了莘莘学子的尊重。教会大学的基督教教育理念的核心是“爱与服务”，华人校长作为教会大学培养的毕业生，其执掌学校期间表现出的大学观与他们的教会教育经历有着必然的联系。

教会大学的历史地位与作用是不可忽视的，那个时代的中国，从北到南，从西到东，燕京、齐鲁、东吴、圣约翰、华西协合、华中、岭南等教会大学规模宏大，特色鲜明，实绩斐然，人才济济，对近代中国高等教育的影响深远。能成为校长者，自然是教会大学之人中龙凤。华人校长的掌校历程看似水到渠成，实则步步艰辛。他们之中有的人被提名为校长时才刚刚从学校毕业，经验尚浅。燕京大学校长吴雷川不懂英文，与外籍教师和董事会存在沟通障碍。朱经农先后被任命为之江大学、齐鲁大学校长，又为国民政府借用充任地方教育行政长官。在各种关系交织中，他们的角色也随着内外部要素的变换而呈现不同的特征。

（3）教会大学华人校长的角色冲突及其产生根源

民国时期教会大学更像是清末中国社会“改革开放”的产物，虽然有被动的成分，但是也取得了近代中国教育领域的重大成就。教会大学原本是由外国传教士创立、经营，历史的机缘——国民政府颁布的《私立学校规程》等法令使中国人当上了西方教会创办的大学校长，为教会大学的中国本土化和中国高等教育的国际化发展提供了平台。

教会大学的历史上，校长一职的作用举足轻重。西方传教士最初只是一个人、两个人办教育，如金陵女子大学校长葛恩慧博士一人教授多门课程，从最初只招收三五个人的小“学校”发展成名满天下、跨越不同历史时期的高等学府，很大程度上要归功于那些创校初期的传教士教育家不遗余力的奉献和坚持。翻阅中国教育史，从孔孟儒教、程朱理学，到蔡元培先生的“兼容并包”、张伯苓先生的“允公允能”和梅贻琦先生的“通才教育”等，教育家和校长与近代大学的命运息息相关，紧密相连。对于民国时期教会大学而言，从创校时期的外籍校长燕京大学的司徒雷登、金陵大学的鲍文（A. J. Bowen）、金陵女子大学的德本康夫人、东吴大学的孙乐文（David L. Anderson）、圣约翰大学的卜舫济、之江大学的裘德生（J. H. Judson）等，到20世纪20年代逐步接替他们的华人校长，包括燕京大学的陆志韦、金陵大学的陈裕光、金陵女子大学的吴贻芳、东吴大学的杨永清、之江大学的李培恩、华中大学的韦卓民等，他们在掌校过程中，通过自己的信仰理念和教育思想赋予中国教会大学人格化特征，他们沟通中西方文化，联系中国社会的现实，对现代大学教育进行了思考，对教会大学的道德教育、学科建设、科学研究、人才培养和社会服务等都开展了深入、系统的探索，为处于启蒙中的中国现代教育奠定了文化和制度基础。

本书立足于近代中国历史变迁的大背景，搜集大量的文献资料，重现西方宗教在华传教、教会大学从启蒙到中国化进程、基督教高等教育的变迁、华人校长角色形成及其表象、中国社会、政治制度文化变迁等关系进行系统的回顾与梳理，尝试从文献资料中勾勒出教会大学变迁和华人校长角色形成与存在冲突诸多因素，深入挖掘华人校长角色冲突的表现及其背后隐含的意义。对于我国近代高等教育与社会的关系研究和教会大学在中国社会发展中的角色地位研究都有特殊的理论学术价值和现实参考价值。

二　内容框架

本书共分为七章：

第一章介绍了研究的选题思路和研究对象所处的社会时代背景，对以往相关文献进行了综述，引出了研究问题，概括了研究内容、研究意义、研究方法及逻辑框架。本书将沿着华人校长的角色形成与发展——角色冲突与影响——角色冲突原因分析——角色交融及历史价值的逻辑展开，由问题现象的描述到问题本质的透视。将运用历史制度主义、文献分析等研究方法和社会认同理论，兼顾宏观社会制度变迁的大环境和华人校长个体认知的微观世界，剖析近代中国大学建制过程中教会大学华人校长的角色呈现。

第二章对本书所运用的核心概念进行了界定，主要概念有中国教会大学、华人校长角色、角色冲突与交融等。对本研究的理论基础进行了详细阐述，主要包括历史制度主义理论和社会认同理论。制度主义理论强调重大历史变革事件的影响作用，社会认同理论则解释了个体角色行为的内在逻辑和角色冲突的因果联系。研究将从宏观层面上运用历史制度主义理论对教会大学华人校长群体角色进行分析和解读，从微观层面上运用社会认同理论解释华人校长角色特征的形成、发展及冲突与交融。

第三章对教会大学华人校长的角色形成及其特征进行分析，总结了华人校长角色形成、角色冲突与交融的外部表征和概念内涵。通过对华人校长人物群体的成长环境、教育背景及个体经历的分析，梳理出华人校长与西方教会、民国政府及中国社会等基本社会关系，从社会历史变迁角度分析了华人校长产生的历史机缘和呈现出的角色特征。国内方面的诱因涉及20世纪初的新文化运动、非基督教运动和收回教育权运动等民族主义运动，国外方面的因素涉及1921年巴顿代表团访华之后西方基督教教育对华战略的调整。

第四章对教会大学华人校长角色冲突的表现及其影响进行了研究。从民国政府法令的政治强制力、教会培植“基督精神领袖”的文化驱动力和中国社会对西学东渐的积极反应等三层关系的大背景，研究了华人校长角色身份的多重性、组织的交叉性和行动的矛盾性等多重角色定位，以及他们被迫承载来自西方教会、民国政府、校园师生和中国社会多方的角色期待。从这些多重角色期待的认识立场出发，分析了华人校长群体与政府、教会、教会大学师生等各方面存在的冲突，以及对教会大学办学产生的影响。

第五章对教会大学华人校长角色冲突的原因进行了分析。从华人校长多重角色代理人身份的冲突性，中西文化冲突和价值观碰撞的必然选择，双重办学主体下华人校长经济独立性的缺位三个方面开展深入研究。从组织文化、社会制度、经济资源和个体认知等四个方面分析了华人校长角色冲突的根源。宗教信仰是教会组织文化的核心，政治主导是中国社会制度的特征，经济资源是教会控制的物质基础，基督化与中国化的融合则是华人校长职位认知的价值目标导向，也是华人校长角色冲突与交融的制度基础。

第六章对华人校长角色冲突过程中的交融表现进行了阐述、分析，并作出客观的、历史的价值评判。华人校长角色交融路径主要提到了教育制度、教育思想和个体认同三个方面。指出华人校长在应对冲突过程中积极推动“中学为体，西学为用”对立性教育制度向中西教育思想制度的融合转化，缓和、消解国民政府一元政治生态对西方基督宗教思想的排斥，以时代赋予的教育家的理性有效地调和各方冲突，建立社会认同。强调华人校长在多重角色制约下的富有成效的行为表现，他们保持了教会大学良好的办学绩效，展现了新时期教育家的高瞻远瞩和新知识分子的理性认知，他们带领教会大学开展仁德、实利并重的教学实践和社会服务，对现代大学建设，尤其是大学校长选任具有宝贵的价值借鉴意义。

第七章是本书的研究结论与后续研究展望。本书从五个方面得出华人校长角色研究的结论。

1. 教会大学华人校长角色冲突源于校长角色身份在教会、政府、社会、自我等多方期待中诞生，并相应地被赋予了多重使命。基督教会的信仰培育、政府制度的规范性要求等，使华人校长既具有中国大学的行政领导者身份，又具有教会组织的宗教代理人身份，同时，其个人的理性认知又赋予自身内在的理性角色身份。

2. 华人校长的职务关系及国内、国外利益各方及其个人对该职务的不同期待使华人校长角色深陷以下冲突：与政府之间存在政治干预与独立治校、党化教育与基督教育、国家主义与公民主义等冲突；与教会之间存在职业教育与人文教育、宗教性目的与服务中国、西化方式与中国本土化，以及华人校长与校务长职位的冲突等；与师生之间也存在中西文化需求、师生个人利益诉求以及学生政治活动管理等方面的冲突。

3. 华人校长角色冲突是中国传统教育制度与西方教育理念和文化认同冲突的结果，是华人校长教育家身份与其代理人身份的冲突性决定的，是中西方文化冲突与价值观碰撞的选择，双重办学主体下华人校长的经济独立性缺位是冲突的经济根源，华人校长的理性认知和社会认同是其角色冲突的根本原因，冲突背后是权力、资源、利益和自我的交锋与共振。

4. 华人校长角色具有深远的历史价值，在社会历史制度演变和社会认同发展中展示了鲜明的、中西文化交融的近代中国大学校长角色形象。

5. 华人校长以其特有的人文情怀、民族意识和理性人格带领教会大学走出一条“养天地正气、法古今完人”之路，其角色冲突与交融具有珍贵的历史意义。

下图为本书的研究框架与逻辑演进结构图：

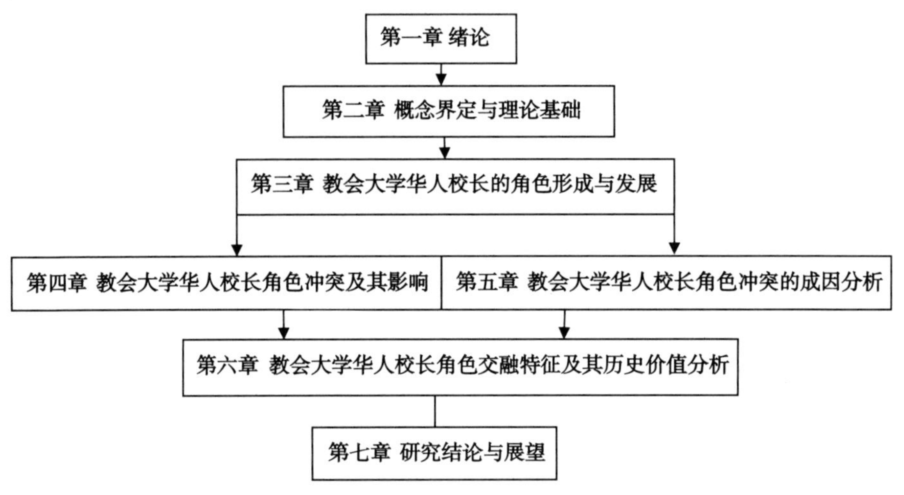

图 1-1　本书研究框架与逻辑演进结构

第二章

概念界定与理论基础

第一节　核心概念界定

鉴于本书所研究的时代、对象的特殊性，有必要对以下几个核心概念作出基于本书语境的界定，以反映本研究的真实所指。

一　中国教会大学

本书研究所涉及的中国教会大学，指的是19世纪下半叶到20世纪50年代之间，西方基督教新教（Protestant Church）和罗马天主教（Catholic Church）在中国开办的高等教育机构，英文统称为“Christian Colleges”。其中，基督新教创办的大学有13所，罗马天主教会和法国天主教耶稣会参与办理的大学有3所。这些教会大学有的是个别基督教宗派直接管辖，如上海圣约翰大学是美国圣公会开办，其总董事会设在美国，在中国隶属圣公会驻上海布道主教管辖。杭州之江大学是美国长老会直接开办的，在董事会中南北长老会各占三席。其他教会大学多为几个宗派联合协办。广州的岭南大学则比较特殊，虽然该校是由北美长老会传教士哈巴（Andrew Happer）博士联合香便文牧师（B. C. Henry）创办，但学校的管理相对开放，不直接隶属北美长老会宗教团体。

1864年，美国北长老会传教士狄考文在山东创办的登州文会馆，1881年开设大学预科，1882年获得纽约长老会批准以“登州学院”为学校名，开设了数学、化学、物理等科学课程，英文、圣经、国学、地理、历史和音乐等基础教育课程，还开设了车工、电工等新兴技能课程，以及天文、逻辑等应用科学课程。登州文会馆后来发展成齐鲁大学，通常被认为是近代中国最早的基督教高等教育机构。1879年起，本部设于田纳西州的美国基督教南监理会（The Methodist Episcopal Church，South）在苏州创办了博习书院和宫巷书院，在上海创办了中西书院。1900 年 5 月合并了三个书院，并在苏州的天赐庄博习书院旧址扩建为大学，林乐知为董事长，孙乐文为校长。1886 年设立在北京的汇文大学和 1889 年设立在通州的华北协和书院合并到燕京大学，1879 年，美国圣公会上海主教施约瑟将培雅书院、度恩书院合并，在沪西的梵皇渡口兴办圣约翰书院。1905 年 11 月 9 日，圣约翰书院在美国注册，正式称为圣约翰大学。1893 年，北美长老会创立岭南大学（格致书院），1897 年，美国基督教北长老会在杭州创办之江大学（当时校名为育英书院，其前身为 1845 年在宁波创办的崇信义塾）。1906 年，美国南浸信会和北浸礼会的华东差会合作在上海北四川路开办浸会神学院，1909 年开设浸会大学堂，1911 年两所学校合并，成立上海浸会大学，1914 年中文名定为上海沪江大学。1910 年，基督教华西协合大学委员会在伦敦开会并通过学校组织章程，3 月华西协合大学正式成立，由英美加三国的基督教会五个差会共同创办。陈学恂认为，基督教高等教育的创设“不仅是传教士在华教育事业的一项新施展，而且也是一个新起点”①。1903 年，在天主教耶稣会的支持下，爱国天主教徒马相伯捐献了全部家产在上海徐家汇旧天文台原址创办震旦学院，在罗马天主教廷注册。1913 年，北京天主教领袖英敛之创办了大学预科“辅仁社”，1925 年与美国天主教本笃会共同创办北京天主教大学，1927 年经北洋政府认可，更名为私立北平辅仁大学，奥图尔（George Barry O’Toole）为校长，陈垣为副校长。

到了 20 世纪 20 年代，基督教大学基本完成了在华的布局，遍布华东、华北、华中、华南和华西各省区。根据美国平信徒调查团 1933 年 3 月公布的数据，13 所基督教大学得到普遍的认可。陈裕光曾经在《回忆金陵大学》一文中也提到美国基督教会先后在中国设立了 13 所高等学校，② 即新教创办的上海圣约翰大学、沪江大学、东吴大学、之江大学、金陵大学、金陵女子文理学院、岭南大学、福建协和大学、华南女子文理学院、华西协合大学、燕京大学、齐鲁大学和华中大学。另外加上天主教在华创办的上海震旦大学、北京辅仁大学和天津工商学院（1948 年更名

① 陈学恂：《中国近代教育史教学参考资料》（下册），人民教育出版社 1987 年版，第 123 页。

② 上海文史资料工作委员会：《上海文史资料选辑》，上海人民出版社 1982 年版，第 42 辑。

为津沽大学），共计16所教会大学，涉及文、理、农、医、法、商、图书馆学、体育学等多种学科。笔者根据中国教会大学纽约联合董事部文件，以及其他相关文献资料，对16所教会大学列表如下。

表2-1　　民国时期16所中国教会大学

序号	学校名称（中英文）	所在地	创办教会	创办时间	立案前外籍校长及其任职时间	原立案地
1	燕京大学 Yenching University	北京	美国公理会	1919年	司徒雷登 John Leighton Stuart，1919—1929 1929年后任校务长	美国纽约州1919年
2	沪江大学 University of Shanghai	上海	美南浸信会、北浸礼会	1906年	魏馥兰 Francis John White，1915—1928	美国弗吉尼亚州1917年
3	圣约翰大学 St. John's University	上海	美国圣公会	1879年	卜舫济 Francis Lister Hawks Pott，1896—1947	华盛顿特区1905年
4	金陵大学 University of Nanking	南京	美国卫理公会、长老会	1888年	鲍文 A. J. Bowen，1910—1928	美国纽约州教育局1911年
5	金陵女子大学 Ginling College	南京	美国卫理公会	1913年	德本康夫人 Mrs. Laurence Thurston，1916—1928	美国纽约州教育局1911年
6	东吴大学 Soochow University	苏州 上海	美国监理会	1900年	文乃史 W.B.Nance，1922—1927	美国田纳西州1901年
7	齐鲁大学 Cheeloo University/ Shantung Christian University	济南	美北长老会、英国浸礼会	1864年	麦克瑞 John Donald Mcrae，1926—1927	加拿大1924年
8	之江大学 Hangchow Christian University	杭州	美南北长老会	1845年	费佩德 Fitch Robert Ferris，1922—1927	美国哥伦比亚特区1920年
9	华中大学 Huachung University	武昌	美国圣公会、雅礼会、复初会、英国循会、伦敦会	1924年	孟良佐 Alfred Alonzo Gilman，1924—1929	美国纽约州1910年
10	岭南大学 Lingnan University	广州	美北长老会	1893年	香雅格 James M. Henry，1927—1927	美国纽约州1893年

续表

序号	学校名称（中英文）	所在地	创办教会	创办时间	立案前外籍校长及其任职时间	原立案地
11	华西协合大学 West China Union University	成都	美以美会、圣公会、浸礼会、公谊会、英美会等	1910 年	毕启 Joseph Beech，1913—1931	纽约州立大学 1922 年
12	福建协和大学 Fukien Christian University	福州	美以美会、公理会、圣公会	1915 年	高迪 John Gowdy，1923—1927	美国纽约州 1918 年
13	华南女子大学 Hwa Nan College	福州	美国美以美会、卫理公会	1914 年	卢爱德 Ida Belle Lewis，1925—1927	美国纽约州大学理事部，1922 年
14	辅仁大学 FuJen Catholic University	北京	天主教本笃会	1925 年	奥图尔 George Barry O’Toole，1927—1929	罗马教廷 1925 年
15	震旦大学 Universite Aurore	上海	天主教法国耶稣会	1903 年	马相伯，1903—1905	罗马教廷 1912 年
16	津沽大学 Institut des Hautes Etudeset Commerciales	天津	天主教法国耶稣会	1921 年	裴百纳 A. Bernarb，1925—1931	罗马教廷 1921 年

资料来源：中国教会大学名称信息来自耶鲁大学神学院图书馆藏的纽约联合董事会与中国教会大学来往文件，以及朱有瓛、高时良编的《中国近代学制史料》第四辑等文献。

教会大学在华的发展速度之快、受欢迎度之高是惊人的。1925 年全国公立大学仅北京大学、山西大学、北洋大学 3 所，私立大学也只有 5 所，而教会大学却有 16 所之多。① 对于中国这个传统农耕社会，创办现代教育缺乏足够的资金和专业知识、技术人才，教会大学由于西方教会的支持，就财产和社会影响而言，在 20 世纪 30 年代已进入其黄金时期。②《密勒氏评论报》1936 年 2 月所刊载的一篇文章，对北京地区高等院校的财经状况及其影响作了一番调查，谓：“北京各高等院校在校学生总人数为 13500 人”，“其中六所大部资金来源于美国，若以美元计，排列如次：北平协和医学院，3000000 美元；清华大学，5000000 美元（庚子款）；燕京大学，3000000 美元；辅仁大学，750000 美元；国学研究所，500000

① 孙培青：《中国教育史》，华东师范大学出版社 2009 年版，第 404 页。

② ［美］林蔚、章开沅：《中西文化与教会大学》，湖北教育出版社 1991 年版，第 6 页。

美元；中国基金图书馆，750000 美元（庚子款），总计 18000000 美元。”[①] 韦卓民博士在《四十年来我国基督教的高等教育》一文中提到，13 所教会大学人数从 1919 年的 1595 名，到 1937 年抗战开始时，学生总数已超过 6000 名。[②]

教会大学办学过程中，对学生宗教信仰的教化是教育的重要目的之一，从学校教师会议到学生活动，举行宗教仪式是常态，也是教会大学基督人格教育的有效路径。以地处北京海淀的燕京大学为例，学生入教比例较大。表 2-2 是 1924—1951 年的燕京大学录取学生数目及宗教信仰比例。[③]

表 2-2

年份	招生数	基督教信仰人数	基督徒占比
1924	438	385	88%
1928	700	337	48%
1930	808	296	37%
1934	800	272	34%
1939	982	450	46%
1947	921	360	39%
1951	1600	130	8%

新中国成立之后，教会大学受到了限制，外籍教员陆续离职回国。1952 年，全国高等院校进行了大规模的院系调整，圣约翰大学、东吴大学、沪江大学等教会大学作为英美高校模式的代表全部裁撤并入公立大学，教会大学在中国内地的历史终结。

二 华人校长角色

通常意义上，角色是一个戏剧、影视概念，指的是演员所扮演的剧中人物。20 世纪 20 年代，芝加哥社会学派逐步把角色概念引入社会学研

① ［美］林蔚、章开沅：《中西文化与教会大学》，湖北教育出版社 1991 年版，第 6 页。

② 韦卓民：《韦卓民学术论著选》，华中师范大学出版社 1997 年版，第 412 页。

③ West，Philip：*Yenching University and Sino-western Relations*，1916-1952. Cambridge，Mass：Harvard University Press，1976：126.

究。1934 年，美国社会心理学家、符号互动论的创始人米德（G. H. Mead）将角色概念引入社会心理学研究领域。社会学家从个体与社会的关系视角把角色定义为“社会个体因为所处的社团、组织而被赋予的一套行为的期待”①。“角色不仅与模式化的、典型的社会行为相关联，而且与社会参与者的身份及附加在他们身上的行为期待脚本相关联”②。教会大学华人校长的角色形成与角色呈现，是他们主动或者被动地把他们接触的外在符号，如教会大学的宗教人群、宗教形式、宗教教育内容和教会组织的文化氛围，内在化为他们个人的理性认知的结果。教会、传教士、基督文化、中国社会等，在历史进程中传递的符号塑造了他们各自的角色，表现出不同的社会、制度和文化符号。

华人校长在本书中特指 20 世纪 20 年代到 50 年代之间担任中国教会大学校长的中国人。根据笔者掌握的文献资料，这批校长多为教会大学毕业后先赴欧美留学，然后归国任校长，他们的身份是中国人。在民国政府颁布的有关私立大学立案法令中，均称“校长须中国人充任”。华人校长角色指的是，华人校长在教会大学与中国社会、政治、文化交流、冲突中被赋予的特定角色，这是由华人校长群体所处的特殊时代和个人的特殊经历决定的。根据民国政府、教会组织等文献资料统计，教会大学立案之后任职的主要华人校长有 30 位。金陵大学陈裕光，燕京大学吴雷川、陆志韦，东吴大学杨永清，沪江大学刘湛恩、樊正康、凌宪扬，圣约翰大学沈嗣良、涂羽卿，华中大学韦卓民，华西协合大学张凌高、方叔轩，齐鲁大学李天禄、孔祥熙（兼任）、朱经农、林济青（代理校长）、刘世传（也叫刘书铭）、汤吉禾、吴克明，福建协和大学林景润、陈锡恩（代理校长）、杨昌栋（代理校长），金陵女子文理学院吴贻芳，之江文理学院朱经农（未到任）、李培恩，私立华南女子文理学院王世静，辅仁大学陈垣，天津工商学院赵振声、刘迺仁和震旦大学马相伯、胡文耀。

本书所研究的对象“教会大学华人校长”是相对于教会大学外籍传教士校长的一个特定的群体，他们身处教会文化和中国文化交叉的环境中，担负着基督教会、教会大学、国民政府和中国社会等多重期待。这里

---

① Candace Wider：Role conflict，Role Ambiguity and Role Overload on Boards of Directors of Nonprofit Human Service Organization. *Nonprofit and Voluntary Sector Quarterly*，1993，22（4）.

② Biddle BJ.：Recent Developments in Role Theory. *Annual Review of Sociology*，1986（12）.

的“华人校长”是一个特殊的公众角色，即他们作为教会大学校长职位的角色，以及与该职位相关联的角色内容，包括他们的基督徒身份、教会大学毕业生身份、现代大学的教师身份和国民政府立案的大学校长身份等，不涉及与该职位无关联的“父亲/母亲”“丈夫/妻子”等生活角色。从他们所处的中国社会政治文化制度背景和该角色诞生的特定历史条件，“华人校长角色”具有特殊的含义。

第一，华人校长角色具有特定的时代性和政策背景，是当时国民政府收回教育权的产物，同时也是教会大学中国化的标志。1925 年之后，国民政府相继颁布了《外人捐资设立学校请求认可办法》《私立学校规程》和《私立学校董事会规程》等法令，表明华人校长是西方教会与中国新政府妥协的产物；第二，华人校长角色具有特定的宗教背景，他们由西方基督教会和教会大学董事会选任，因此他们的身份归属于西方基督教会，作为教会大学毕业生和基督徒，他们的角色行为附加了鲜明的基督教特征；第三，华人校长角色具有复杂的职务背景，教会大学在中国政府注册、立案之后，华人校长开始掌校，教会大学形式上成为了中国大学，但是在财务、人事、人才培养和行政管理等方面依然受西方教会的制约，华人校长在履职时身份归属、权力角色模糊；第四，华人校长角色具有特定的治理结构背景，教会大学大多设立校务长或顾问，通常为美方基金会顾问和负责向美方筹款、派遣教师等事务的职位，由原外籍校长或其他西方人士担任，在财务、人事和参与教会差会、董事会决策时起重要作用，华人校长角色具有教会大学代理人的特征。

鉴于历史文献资料的限制，有些教会大学华人校长信息较少或难以获取，本书在全面回顾华人校长诞生的历史脉络基础上，根据在位时间和影响力，主要关注陆志韦、杨永清、陈裕光、吴贻芳、林景润、李培恩、王世静、张凌高、钟荣光等十几位有代表性的华人校长，剖析其角色形成过程和表征，溯求其角色表现的制度文化、社会心理和组织归属等缘由。

三 角色冲突与交融

根据角色理论，角色是一个相对概念，当个体占据了多个社会角色或位置，每一个角色或位置都被赋予了某些特定的规范性行为和态度模式。而这些规范性行为与态度模式涉及诸多强制性要求。反过来，一个角色的扮演者不仅要自身来承担这些规范性行为期待，而且对处于相对角色位置的对象也抱有期待。[①] 本书中，教会大学华人校长执掌中国近代史上首批英美体系的外来大学，肩负着国人的万千宠爱，不得不履行各方赋予的目标角色。中西方教育理念在交汇中妥协、平衡、融合和发展，华人校长既传承了西方基督教教育理念，又兼顾了中国的国情，在冲突与交融中赋予自身新的角色特征，自觉成长为理性教育家和现代大学制度拓荒者。

华人校长角色在“新文化运动”“非基督教运动”和“教会大学立案”等民族教育权和文化归属争锋的背景下产生。立案前，教会大学的身份是在中国举办的外国大学，华人校长执掌教会大学，对教会差会、民国政府及其本人既有妥协、折中，也有挑战。一方面，华人校长大多是基督徒，有着对基督教的情感归属和组织依附，他们的身份有宗教的元素；另一方面，他们是中国知识分子的精英，深受中国社会文化影响，怀有振兴中华的使命感。因此，他们在教会与中国社会之间存在鲜明的民族身份冲突。他们担任校长在处理与教会关系、与中国政府关系等方面遭遇制度、文化、权力、心理等挑战，他们本人作为西式教育产物兼基督徒的特征，存在一定的内在矛盾。从教会差会方面，他们也不甘心完全放弃对教会大学的控制权，迫于中国政府的压力，他们不得不任命中国人校长，但是更希望这些教会大学培养出来的新式校长能秉承“中华归主”的宣教目的，充当他们的代理人，因为“教会大学的建立是出于西方人的需要，并不是中国人的要求……教会大学是移植到中国来的西式学校，西式的管理、西方的资助和西方的课程以及学校的气氛，使教会大学成为西方文明的传递者”[②]。

社会角色理论认为，在意识到角色变化的必然时，群体未来的角色预期对角色人的角色形态往往比他们当前的群组形态有更大、更深远的影响。[③] 也就是说，角色人对他们所属于的群体的未来有一个预估，这样的判断将影响他们的行为调整。就华人校长而言，他们在面对各方的现实压力下，对自身的群体归属有较为清晰的认识，也不得不调整以适应中国国

① Biddle BJ.：Recent developments in role theory. *Annual Review of Sociology*，1986（12）.

② ［美］杰西·格·卢茨：《中国教会大学史 1850—1950》，曾钜生译，浙江教育出版社 1987 年版，第 466 页。

③ Anne M. Koenig，Alice H. Eagly：Evidence for the Social Role Theory of Stereotype Content：Observations of Groups' Roles Shape Stereotypes. *Journal of Personality and Social Psychology*，2014，107（3）：371-392.

情，这样也有利于教会大学的发展。于是，角色冲突逐渐显现出融合的趋势。在中国近代大学制度变迁进程中，华人校长角色特征表现在制度冲突、利益冲突、资源冲突和观念冲突。制度上，教会大学的外来文化制度与国民政府制度存在冲突，华人校长在行使职权时要兼顾双方的制度要求；资源上，校长权力、教会权力和政府权力三方主体背后存在着激烈的博弈，教会雄厚的人力资源和经济资源是教会大学生存的根本基础，而政府则掌握着强大的政治权力和法律法规等行政资源，可以运用手中的强权去影响和操控教会大学的发展方向。制度和资源冲突的结果则指向各自的利益，政府要统一思想，教会要自由独立，而角色的融合在于华人校长在两种利益之间寻求平衡，构成多重角色交融的多维关系。冲突与融合在制度、文化和华人校长自我认知的合力下存在和发展，也预示了教会大学的中国化融合趋势。

第二节　主要理论依据

华人校长现象的发生是由重大历史制度变迁推动的，而华人校长个体的理性和良心则驱动其自身角色行为的修正，并且在教会大学的教育活动中探索应对机制，化解冲突，实现融合。正是在这一系列的冲突与融合过程中，华人校长的自我认知和社会认同得以形成和发展。本书运用的理论主要包括历史制度主义理论和社会认同理论。

一　历史制度主义理论

历史制度主义是新制度主义的一个分支。《经济学词源》认为："……制度学派是新历史学派的特殊变种，他们反对以克拉克为代表的理论学派，而主张以所谓历史起源方法，通过结构分析或制度分析来说明社会经济及其发展趋势。"[①] 1966 年，美国学者彼得·豪尔（Peter A. Hall）和罗斯玛丽·泰勒（Rosemary Taylor）把新制度主义划分为历史制度主义、理性选择制度主义和社会学制度主义。制度的产生往往是社会、经济、政治等要素集合作用的结果，而非某些个体兴趣的综合。西达·斯科克波尔和凯瑟琳·瑟伦从政治学角度分析历史制度变迁的决定因素，司格

① 高荣贵：《经济学词源》，吉林人民出版社 1991 年版，第 278 页。

特则认为制度的形成是由社会组织结构推动，因此它包含了对世界运行方式共享的文化理解和认知框架。[1] 格林和沙皮洛（Green & Shapiro）则批评指出，理性选择制度主义虽然产出了精美的理论，但是对解释实际观察到的事件没有多大作为。[2] 瑟伦认为，理性选择制度主义着重组织的产生或者维持均衡的合作机制，而历史制度主义重视组织机构如何出现的，并且如何嵌入在具体的时间进程中，以此来评估制度形成与变化的进展。[3]

与理性选择制度主义不同的是，历史制度主义者往往侧重于对历史进程中的具体事件进行分析，串联起事件的细节，整合事件发生的要素，推论事件演进的因果关系。这里的制度被理解为“具有相对持久性的政治和社会生活的特征，包括规则、标准和程序等元素，它们构建起人的行为。这些特征往往不会轻易地、突如其来地被改变”[4]。也就是说，历史制度主义理论聚焦在特定的前后关系的条件和事件上，并且正是这些制度性事件在塑造着特定人群的社会生活和政治生活。历史制度主义借用并发展了经济学中的“路径依赖”概念，概括而言，就是前一阶段的事件可能会对后一阶段的事件产生某种影响和制约作用。

近代中国社会制度变迁的进程存在着鲜明的路径依赖特征，对教会大学华人校长群体角色的形成影响深远。首先，教会大学华人校长作为近代中国高等教育史上的一个历史制度现象，他们的出现本身是教会大学、西方教育制度和清政府、国民政府等制度变迁的内、外部要素共振的产物，而这一系列的事件前后互为因果，对日后的中国社会政治和文化教育等领域产生了指导性的影响。其次，在华人校长的掌校过程中，教会、国民政府及校长本人的思想、行为都表露出明显的路径依赖痕迹。其中，教会的宣教思想，国民政府的治理制度和校长学术独立理念，都沿着自身的路径进行，形成了角色冲突、交融，随着教会大学的发展而演化。

与理性选择制度主义过度地结构主义倾向不同，历史制度主义的分析

---

① Scott WR.: *Institutions and Organizations*. Thousand Oaks, CA: Sage, 1995: 33.

② Green, Donald P. & Shapiro, Ian. *Pathologies of Rational Choice Theory: A Critique of Applications in Political Science*. New Haven: Yale University Press, 1994: 45.

③ Cathleen Thelen: Historical Institutionalism in Comparative Politics. *Annual Review of Political Science*, 1999 (2).

④ Mahoney, James & Thelen, Kathleen. A Theory of Gradual Institutional Change. In *Explaining Institutional Change: Ambiguity, Agency, and Power*. New York: Cambridge University Press, 2010: 4.

范式主要体现在它特殊的历史观和结构观上。在历史观上，历史制度主义重视追寻事件的历史轨迹，找出过去某些变量对现在事物的影响，强调制度变迁的特殊性，并通过放大历史视角来找出影响事件进程的结构性因果关系和历史性因果关系。[①] 在结构观上，历史制度主义强调了政治制度对社会公共政策的影响，也强调变量的排列方式，重大政治事件的历史节点在社会演进的因果结构中有相当大的决定作用。宏观政治结果是历史制度主义的解释重点，洋务派力主“西学救国”，孙中山资产阶级革命和民国的建立，北洋政府对西方国家经济支持的依赖等历史要素对教会大学的发展影响很大。风暴的来临是，国民党在 1927 年成立南京国民政府之后，[②] 政府的主权意识空前高涨，对思想教育领域的管控也随之加强，教会大学作为外来教育机制成为重点对象。这一系列的政治制度变迁对中国教会大学的发展必然性产生了直接的影响和制约。

利益、观念和制度三者间的结构性关系一直是历史制度主义关注的核心。历史制度主义审视社会现象往往围绕制度、资源、利益及关系展开。制度涉及的是构成行为的一套规则、规范和程序。而制度背后反映的是资源和利益。华人校长角色作为近代中国高等教育领域重大的历史文化现象，其影响要素包含了客观的制度利益和主观的文化选择两个层面，其中客观的影响因素主要在于各方对制度的规定和资源的掌控。信仰上帝、从事礼拜等是教会组织的制度规定，同时教会大学拥有各种客观的教育资源，包括教育经费（教会募集、校友捐赠等）、人事资源（传教士多毕业于欧美大学，教会大学师资主要依靠差会派遣）和政策资源（不平等条约对教会大学的庇护）等。而政府通过法令等权力资源控制大学的办学体制、学科规范和人才培养。主观的影响因素主要是利益，包含教会的宗教利益、政府的政治利益与华人校长的个人利益。教会利益和政府利益通过与华人校长个人利益的交叉、共振，使他们潜意识地构建起自身角色的生态关系，以校长角色为中心而追求以一定资源实现一定利益的社会联系。教会大学立案之后，华人校长与董事会的关系、与前任外籍校长或校务长的关系、与中外教职员及学生的关系、与国民政府的关系等，背后隐藏了

① 何俊志：《结构、历史与行为——历史制度主义的分析范式》，《国外社会科学》2002 年第 5 期。

② Rees, Ronald: Soochow University. *International Review of Mission*, 1957: 46 (182) .

各种利益的社会联系。

在资源、利益和关系模式下，华人校长角色冲突从内、外部两个层次发生，内部冲突沿着华人校长群体的心理冲突发展，外部冲突则拷问华人校长与外界互动中的关系形成与关系构架。历史制度主义强调行为与规则的相互关系，行为上，由于校长角色认知变化而形成了各种私人行为、职权行为；规则上，教会大学章程为主体的各类学校规定和民国政府针对私立学校、外人办学等相关法规、训令等。在行为——规则这对关系中，规则限定行为，行为反过来影响规则。为实现个人的、学校的、社会的、组织的目标，校长需要进行利益平衡和抉择，在规则允许的范围内作出合适的行为，而行为一经作出就会反过来对规则产生一定的影响，促进规则的修改或填补。因此，历史视野中的宏观制度因素是影响微观的角色表现的重要推动要件，近代中国政治制度、社会制度、文化制度和教会的组织文化制度合力对教会大学华人校长角色行为产生根本性的影响，各种因素驱动力在中国社会变迁的具体历史事件中得到体现。

二　社会认同理论

人类本质上是生理性和社会性相结合的生物体，从社会心理学的视角讲，人类具有一种最根本的需要，那就是人与人之间的关系。[①] 人与人之间的社会联系可以促进一致性和黏合性的关系，也可能产生或者加剧我们与那些不属于我们同一个群组人群之间的分歧。社会认同理论帮助我们了解人的群组关系、社会身份等特征，指明群组关系形成、发展的逻辑机制，促进我们认识群际冲突带来的危害，构建人与人之间的和谐生态。

社会认同理论（Social Identity Theory）是由英国社会学家亨利·泰弗尔[②]（Henri Tajfel）和他的学生约翰·特纳（John C . Turner）等学者共同创立和发展起来的，最初诞生于20世纪70年代。亨利·泰斐尔先后任英国布里斯托大学和牛津大学社会学教授，他把自己研究的人群分类和社会认知与理解偏见、分歧和社会的族群冲突相结合，提出了社会认同理论。

---

① Baumeister & Leary：The Need to Belong：The Desire for Interpersonal Attachments as a Fundamental Human Motivation. *Psychological Bulletin*. 1995（117）：497–529.

② 亨利·泰斐尔，原是波兰犹太人，二战爆发时正在巴黎索邦大学学习，随即应征加入法国军队，被俘后没有被归类为犹太人投入集中营屠杀，而是以法国人身份被关押，幸免于难，因此，身份归属的概念对于泰斐尔而言具有特别的意义。泰斐尔后加入英国国籍，长期在英国大学任教。

早在60年代，穆扎弗·谢里夫[①]（Muzafer Sherif）就提出现实主义冲突论（Sherif，1966），他指出：个体拥有自身的目标，这些目标常常是精心设计的，并且驱使他们的行为去实现他们的目标。很多的目标是相互排斥的，实现某一个目标会以牺牲其他目标为代价，同时要经受人与人之间常常比较残酷的竞争。有些个体的目标离开他人的帮助很难获得。在这样的情形下，人们会相互依靠、相互合作，以便成功实现他们的目标。人们相互依赖的动力达到一定程度后，他们便可以在合作中实现目标，这样，他们就会逐渐地喜欢对方，形成互相青睐的联系，继而创立紧密联系的社会群组（Hogg，1993）。谢里夫提出，当两个团体抱有一个相互排他的目标，那么只有一个团组可以获得目标，并且要牺牲另外组群的利益，于是便产生了更加激烈的竞争。这种情况常常伴有团体间破坏性的行为和团体间相互贬损的态度，形成了偏见、歧视及最终的非人化行为和现象。相反，当两个或多个团体之间有共享的目标，并且他们可以通过群际间合作去实现，这些团体之间的竞争性关系则弱化乃至消失，甚至可能是合作的、和谐的。[②] 社会认同理论是基于群组间关系的构想而诞生的理论，旨在解释群组之间的冲突与合作。[③] 泰斐尔想探究的是：除了群组之间的竞争，是否还存在其他更重要的因素导致了人群圈内和圈外的区分，并沿着这个思路提出了成员归属身份的概念，指出群组成员的身份归属与该成员对群组的忠诚与喜爱呈正比关系。随着该理论的演进，形成了一种更广泛意义上的社会心理学理论，突出反映了群组内和群组间普遍存在的成员的自我角色和身份。

群组间的关系是社会认同理论的核心概念。群组内所发生的关系与群组间发生的关系是不可分的，并将受到群组间本质的影响。泰斐尔最初关

---

① 穆扎弗·谢里夫，1906年7月29日出生于土耳其，作为社会心理学奠基人之一，谢里夫目睹了希腊和土耳其战争中对贫民的劫掠和屠杀，这也是他想搞清楚人类何以有此邪恶行为的心理根源。

② Michael A. Hogg：Social Identity Theory. // McKeown，Shelley；Haji，Reeshma；Ferguson，Neil（Eds.）：*Understanding Peace and Conflict through Social Identity Theory*：*Contemporary Global Perspectives*. New York：Springer，2016：3-17.

③ Tajfel，H. & Turner，J. C.：An Integrative Theory of Intergroup Conflict. // W. G. Austin & S. Worchel（Eds.）：*The Social Psychology of Intergroup Relations. Monterey*，CA：Brooks/Cole，1979：33-47.

注的也是社会团体、群组之间的关系，探索大规模的类群之间所发生的冲突与合作的问题。他认为，偏见和群际冲突等动态特征可以被理解为基本的人类动机和认知过程所产生的群组现象，这些过程受到人们关于他们自己、社会关系、社会环境以及他们自身和他们的群组当时所处的情景的信念和认知的影响。[①] 泰斐尔把社会身份定义为个体对他归属于特定群组的认识以及附加在该成员身份上的情感和价值。社会群体，无论是大型的人口学类别，或者是小单位的工作团队，都会提供给成员以共享的身份，规定并评估他们是什么样的人，他们应该相信什么，以及他们应当如何行为举止。社会身份辩证地指明了在特定社会环境中，圈内人与圈外人是如何被区别开来的。到了 20 世纪 80 年代，社会认同理论取得重大进展，指明了社会身份认同现象的社会认知基础，社会学称之为自我归类理论（Self-Categorisation Theory）。[②] 迈克尔·豪格（Michael A. Hogg）提出，人类团体以类聚合和分离，因为他们理性地代表某种本原雏形，一系列复杂的、互为联系的特征，包括态度、行为、习惯、衣着打扮，等等。这些特征在同组中获得整体相似，又在团体之间表现相异。这些雏形代表的特征使一个团体的整体实质性最大化，确保一个团体显得不同并且清晰地、实质性地存在。[③] 因此，个体更关注自己的群体归属而常常忽略个体属性。他们的态度、行为也会受到本人心理上的所属团体文化、利益的支配。社会环境是个体自我定义和自我行为的决定性要素。[④]

社会身份是群际行为和群际关系的核心要素。作为探索和评价社会生活的重要棱镜，社会身份不是与生俱来的、内在的、天生的，而是通过现存社会结构的加工构建起来的。社会身份的建立和发展是资源、利益的体现，但

---

① Abrams, D., & Hogg, M. A.: Metatheory: Lessons from social identity research. *Personality and Social Psychology Review*, 2004 (8): 98-106.

② Abrams, D., & Hogg, M. A.: Social Identity and Self - categorization. // J. F. Dovidio, M. Hewstone, P. Glick, & V. M. Esses (Eds.): *The SAGE Handbook of Prejudice, Stereotyping and Discrimination*. London: Sage, 2010: 179-193.

③ Michael A. Hogg: Social Identity Theory. //McKeown, Shelley; Haji, Reeshma; Ferguson, Neil (Eds.): *Understanding Peace and Conflict through Social Identity Theory: Contemporary Global Perspectives*. New York: Springer, 2016: 8.

④ Ellemers, N., & S. A. Haslam: Social Identity Theory. //A. M. Van Lange, A. W. Kruglanski, and E. T. Higgins: *Handbook of Theories of Social Psychology*. Thousand Oaks, CA: Sage, 2012 (2): 379.

更持久的是个人对社会团体的情感归属，是个体与特定社会类别的强烈的纽带与联系，是一种重要的思想意识，它影响和决定着我们的社会认识和社会行为。巴斯（Barth，1969）认为，身份是在团体与个体交互过程中产生、确认和转换的，是共性和差异的辩证统一。一个人的社会身份总是通过与他人复杂的相互关系形成的，并且反映了他们的观念和行为。①

社会心理学家是通过社会团体间或者种族团体间的关系、偏见以及团体冲突来分析社会身份。② 弗洛伊德认为，身份的识别是个人与社会团体间的交互作用的机理。身份识别的过程是由文化和社会现实决定的，包括情感成分和认知成分。情感成分通常是在建立积极关系的第一阶段培养起来的，因为产生的感情是正面的，也就是正能量引发的。而认知的成分则建立在情感联系之上，逐渐接受了价值观、信仰、态度和世界观。随着个人在其他团体成员身上认识到对世界认知和评价的相似性，他或者她就会感觉到与该团体有强烈的、积极的情感联系。当社会身份提供给个人安全感、自尊和一定程度的确定性，它便在多数情况下具备了一种正面的心理效价。那些对他们民族或种族身份持负面心理效价的人往往会选择与其他民族或种族成员为友。根据社会认同理论，我们的认识和情感依附与我们的群组成员身份，也蕴含着我们的生活福利和行为，另外，我们的成员身份则为我们提供了身份自尊。③ 在群际区分的过程中，我们会试图把我们自身的群组归为圈内人，而排斥其他我们不属于的群组为圈外人。我们因为圈内文化认同而协同和积极评价，又因为意志相悖而排斥圈外人。如果我们认同人们为积极的自我概念所驱动，那么他们自然需要有动机去认为自己的团体是好的团体，……并且努力寻求正面的社会身份，而团体的成员需要有动机去思想、去行动，以获得和保持区别于其他群组的独

---

① Karina V. Korostelina：*Social Identity and Conflict*：*Structures*，*Dynamics*，*and Implications*. New York：Palgrave Macmillan，2007：16.

② Tajfel，H.，& Turner，J. C.：The social identity theory of intergroup behavior. //S. Worchel & W. G. Austin（Eds.）：*Psychology of intergroup relations*. Chicago：Nelson-Hall. 1986：7-24.

③ Tajfel，H. & Turner，J. C.：An integrative theory of intergroup conflict. //W. G. Austin & S. Worchel（Eds.）：*The Social Psychology of Intergroup relations*. Monterey，CA：Brooks/Cole，1979：33-47.

特性。[①]

任何社会都是由不同组织构成的，每一个组织都有自己特定的文化。教会大学作为西方教会在华创办的大学，有着与本土大学不同的组织结构和组织文化。随着教会大学的发展，其组织构成发生变化，组织文化也相应转变。从通过“慈善”“救济”达到宣教和培植组织忠诚教徒，转向通过教育影响青年对基督教的认识，获得组织同情和认可；从“中华归主”的宗教与西方中心论到“自传、自治、自养”的本色神学，从“他组织”向“自组织”转变。华人校长处于此新旧组织文化的交叉点，表露出与众不同的组织特性和文化特征，承担不同的历史使命。尽管华人校长有着复杂的角色身份，但他们对基督教的热情是他们执着于教会大学教育事业的精神支撑。尤其在清末军阀混战时期，西方基督教会组织举办教育，对于这个习惯了博取功名的社会，无疑是一股清新的风气。蒋梦麟在谈到西风东渐和外来宗教渗透时这样分析基督教与中国社会的关系，“中国人也实在无法不把基督教和武力胁迫相提并论。慢慢地人们产生了一种印象，认为如来佛是骑着白象来到中国的，耶稣基督却是骑在炮弹上飞过来的”[②]。在华基督教大学虽然没有直接为帝国主义武力入侵充当帮凶，但是教会大学确实是受益于门户开放、领事裁判权等不平等条约而取得了在华的事业发展。因此，教会大学在成型之初便已站在中华民族的对立面。1903 年颁行的《奏定学堂章程》指出：“至于立学宗旨，无论何等学堂，均以忠孝为本，以中国经史为基……慎防流弊之意。”[③] 可见，引入西学，清政府为的是通过西方科技来强国，而不是动摇统治秩序。

把华人校长的成长经历与基督教的全球事业相结合，探讨华人校长的角色特征以及教会大学学生的自我归类和组织归属，从本质上解释了社会认同意识对华人校长群体的学业发展、教育思想和掌校理念所产生的决定性作用，揭示了华人校长角色特征的组织根源。

---

① Hornsey, M. J.: Social Identity Theory and Self - categorization Theory: A historical review. *Social and Personality Psychology Compass*, 2008, 2 (1): 207.

② 蒋梦麟：《西潮　新潮》，中国工人出版社 2015 年版，第 12 页。

③ 舒新城：《中国近代教育史资料》（上册），人民教育出版社 1981 年版，第 195 页。

第三节　华人校长角色冲突与交融的理论解析

前人学者关于教会大学华人校长的研究多聚焦于他们的教育思想、基督教信仰以及办校方略等，兼对他们的历史地位和贡献给予评价。本书把教会大学华人校长群体作为研究对象，从宏观的历史背景出发，深入挖掘华人校长的个体行为、社会关系、思想变迁等微观世界。具体地说，本书从两个层面对华人校长角色冲突展开讨论，宏观层面着重于对教会大学在华的历史起源，发展和演变，华人校长群体的出现和角色形成进行研究，微观层面从华人校长的个人认知和社会认同对华人校长角色成因及对教会大学发展的影响进行分析。本书也相应融合了广义和狭义的两个理论视角：宏观的历史制度主义视角与微观的社会认同理论视角。本研究运用逻辑推理的方法，以史料为依据，梳理华人校长群体出现的历史轨迹，从其成长的社会历史背景到其掌校历程、治学特色、教育理念等外部因素出发，挖掘华人校长角色冲突的内在要素，以求对华人校长这一特殊的历史现象作出新的诠释，反思华人校长角色发展的特定历程及其启示意义。本书以历史制度主义和社会认同理论为理论基础，尝试从新的理论视角对华人校长研究寻求突破和创新。

一　制度主义的宏观因素

本书首先运用历史制度主义的理论，从清末民初中国社会变迁过程中的制度要素出发，剖析中国教会大学诞生、发展和灭亡的内、外部历史、社会等环境、制度变量，研究、界定影响华人校长角色形成、角色行为和角色冲突的重要元素，分析华人校长上台的历史机缘，角色冲突的特征，角色冲突的表现形式和背后的根源。从世界大环境看，教会大学主办者是西方基督教会，他们的办学目标变化和调整受到国际资本主义扩张、宗教改革的推动；从国内环境看，中国社会政治制度的变迁、新文化运动以及反基督教运动等国内制度、文化、社会因素压迫下，华人校长角色的形成、演变和冲突剧情跌宕波折。

具体地讲，在中国教会大学和华人校长群体的存在过程中，伴随着巨大的历史制度的变迁，清政府、西方列强的博弈和妥协，西方教会入华开辟宗教事业，教会大学教育体系的建立和调整，民国政府对教育权的控制以及蔡元培、李大钊、胡适等新文化代表的兴起，相关各方为了不同的目的，对权力、利益、资源等展开争夺。就国内组织团体而言，清政府的“师夷长技以制夷”、教会的“中华归主”、民国政府的“共和”、新文化运动的“民主”“科学”等思想都在积极为中国社会的走向发声。教会大学华人校长群体作为现代知识精英，他们有自己的理性思想，但是他们身处西方教会和中国社会、政治、思想的交叉点，背负着各方对他们的角色期待，遭遇强烈的角色冲突。之所以要从历史制度主义的视角出发，原因在于华人校长的诞生正是因为中国社会变迁的关键历史事件导致了这批中国近代知识分子迈进了基督教的圈子，他们的思想意识形态倾向有客观的物质根源。大学教育是社会变革和人类文明进步的核心力量，教会大学华人校长作为教会大学进驻中国后的第一代优秀毕业生，他们的行动沿着中国变迁的轨迹，在冲突中发展，在认同中融合，他们的崛起很大程度上验证了教会大学在华教育事业的成就，而他们背负的角色冲突则反映了近代中国高等教育发轫、发展进程中积极的驱动因素和实现路径。

黄启兵认为，就整个制度学派来说，也带有深深的历史烙印。制度分析要追溯到制度的起源，研究制度变迁、制度锁定、制度创新，等等，其本身就带有历史特点。[①] 本书从历史制度主义视角，通过历史文献分析教会大学华人校长的身份信息、角色表现以及不同历史时期的角色转化。从教会大学章程、政府法令等考察了华人校长的应然角色行为与实然角色行为之间的差异。把宏观的教会大学组织结构以及微观的华人校长个人心理有机结合起来，解读华人校长的角色冲突和角色交融。

二 社会认同的微观因素

社会认同视角也叫社会身份视角。本书的研究对象是华人校长群体，该角色诞生之时就牵涉到组织文化认同与冲突的问题。华人校长的生活、学业、就职环境等要素塑造了这个群体的组织文化。华人校长的言论、行为和著作显示出他们在思想、情感和社会认同方面更多是归属于基督教会组织，他们深受基督教宗教思想和办学方针的影响。对于国民政府，华人校长更多地把自己所从事的事业看作民族振兴的分内事业，因此，并没有形成对国民政府的完全身份依附关系，相反，他们与政府、官场保持必要

① 黄启兵：《中国高校设置变迁的制度分析》，福建教育出版社 2007 年版，第 11 页。

的距离，维持教会大学的独立性基本不变。

如巴斯所言，一个人的社会身份总是通过与他人复杂的相互关系形成的，并且反映了他们的观念和行为。本书对华人校长角色研究的主要思路和理论依据正是通过历史制度主义方法梳理出华人校长的复杂社会关系，以及他们在处理这些关系过程中的行为、观念，分析他们的社会身份，找到华人校长角色冲突的根本原因。19 世纪的中国社会面临西方工业革命、资本主义兴起和宗教改革等重大事件带来的全球化冲击，中国人具有从“民族身份”融入“世界身份”的需求，华人校长因为本身的特殊经历，较早从“区域身份”或者说是“民族身份”向外开放，教会大学的国际性和异教属性使他们超越原来以民族和区域为基础的身份特征，知识分子的理性也使得华人校长思想开放，不拘泥外在形式。他们对外来文化甄别、吸收乃至认同。

大学的使命，不仅是教学研究，还要帮助青年理性地建构自我身份，在个人身份认同过程中逐渐形成成熟的情感和价值认知。2015 年 6 月 9 日，前联合国教科文组织高教处处长马克·罗德里格斯·迪亚斯教授到访苏州大学，笔者有幸对迪亚斯教授进行了专访。迪亚斯认为高等教育要坚持公共性，开拓国际化，并引领国际理解。关于高等教育的功能和目标，迪亚斯教授尤其强调了大学为社会提供服务的服务功能和履行社会价值批判的道德功能[①]。哈佛燕京学社（Harvard-Yenching Institute）的中美关系研究专家费正清先生说，学术机构不仅教育后代，而且创造、引进和传播技术与文化。[②] 对于全球文化多样性，首先是尊重和包容，继而是融合，走向共同体，而不是抵触甚至敌视。大学对于人类社会的功能和使命，不仅仅是传播和创造知识，更需要扮演起超民族、超利益的文化角色，引导青年学子创造未来。华人校长在那个社会动荡激变的年代，面临各种民族的、政治的、资源和利益的冲突，尽管有妥协，但仍坚持了文化选择的独立性和理性教育家的使命。

---

① ［巴西］马克·安东尼奥·罗德里格斯·迪亚斯、杨习超：《国际高等教育发展趋势、问题与建议——联合国教科文组织前高教处处长迪亚斯教授专访》，《苏州大学学报》（教育科学版）2015 年第 3 期。

② ［美］费正清：《剑桥中华民国史 1912—1949 年》（下卷），中国社会科学出版社 1994 年版，第 359 页。

本章小结

本章首先对书中的核心概念进行了界定和阐述，包括中国教会大学、华人校长角色和华人校长角色冲突。本书研究所涉及的民国时期教会大学既包括以美国各教派为主的基督新教在华开办的 13 所基督教大学，也包括罗马天主教主持开办的 3 所天主教大学，这 16 所大学分布在中国的 11 个省市。这些教会大学的特点是，由教会提供主要办学资金，推荐教师并负担薪酬，学校例行严格的宗教仪式，定期开展宗教活动。

华人校长作为本书的核心概念和研究对象，特指 1927 年前后国民政府颁布法令要求外国人在华办学须在中国政府教育行政机关立案并由中国人任校长的历史制度背景下，由各教会大学董事会选聘的中国人校长。本章共列举了 25 位华人校长，其中首任校长是本书研究的重点，而燕京大学的陆志韦，齐鲁大学的朱经农、吴克明等几位校长，虽不是第一任华人校长，但他们影响较大，特色鲜明，也作为主要研究对象。本书借用了社会学关于角色身份的定义，结合这批华人校长的个人经历和所处的社会背景，阐述了华人校长角色的含义。

本章又介绍了华人校长角色研究的视角和理论基础，即宏观的历史制度主义视角和微观的社会认同理论。其中，制度是显性的要素，是器物层面的解释，教会大学、教会组织、国民政府和华人校长职位是制度的物质载体。在制度变迁背景下，西方教会、中国政府和华人校长之间形成了复杂的相互影响、相互依存的关系；在个人对各方关系的认同过程中，华人校长在教会的宗教制度和政府的官方制度之间，既有文化选择的坚持，又有制度选择的妥协。

从制度形成态势看，历史制度主义强调历史事件的偶然性带来的必然性选择，清末的中外不平等条约和教会大学治外法权，使教会文化思想获得顺利传播，教会教育的优势为华人校长的崛起创造了客观的历史制度条件。进入民国时期，孙中山领导的资产阶级革命主动引入西方政治制度，同时，民国政府的高层有很多基督徒，追随同盟会的一大批精英人士及其子女拥有教会大学的教育经历。因此，教会大学在那个特定的历史阶段能获得中国社会的接受是制度的必然。但是，制度演变存在鲜明的路径依赖特征，用司格特的话说，就是文化理解和认知的综合。[1] 然而在中国历史上，文化的选择往往是由制度设计者主导的，前有秦始皇废六国文字，后有汉武帝独尊儒术，国民政府建立之后整治教会大学是意料之中的，华人校长不得不面对教会大学双重文化制度冲突的问题。历史制度主义理论对解释教会大学及其华人校长这样的中外文化冲突与回应的课题很有指导价值，为我们从大环境的制度变迁审视近代中国高等教育现象提供了一个理论路径。历史制度主义提出的路径依赖，直观地阐述了近代中国政治、文化舞台博弈的决定因素是传统的制度依赖，如“师夷长技”的目的，不是效仿西方，而是“以制夷”。与魏源同时代的徐继畬先生则更为客观地面对西方文明，认为世界包含多元文化和文明，西方国家的竞争激励着社会的进步和成长，也诞生了大卫·雅裨理（David Abeel）和乔治·华盛顿（George Washington）那样的伟大人物。[2] 华人校长在这样的历史制度演变和博弈中，表现出的角色身份也是文化交流与融合的代表性现象。在制度搅动人类社会的活动中，既有顺应制度的信徒，也形成差异性的群体，个体的反应往往取决于他们的社会认同。这也是本书中强调的华人校长角色的社会认同。社会身份认同的结果是他们选择自己的群组归属，同时也促进了角色的融合。宗教归属的群体特性使他们成为教会大学的华人校长，组织性是他们角色冲突的根源，也是他们最终随教会大学湮灭的根本原因。

相对而言，文化是隐性的要素，包含价值观、理念认识等。从文化层面看，教会大学华人校长的个人归类受到他们的成长、就学和就业环境影响，其中吴贻芳、陆志韦、王世静、林景润等原本就是教会学校的学生，在近代教育匮乏的中国社会，他们能够凭借知识改变命运，要归因于基督教会的慷慨和奉献，因此，他们在自我价值归类时倾向于教会组织，在行动上也以教会文化为指导思想和价值标准。在制度的显性要素和文化的隐性要素共振下，华人校长的角色被赋予了复杂的理解和期待，必然会引发角色冲突，也有融合的需求。

---

① Scott WR.：*Institutions and Organizations*. Thousand Oaks，CA：Sage，1995：33.

② Jessie G. Lutz：China's View of the West A Comparison of the Historical Geographies of Wei Yuan and Xu Jiyu. *Social Sciences and Missions*，2012（25）.

第三章

教会大学华人校长的角色形成与发展

第一节　教会大学华人校长概况

教会大学从办学开始就全部由西方传教士管理，从各教会大学章程和书信、文件等文献记录可以发现，培养基督人格的领袖人物，最终达到“基督化中国”和“以华治华”是西方基督教会的长远战略。也就是说，华人校长的出现原本就在教会教育事业的计划之中。但是，本书的研究发现，教会大学华人校长角色的出现，首先要归因于国民政府的强制性政策。

1913年1月16日，北洋政府教育部公布的第3号令《私立大学规程》没有对私立大学校长的任用方式作出规定，但对任用条件即资格明确了三条：具有下列条款资格之一，且曾充大学教员一年以上者得充校长：(1)在外国大学毕业者；(2)在国立大学或经教育部认可之私立大学毕业，并积有研究者；(3)有精深之著述，经中央学会评定者，如校长教员一时难得合格者，得延聘相当之人充之，但须呈请教育总长认可。① 北洋政府所颁行的《私立大学规程》将私立大学的创设者或代表人与私立大学的校长区别对待，虽然当时的私立大学校长通常是由私立大学的董事会荐任或选聘。许多私立大学在制定学校章程或董事会章程时都明确了校长由董事会推选或选聘的方式，私立大学校长一般以聘任为主，有些私立大学的校长也有通过继任和选任方式出任的。1927年之后，南京国民政府公布的相关大学组织法规，对大学校长的任用作出了明确规定。如国立大学校长须由教育部聘任，省、市立大学校长则由省、市政府请教育部聘

① 中国第二历史档案馆：《中华民国史档案资料汇编》，江苏古籍出版社1991年版，第142页。

任；私立大学的校长虽然由该校董事会聘任，但须呈报政府教育部备案。这样的规定可以理解为教会大学“立案”的前兆。

据《第二次中国教育年鉴》统计，曾在教会大学中任职的外籍校长人数为 21 人，立案之后，任职教会大学的华人校长共有 28 人。根据《申报》数据库记载，至 1947 年 3 月 10 日与 17 日统计，共有 67 所私立院校立案，其中，教会大学校名、校长与校址信息如下。

表 3-1　私立教会大学校长统计（截至 1947 年 3 月 17 日）

校名	校长	校址	校名	校长	校址
私立金陵大学	陈裕光	南京	私立震旦大学	胡文耀	上海
私立沪江大学	凌宪扬	上海	私立华西协合大学	方叔轩代	成都
私立燕京大学	陆志韦	北平	私立圣约翰大学	涂羽卿	上海
私立辅仁大学	陈垣	北平	私立福建协和大学	陈锡恩代	福州
私立东吴大学	杨永清	上海	私立金陵女子文理学院	吴贻芳	南京
私立岭南大学	李应林	广州	私立之江文理学院	李培恩	杭州
私立齐鲁大学	吴克明	济南	私立华南女子文理学院	王世静	福州
私立武昌华中大学	韦卓民	武昌	私立天津工商学院	刘迺仁	天津

美国政府、教会组织与国民政府、中国社会的往来交流是民国时期中国对外关系的主要内容，以美国基督教会为主导的“十三所教会大学”字样的新闻频频见于媒体报端，也就是美国基督新教在华创办的 13 所教会大学。而有关北平辅仁大学、天津工商学院（1948 年更名为津沽大学）和上海震旦大学 3 所天主教大学的报道较少。中国教会大学主要华人校长共有 28 位，他们是私立金陵大学校长陈裕光（1927—1951），私立燕京大学校长吴雷川（1929—1933）、陆志韦（1934—1937，1946—1948），私立东吴大学校长杨永清（1927—1949），私立沪江大学校长刘湛恩（1928—1938）、樊正康（1938—1945）、凌宪扬（1945—1949），私立圣约翰大学校长沈嗣良（1941—1945）、涂羽卿（1946—1948），私立武昌华中大学校长韦卓民（1929—1951），私立华西协合大学校长张凌高（1933 一 1947）、方叔轩（1947—1951），私立齐鲁大学校长李天禄（1927—1929）、孔祥熙（1930 年任董事长兼校长）、朱经农（1931—1932）、林济青（1933—1934 代行校长职务）、刘世传（1935—1942）、汤吉禾（1942—1945）、吴克明（1945—1952），私立福建协和大学校长

林景润（1927—1946）、陈锡恩（代理 1946—1947）、杨昌栋（1947 一 1951）、私立金陵女子大学校长吴贻芳（1928—1951），私立之江文理学院校长朱经农（1929—1930）、李培恩（1930—1949），私立华南女子文理学院校长王世静（1928—1951），私立辅仁大学校长陈垣（1929—1949），私立震旦大学校长马相伯（1903—1905）、胡文耀（1931—1949），天津工商学院校长赵振声（1931—1942）、刘迺仁（1943—1948）。鉴于这些校长的资历和影响力等因素，本书只是选择性地做了有限的群体研究。

一　本书重点涉及的华人校长

1. 东吴大学校长杨永清

杨永清（1891—1956），字惠庆，浙江省镇海县人，出生于江苏省无锡市，教育家、外交家、法学家。1902 年，杨永清入读东吴大学，1909 年从东吴大学毕业，获得文学学士学位。东吴大学毕业后，杨永清先后曾任教于清心中学和东吴大学附属中学，后考入清华大学，是当时美国返还庚子赔款所建的留学预备学校。1914 年，杨永清获得了清华大学公开选派出国留学资格，远赴美国的威斯康星大学攻读法律，1918 年获得威斯康星大学法学学士学位，1919 年又获得文学硕士学位。留学期间，杨永清曾担任在美中国留学生会的会长。1919—1922 年，杨永清毕业之后便赴任中国驻英公使馆随员秘书，并兼任驻华盛顿太平洋裁军会议中国代表团秘书。1922—1927 年，杨永清赴北京外交部就职，负责起草取消不平等条约的照会。1922 年，杨永清被举荐为东吴大学的副校长，1927 年正式成为首任东吴大学华人校长，一直到 1949 年新中国成立。

2. 金陵大学校长陈裕光

陈裕光（1893—1990），字景唐，浙江宁波人，出生于一个基督教徒家庭。青少年时代就读于汇文书院附属中学，1915 年毕业于金陵大学，1916 年赴美国留学，先入俄亥俄州克里夫兰克司应用科学专门学校主修化学，后入哥伦比亚大学研究院，获化学硕士和哲学博士学位。留学期间曾任留美学生会月刊总经理及哥大中国留学生会会长，1922 年怀着“教育救国”的抱负回到祖国，就聘于北京师范大学，历任理化系主任、兼任教务长、学校评议会主席及代理校长等职。陈裕光热心科学事业，是中国化学学会发起人之一，被选为第一任会长，并连任四届。1925 年秋回到母校金陵大学执教，1926 年任文理科主任。1927 年金陵大学改组，被选为校长，9 月 20 日，带领私立金陵大学在教育部立案，并成为国民参政会参政员。[①] 1951 年 2 月 27 日，华东军政委员会教育部指示，陈裕光校长另有任用，李方训教授继任校长。3 月 3 日，陈裕光向校董会提出辞呈，校董会准予辞职，陈裕光离开了任职 24 年的校长岗位。

3. 金陵女子大学校长吴贻芳

吴贻芳（1893—1985），女，字冬生，祖籍江苏泰兴，出生于湖北武昌。1904—1915 年，她先后就读于杭州的弘道女子学校、上海的启明女子学校和苏州的景海女子学校。1916 年，进入金陵女子大学一年级学习。“为排解家庭不幸带来的心灵痛苦”，这一年夏，在同班好友徐亦秦（后来曾为金女大董事会主席）的引导下，在上海四川路曼摩氏女中浸礼会的怀恩堂接受洗礼，成一名虔诚的基督教徒。[②] 1919 年毕业，成为中国第一批获得学士学位的女大学生。之后，吴贻芳先赴北京女子高等师范学校任英文教师和英语部主任，后于 1922 年获该校巴勃尔奖学金，赴美国密执安大学攻读生物学，1928 年，获得密执安大学生物学博士学位。在吴贻芳即将毕业之际，金陵女子大学董事会聘任其为金陵女子大学首任华人校长。1930 年，根据国民政府《大学组织法》和《大学规程》关于大学的规定，金陵女子大学改名金陵女子文理学院，吴贻芳任院长。抗日战争爆发后，主持将学校西迁四川成都，沿途历尽艰辛，在困难条件中办学不辍，抗战胜利后又将学校回迁到南京复校。抗战时期，曾担任国民参政会参议员，并当选参政会主席团成员。1945 年，吴贻芳出席了旧金山联合国制宪会议，代表中国政府在联合国宪章上签字。1951 年金陵女子文理学院与金陵大学合并为公立金陵大学后，一部分归入南京师范学院，吴贻芳出任第二副院长，后曾出任江苏省教育厅厅长、江苏省副省长等职。吴贻芳从 1928 年 11 月出任金陵女子大学校长，至 1951 年夏，金陵女子大学与金陵大学合并，她在金陵女子大学校长岗位上工作了 23 年，是中国近代教育史上杰出的教育家和女性校长代表。

---

① 中国第二历史档案馆：《金陵大学陈裕光出任国民参政会参政员有关文件》，全宗号：六四九，案卷号：293。

② 程斯辉、孙海英：《厚生务实 巾帼楷模——金陵女子大学校长吴贻芳》，山东教育出版社 2004 年版，第 14 页。

4. 燕京大学校长陆志韦

陆志韦（1894—1970），语言学家、心理学家。浙江省吴兴县（今南浔镇）人。1907 年入苏州东吴大学附属中学学习，1913 年从东吴大学毕业，1916 年赴美国留学，1920 年从哥伦比亚大学心理学系毕业后回国。1921—1926 年执教于南京高等师范学校，担任心理系教授、系主任，1927 年任燕京大学心理系教授，1933 年再赴美国芝加哥大学生物学部心理系学习，获芝加哥大学哲学博士学位。1934 年 9 月 14 日出任燕京大学校长。1941 年太平洋战争爆发，燕园沦陷，陆志韦被日军拘押，依然威武不能屈之。至 1952 年院系调整时，燕京大学并入北京大学，陆志韦被调到中国科学院语言研究所工作，被迫离开了相伴 25 年的燕园。1970 年 11 月 21 日，在病痛中离世。

5. 沪江大学校长刘湛恩

刘湛恩（1895—1938），湖北省新阳县人。1915 年从苏州东吴大学毕业赴美留学。1918 年进入芝加哥大学攻读教育学，获硕士学位，后入哥伦比亚大学教育学院，师从实用主义教育家杜威，1922 年获博士学位回国，先任南京东南大学教授，后到上海中华基督教青年会工作。1928 年 1 月，沪江大学董事会依据国民政府公布的《私立学校校董会设立规程》正式改组，推举刘湛恩博士为校长。1928 年，刘湛恩出任上海沪江大学校长，1938 年 4 月 4 日在上海静安寺车站遇刺牺牲。

6. 岭南大学校长钟荣光

钟荣光（1866—1942），字惺可，广东省香山县人。1894 年中举人，精通八股文，1899 年被聘为美国长老会在广州创办的教会学校格致书院（岭南大学的前身）汉文总教习，后出任岭南学堂教务长。钟氏曾追随孙中山革命，孙中山先生 1912 年 5 月到岭南大学演讲，与钟荣光及师生合影。1927 年，钟荣光任岭南大学校长，组成岭南大学董事会。“谓岭南一切财政事务，不能长倚外人，应由岭南人多肩其责……”并提出“教育为国家社会之事业，办得好，财自来”①。1937 年，钟荣光因为年龄原因，改任岭南大学名誉校长。

1967 年岭南大学校友会主席林逸民于新会市为《钟荣光传》作序：

① Lingnan University Alumni Association：*Chung Wing Kwong Legendary Educator in China's New Learning*. HongKong：The Commercial Press（HK）LTD，2011：1.

“我国昔自爱新觉罗氏入主中土，推行桎梏教育，以八股取士，务在愚民，驯至末叶，而国势陵夷，外侮日逼，革命崛起。……二十世纪之初，钟校长先生独舒如炬之眼光，抱百年树人之大计，与友邦人士共创岭南学堂于广州之河南。规模宏大，课程齐备。……仲尼以一儒者，设杏坛而教于洙泗之间；先生以一教徒，创岭南而矗于康乐之上，一代仰为宗师。其赞天地化育之功。”① 钟荣光校长的学生杨华日先生如此评价：“先生笃信耶稣，人所共知，但严守新教自由原则，只求身体力行，以示榜样。彼讲求西学，但求西学融化于国人原有文化传统生活之中。”②

1942 年，日本侵略者攻入香港，闯入年事已高的钟荣光家里把他打伤，1 月 17 日，钟荣光伤病不治，在香港逝世。

7. 华西协合大学校长张凌高

张凌高（1890—1955），四川省璧山县人。1904 年，经来华传教士的推荐，张凌高进入重庆求精学堂学习。1914 年，考入华西协合大学，于 1919 年毕业，获得文学学士学位。1920 年，张凌高又在教会的资助下远赴美国伊利诺伊州埃文斯顿市的西北大学攻读硕士学位，1922 年毕业，获神学学士和文学硕士学位。回国之后，张凌高先是在资州③地区从事田园牧师工作。1925 年，华西协合大学董事会决定向卫理公会教堂要求张凌高到华西协合大学教授宗教科目，卫理公会教堂慨然应允，张凌高正式进入华西协合大学，任社会学和心理学教授。在国民政府立案要求的压力之下，华西协合大学选聘张凌高为学校的副校长，负责华西协合大学的立案工作。1929 年，在时任校长美国人毕启（Joseph Beech）和学校理事部的同意后，张凌高主持了华西协合大学校董会改组及章程的制定，被纽约董事部否定后，张凌高以“办事掣肘，虚牺牲而无结果”提出辞职，引发了收回华西协合大学教育主权的浪潮，学生数量大幅减少。1930 年，纽约董事部妥协，并将华西协合大学立案问题交于学校理事部全权处理，张凌高被推举为华西协合大学代理校长，1931 年，乔治·斯帕凌（George. W. Sparling）再次向董事会推荐张凌高为华西协合大学校长，他

① Lingnan University Alumni Association：*Chung Wing Kwong Legendary Educator in China's New Learning*. HongKong：The Commercial Press（HK）LTD，2011：2-3.

② 杨华日：《钟荣光先生传》，香港岭南大学香港同学会，1967 年，第 73 页。

③ 四川省地名，沿用至民国时期，今四川省资中市。

说："通过四个月来的交往，我发现张凌高是一个品格优秀的人，处事判断准确、热情，校务掌控得很好。我认为他就任校长职位完全符合华西协合大学的利益。"① 1931 年 4 月 16 日，华西协合大学董事会纪要决议任命张凌高为华西协合大学校长。1932 年 3 月赴美国德鲁大学研究院攻读博士学位，1933 年获哲学博士学位。1933 年 9 月，华西协合大学立案后，张凌高正式被聘为华西协合大学首任华人校长。1946 年，张凌高因病卸任，离开了华西协合大学。

8. 福建协和大学校长林景润

林景润（1897—1946），字琴雨，福建省兴化府（今莆田市）人。少年时代，林景润进入美以美教会（Methodist Episcopal Church）办的莆田哲理中学。之后，进入福建协和大学政治系学习，后转入美国芝加哥大学，于 1919 年毕业，获硕士学位。经牧师、前任校长约翰·高迪（John Gowdy）推荐，林景润入美国欧柏林大学深造。1927 年，林景润完成了美国的学业，回到母校福建协和大学，教授政治与经济课程。1928 年，在福建协和大学立案时，被任命为首任华人校长，在校长位置上服务了近 20 年，其间曾再次赴美留学，于 1939 年获得了卫斯理大学（Wesley University）的博士学位。林景润任校长的 20 年间，经历了教会大学最困难的时期，根据国民政府要求立案，大学的组织重构、课程改革等，最后落得身体很差，不得不于 1946 年辞去校长职位，由西奥多·陈（Theodore H. E. Chen）接任。在 1934—1935 中华大学会议上，组委会对林景润的介绍是："林景润（Ching-jun Lin），文学硕士，福建基督教大学校长，能力超群的管理者，无所畏惧的、成功的领导者。凭借眼界清晰、师生爱戴而闻名中华。自 1930 年以来担任中华基督教教育联合会主席。"② 林景润校长在会上的发言主体包括，*The Present Crisis in China.*（当今中华之危机）；*Christian Higher Education as a Factor in China's National Regeneration.*（中国基督教高等教育作为中华民族重生之要素）；*Present Trends in the*

---

① Dsang, Lincoln (Lin Gao): *Archives of the United Board for Christian Higher Education in Asia*: *Record Group No.* 11. New Haven: Yale Divinity School Library, Box286 Folder4484. 本书引用 Yale Divinity School Library 的内容皆为作者在 2014 年 7 月 14 日至 26 日之间复制于耶鲁大学神学院图书馆，原文为英文，由作者本人翻译成中文，下同。

② Lin Ching-jun: *Archives of the United Board for Christian Higher Education in Asia*: *Record Group No.* 11. New Haven: Yale Divinity School Library, Box116 Folder 2496.

Christian Movement in China.（当前中华基督教运动新趋势）。林景润的发言蕴含着深厚的基督教高等教育思想和文化救国理念，渴望这批华人校长能够带领中国的基督教大学实现中华民族的重生，化解国家和人民所面临的时代危机。

9. 华中大学校长韦卓民

韦卓民（1888—1976），广东省香山县人。1903 年秋，随父亲来到武汉，入美国基督教圣公会主办的教会学校文华书院读书。1908 年，完成学士学位论文《古代中国人之宗教信仰及其对中国民族性之影响》。1915 年 6 月，韦卓民完成了他的硕士论文答辩，次年，他的硕士论文《孟子的政治思想》由上海长老会广学会出版，在宗教界产生了广泛的影响。1918 年，在吴德施主教的资助下，赴美国哈佛大学研究院哲学系深造，师从哲学家霍金（William E. Hocking）教授，主攻西洋哲学史。1922 年，参加中国基督教全国代表大会，韦卓民以中华圣公会代表身份出席并被选为基督教全国协进会委员。1926 年，在上海基督教协会会议上作题为《试论基督教的中国本土化》的讲演。1927 年，作《要使基督教在中国有活的生命》演讲。韦卓民指出，“应该让基督教会在中国土地上生根，将中国人的生活基督教化，给中国人的道德以新的灵魂”①。1928 年，应伦敦基督教团体的邀请，在《中国人心目中之今日中国》系列专题中，发表《东西文化之综合问题》（*Synthesis of Cultures of East and West*）。1929 年 5 月，在圣公会主教孟良佐的推荐下，韦卓民被选为华中大学首位华人校长，7 月，学位论文《孔门伦理》答辩通过，获伦敦大学哲学博士学位。9 月，回国任职。1934—1935 年在芝加哥参加中国大学会议时，韦卓民校长的发言题目包括 *Christianity and the Changing China*（基督教与变革中的中国），*Confucianism as the Chinese Understand it*（中国人所理解的儒家学说），*China's Challenge to the West*（中国应对西方之挑战）等。韦卓民校长是孔子儒家思想研究专家，又深受基督教影响，主张从文化方面研究中西方教育问题，在其著作 *Missions In This Age*《时代的使命》中，韦卓民对东西方思想演变做了系统的比较研究，并且指出：“如果不能帮助中国

① 韦卓民：《韦卓民学术论著选》，华中师范大学出版社 1997 年版，第 394—395 页。

人从他们自身文化角度理解基督教，将对世界是不公正的。”①

10. 齐鲁大学校长朱经农

朱经农（1887—1951），浙江省浦江县人，1904年赴日本留学，1905年加入同盟会，回国后参与创办上海中国公学。1916年，朱经农赴美国华盛顿大学留学，之后，转学到哥伦比亚大学攻读教育学，获硕士学位。1921年回国后担任北京大学教育系教授，1923年，与陶行知、黄炎培等发起成立中华平民教育促进会，并与陶行知合编了《平民千字课本》。1927年被之江大学董事会任命为之江大学校长，未到任。1928年任国民政府教育部普通教育司司长，后升任常务次长。1931年任齐鲁大学校长，1932年被借任湖南省教育厅厅长，1945年任私立光华大学校长。1948年11月任中国出席联合国文教会议首席代表，后留在美国。1950年后在美国哈德国福神学院任职，直至1951年因病去世。曾翻译杜威教育经典《明日之学校》，个人著作有《近代教育思潮》等。

11. 圣约翰大学校长涂羽卿

涂羽卿（1895—1975），湖北黄冈人。清华学堂毕业后，于1914年到美国留学，1918年于麻省理工学院获得硕士学位，1919年回国，在上海基督教青年会服务。1930年二次赴美留学，师从芝加哥大学诺贝尔物理学家康普顿教授，取得物理学博士学位。1932年，涂羽卿回到上海，先是在沪江大学任物理系教授、系主任。长期在基督教青年会服务，曾任该会总干事。多次赴美考察、演讲，宣传中国的基督教事业进展。1947年，卜舫济接受了圣约翰大学在国民政府立案的要求，选任涂羽卿出任圣约翰大学首任华人校长。1952年，院系调整后，圣约翰大学被解散，涂羽卿转任南京师范学院和上海师范学院物理系教授。1975年9月11日逝世。

12. 辅仁大学校长陈垣

陈垣（1880—1971），又名援国，字援庵，广东新会人，清末秀才。1904年，陈垣在广州主编《时事画报》，后到新会草庄小学和广州振德中学任教。1907年考入美国传教士创办的广州博济医学院。1911年，参与《震旦日报》的创办，为该报副刊《鸡鸣录》的主编。1912年，参选北

① Francis C. M. Wei: *Missions in This Age*. New York Protestant Episcopal Church, Church Missions House, 1935: 8.

京政府众议院议员并获得提名，1913 年以民主革命报人当选众议院议员，并在北京创办平民中学，自任校长，兼教文史课程。1921 年年底，出任北京政府教育部次长，兼任京师图书馆馆长。1925 年与马相伯、英敛之共创“辅仁社”，1926 年继任辅仁社社长，并被聘为公教大学副校长。1927 年将辅仁社、公教大学改名为辅仁大学，担任副校长。1928 年兼任燕京大学国学研究所所长，1929 年以后，曾受聘兼任北京大学名誉教授、燕京大学历史教授、故宫博物院经事兼故宫图书馆馆长、中央研究院历史语言研究所研究员、评议员、院士等职。1929 年 6 月，正式任辅仁大学校长。1952 年，辅仁大学与北京师范大学合并，陈垣任新成立的北京师范大学校长。1971 年逝世。

13. 之江大学校长李培恩

李培恩（1894—1958），浙江杭县人。1910 年毕业于美国基督教长老会在杭州兴办的育英书院（1914 年改为之江大学），后考入东吴大学。毕业后赴美国留学，1919 年获芝加哥大学文学硕士学位，1921 年于纽约大学获得工商管理硕士学位。1923 年回国后担任上海商务印书馆英文编辑，并被聘任杭州之江大学的董事会成员。后任国立暨南大学教授，持志大学教授兼商科主任。1927 年任杭州之江大学教授，同年之江大学任命朱经农为校长，未到任。1929 年秋之江大学董事会邀请李培恩代理校长一职。1930 年，李培恩被正式任命为之江大学校长。1931 年，之江大学更名为之江文理学院，李培恩继续任院长。抗战爆发后，李培恩率领师生迁校至安徽、福建、重庆等地，在战火纷飞的年代，坚持办学，矢志不渝。1948 年学院恢复之江大学校名，任校长。1952 年被捕入狱，1958 年病逝于狱中。著有《商业事务常识》《三民主义》《商业指南》等。①

14. 燕京大学校长吴雷川

吴雷川（1869—1944），原名吴震春，字雷川、雪川、雪霜。浙江杭县人，江苏徐州人。1886 年中秀才，1893 年中举人，1898 年中进士，任翰林院庶吉士。1907—1909 年，任浙江高等学堂督学，1930 年，经蒋梦麟推荐，任教育部常务次长，一年后返回燕京大学任教授。② 吴雷川

---

① 周川：《中国近现代高等教育人物词典》，福建教育出版社 2012 年版，第 240—241 页。

② 当时的教育部组织架构是大总统，教育总长，教育次长。见《第一次中国教育年鉴》1934 年版，第 37 页。

皈依基督，守道笃，而见解新颖，往往有独到之处。曾著《基督教与中国文化》一书。吴雷川在书中认墨耶二人，同为宗教家与社会改造家，宗教本以改造社会为职志也。二人的人格及思想，对现代中国社会有重大贡献，且可备现代中国青年之效法。据吴雷川意见，耶稣的目的，不在创立宗教，而在改造社会。社会一经改造，不合理制度将根本取消。至于改造的步骤，是从心里建设入手。他要使宗教成为社会进化的原动力。①

收回教育权运动首先在北平的清华园、北京大学发起，燕京大学的教会标签使其成为斗争的焦点。1928 年 12 月 5 日，燕京大学董事会推选吴雷川为校长。1929 年 6 月 22 日吴雷川就职燕京大学校长。吴雷川作为清末翰林院雅士，认为基督教会太注重教条，对信仰内容的解释过于简单化和绝对化，因此许多教条成为非理性的、不可理解的条文，而教会在和政治力量的斗争中，还运用这种僵化的教条作为斗争的武器，结果“教会既失领导的功能，就专一高谈神学，以维护自己的权力”②。在吴雷川看来，西方传统的基督教，没有和中国文化的精神调和融会，传教士在没有真正体验中国文化精神的情况下，将西方基督教传统的教义和组织强加于中国。著有《教会学校的以往及其未来》《基督教与中国文化》《耶稣的社会理想》《墨翟与耶稣》等。

15. 沪江大学校长凌宪扬

凌宪扬（1905—1958），广东宝安人。1924 年，凌宪扬进入沪江大学商业管理专业学习，1927 年毕业，获学士学位。经校长魏馥兰推荐，凌宪扬毕业后即赴美国南加州大学留学航空管理专业，1929 年获南加州大学工商硕士学位。1946 年夏，在访美期间，获美国贝勒及韦克法斯特两所大学分别授予的荣誉法学博士学位。凌宪扬回国后长期任职于沪江大学，1931—1932 年任沪江大学工商管理系讲师；1943—1945 年任东吴沪江联合法商学院（抗战时迁往重庆）之商学院院长；促成沪江大学战后复校，之后担任沪江大学校长至 1949 年新中国成立。青年时代的凌宪扬就表现出杰出的组织和领导才能，是沪江大学基督教团契的主要负责人，同时还长期担任沪江同学会会长。1949 年 3 月，凌宪扬在征询了宋庆龄

① 中华基督教委办会：《墨翟与耶稣》，上海青年协会书局 1943 年版，第 19 页。

② 顾卫民：《基督教与近代中国社会》，上海人民出版社 2010 年版，第 326 页。

的意见之后，选择留下来照看沪江大学。1958年9月，凌宪扬因胃出血不治瘐死狱中，终年53岁。①

16. 震旦大学校长马相伯

马相伯（1840—1939），亦名建常，后改名马良。江苏丹徒马家村人，其母亲为虔诚的天主教徒。他11岁时，上海耶稣会的徐汇公学创立，次年马相伯入该校读书。马相伯15岁时，开始读法文、拉丁文。1862年入耶稣会初学院，两年后初学期满，再按会规，对中国文学和拉丁文深造一年，后再读哲学和神学。31岁时，晋职为司铎，被派往南京等地传教。后参与了洋务运动和维新活动。1823年入李鸿章幕下。1898年回到教会。1903年，在徐家汇创办震旦大学院，亲任校长，于右任、邵力子等人毕业于此。1905年，创办复旦公学，马相伯任校长，严复为总教习。1925年，马相伯与英敛之一起与罗马教廷合作创办了北平辅仁大学。

17. 天津工商学院校长赵振声

赵振声（1894—1968），河北景县阎黄古庄村人。1904年，在天主教直隶东南教区献县张家庄总堂公学就读。1913年加入天主教耶稣会。1917年到上海大修道院读哲学。1921年经教区派遣到比利时一修道院继续读哲学，1924年获神学哲学博士学位，成为神甫。② 1931年6月27日，赵振声博士从法国人裴百纳手里接任天津工商大学校长。由于不符合三院九系的大学标准，1933年，天津工商大学通过立案注册申请，更名为私立天津工商学院。为支持更多学生完成学业，天津工商大学于1935年3月1日成立校友会，发起校友募捐；聘请社会名流加入校董事会，如开滦煤矿总经理孙多钰等为学校带来大笔捐资。1968年10月15日，赵振声在河北献县因病去世。

18. 津沽大学（天津工商大学）校长刘迺仁

1943年7月，刘迺仁出任天津工商学院院长。天主教耶稣会传教士、神甫。上海徐家汇神学院哲学博士。1934年来到天津工商学院，先后任副教务长、训育主任、神学教授。1943年4月1日，任天津工商学院院

---

① 章华明：《沪江大学末任校长凌宪扬》，《档案春秋》2011年第5期。

② 泉水、文士：《最终走向独立自主办教会的赵振声主教》，《景县文史资料》1989年第2期。

务长，7 月任院长。1948 年 10 月，经国民政府教育部批准，天津工商学院更名为“私立津沽大学”，11 月 12 日，津沽大学召开校董事会首次会议，董事会主席徐世章宣布于斌董事长电文，“刘迺仁院长在工商学院改为大学后，应升为校长”。获得董事会一致通过。1949 年 1 月，天津解放，刘迺仁离开去了香港、法国。1969 年，罗马教廷安排原天津工商大学和津沽大学董事长于斌主教到台湾恢复津沽大学，寻刘迺仁协助，未成。①

19. 齐鲁大学校长李天禄

李天禄（1886—1975），字福田。山东泰安人。1908 年毕业于北京汇文大学。后留学美国范德比尔大学，1916 年获哲学博士学位。曾任北京汇文大学教务长。1921 年任华盛顿会议中国代表团秘书。1922 年任山东齐鲁大学文学院教授，兼文学院院长。1927—1929 年，任齐鲁大学校长。1929 年因学潮被学生驱逐而辞职。1930—1952 年，任南京金陵神学院教务长、教授。②

20. 齐鲁大学代校长林济青

林济青（1886—1960），又名林则衣，山东莱阳人，与齐鲁大学神学院教授，校董会董事、校务委员会主席衣振青是亲兄弟。林济青早年毕业于北京汇文大学，后留学美国里海大学。1924 年，任齐鲁大学教务长、文学院院长。在齐鲁大学立案风波中以文理学院院长代行校长职权，虽代校长一职未能转正，林济青对齐鲁大学贡献巨大，从霍尔基金会和哈佛燕京学社获得资助，创建了齐鲁大学国学研究所，成为当时国内大学中墨子研究、甲骨文研究等国学研究的中心。1936 年，林济青又临危受命赴青岛任国立山东大学校长（前校长杨振声因学潮被逐下台）。

21. 齐鲁大学校长吴克明

吴克明（1898—1977），字承敏。山东青州人。在教会资助下就读青岛崇实中学。1915 年，入齐鲁大学文理学院学习，1919 年毕业后留校任化学系助教。1929 年，教会资助留学美国欧柏林学院，获硕士学位。1931 年回国，1945 年秋至 1950 年，任齐鲁大学校长，抗战期间带领齐鲁

① 阎玉田：《踞柝津之阳——天津工商大学》，人民出版社 2010 年，第 11 页。

② 周川：《中国近现代高等教育人物词典》，福建教育出版社 2012 年版，第 222 页。

迁校到四川成都。[①]

22. 岭南大学校长李应林

李应林（1892—1954），又名琼礼，别号笑庵。广东南海人。三岁丧父，1914 年毕业于广州岭南学堂。任广州基督教青年会学生部助理干事。1917 年经青年会及简又文[②]的帮助留学美国奥柏林大学，与孔祥熙同班。1921 年获文学学士学位。回国后任青年会中学校长，1925 年任广州基督教青年会总干事，推动民众识字运动，发动教会学校学生抵制日货。1927 年夏，经岭南大学前外籍校长香雅各推荐任岭南大学副校长，行校长职（钟荣光年事大，且常年在海外为学校募捐）。1931 年“九一八”事变前夕，李应林把“田中奏折”翻译成英文并分别寄往海外各大媒体，揭露日本帝国主义的侵略野心。[③] 1937 年任广州基督教青年会总干事，兼岭南大学代理校长，1938—1948 年，任岭南大学校长。1950 年赴香港，1951 年筹建崇基学院（今香港中文大学崇基学院）。[④]

23. 岭南大学校长陈序经

陈序经（1903—1967），广东文昌人。9 岁时母亲病故。1920 年，入岭南大学附中读书，1922 年考入上海沪江大学生物系，1924 年转入复旦大学社会学系，次年毕业即赴美伊利诺斯大学留学，1926 年获社会学硕士学位，1928 年获博士学位，暑期回国，受聘岭南大学社会学系任教，著有《文化学系统》。陈序经是所有知识分子中首位大胆批评中国儒家文化，认为“中国文化有其糟粕，而孔丘的思想，是糟粕的总汇，特别是孔丘的‘犬儒思想’‘克己复礼’，为害最烈”。1934 年 1 月 15 日，《民国日报》发表《中国文化之出路》一文，提出的“全盘西化论”引起了学术界、文化界的论战。当时的学界名人胡适公开称“我是完全赞成陈序经先生的全盘西化论的”[⑤]。也正是因为他的“全盘西化论”，陈序经结局悲惨。1946 年任南开大学教务长，1948 年 8 月 1 日，出任广州岭南大学校

---

① 周川：《中国近现代高等教育人物词典》，福建教育出版社 2012 年版，第 263 页。

② 简又文（1896—1978），广东新会人，史学家，太平天国史专家。少年时就读岭南学堂，芝加哥大学宗教学硕士，回国后任中国基督教青年会干事，之后任燕京大学宗教系副教授。

③ 李宝朝：《李应林博士史略》，《广州文史资料》第 34 辑，1985 年，第 58—66 页。

④ 周川：《中国近现代高等教育人物词典》，福建教育出版社 2012 年版，第 231 页。

⑤ 胡适：《编辑后记》，《独立评论》1935 年第 142 号，第 24 页。

长。1967 年 2 月 16 日去世。20 世纪 80 年代后期，《文艺研究》杂志的主编林元先生在纪念陈序经的一篇文章中谈到，陈序经先生当年提出“全盘西化论”的实质是中国要现代化。①

24. 福建协和大学（代理）校长陈锡恩

陈锡恩（1902—1991），福建福州人。父亲是格致中学的英文教师，信奉基督教。陈锡恩格致高中毕业后入福建协和大学，毕业后任英华中学英文教员。1924 年秋季赴美哥伦比亚大学教育学院读研究生，师从杜威和里尔帕特里克（Rilpatrich）教授，获硕士学位，因身体健康不佳未完成博士学位。1929 年回到福建协和大学任教育学院教授兼教务和训导主任。1937 年二次赴美，继续他未完成的博士学位，1939 年获得南加州大学比较教育博士学位。1946 年年底，福建协和大学校长林景润因癌症赴美就医，福建协和大学董事会邀请陈锡恩回国代校长，因只向南加大请假一年，陈锡恩拒绝了福建协和大学董事会要其正式接任校长的邀请，1947 年 7 月返回南加州大学，任教育学院教授兼亚洲文化系主任和东亚文化中心主任。撰写美国百科全书和大英百科全书的中国教育史内容。1991 年病逝于洛杉矶。②

25. 华西协合大学校长方叔轩

方叔轩（1894—1982），四川成都人，1919 年毕业于华西协合大学，1935 年毕业于英国伯明翰大学，获硕士学位。1933 年参加日内瓦友好会议，1934 年是丹麦世界教会会议的代表。1927—1930 年任教育系主任，1931—1933 年代理校长（时张凌高校长在美国新泽西德鲁大学攻读博士学位），1945—1947 年代理校长（张凌高身体欠佳），1947 年 6 月接任华西协合大学校长。③

二 华人校长的个体背景特征

教会大学华人校长的个体背景，包括家庭信仰、经济状况、教育经历、社会经历等，对他们的校长角色形成和掌校过程的角色行为起到了关

---

① 陈其津：《我的父亲陈序经》，广东人民出版社 1999 年版，第 241 页。

② 《福建文史资料》第 16 辑，第 135—158 页。

③ Fong S. H.: *Archives of the United Board for Christian Higher Education in Asia: Record Group No.* 11. New Haven: Yale Divinity School Library, Box44 Folder1136.

键的作用。

1. 家庭背景方面：华人校长的家庭，一类是父辈有基督徒，从小耳濡目染，受家庭影响而结缘基督教。东吴大学校长杨永清的父亲杨维翰原为美国基督教监理会创办的博习医院医科第一届学生，笃信基督教，毕业后在苏州、无锡等地行医，家庭基督教氛围浓厚；金陵大学校长陈裕光父母都是基督教徒，震旦大学、辅仁大学创始人马相伯的母亲是虔诚的天主教徒，引导马相伯成为耶稣会神甫，后马相伯更是捐出家产参与创办震旦学院、复旦公学和辅仁大学，虔心服务民众；齐鲁大学代理校长林济青的哥哥衣振青曾经担任齐鲁大学校董会董事、神学教授；福建协和大学代理校长陈锡恩的父亲是基督教创办格致中学的英文教师，信奉基督教。另一类是家庭贫困或曾遭遇不幸，在生活、精神困难时期受到来自基督教会或传教士的帮助才成就学业，从而对教会有着强烈的情感归属，并走上教徒之路。例如，吴贻芳少年时期父兄在封建腐败体制下采取极端方式跳江自杀，李应林、吴克明父亲早逝，张凌高、陆志韦家贫，受教会资助完成学业等。

2. 教育经历方面：多数华人校长的小学、中学到大学都在教会学校学习，包括韦卓民、林景润、张凌高、吴贻芳、吴克明、陈锡恩、陈序经、李应林、赵振声、李天禄、凌宪扬、李培恩等，他们大学毕业后又多赴美国留学，并且在美国高校获得硕士或者博士学位。如陆志韦初中就读于东吴大学附中，从东吴大学毕业后到美国范德伯大学（Vanderbilt University）学习宗教心理学，后转入芝加哥大学研究院攻读生理心理学，获哲学博士学位。刘湛恩早年就读于教会小学，后考入东吴大学，获理学学士学位。留学美国，先后在芝加哥教育学院和哥伦比亚大学教育学院获硕士、博士学位。陈垣虽然是清末秀才，但是也曾就读于教会创办的广州博济医学院，与基督教有近距离的接触。这些校长中，华中大学韦卓民、华西协合大学张凌高、燕京大学吴雷川和福建协和大学林景润、齐鲁大学李天禄等着重基督教神学研究。

3. 教会服务方面：刘湛恩、涂羽卿、凌宪扬、李应林等都曾任职于基督教青年会干事，有多年主持、组织团契活动和社会服务工作。方叔轩参加过分别在日内瓦和丹麦举办的世界基督教友好会议。陆志韦在美国留学期间与近代中国神学研究人士刘廷芳①相识，受刘的影响，陆志伟对基督教信仰有了深刻的认识。这些经历的宝贵之处是，真正把信仰转化为服务民众的实践。他们组织教会大学青年师生在校外开办日校、夜校的平民学校，成立农民训练班，教农民识字、唱歌、手工、卫生常识等。齐鲁大学、圣约翰大学、东吴大学、华西协合大学等利用本校的医疗资源，倡导师生为附近居民开展义诊、咨询等社会服务。

4. 政治联系方面：曾担任之江大学（未到任）和齐鲁大学校长的朱经农在日本留学期间加入了同盟会，是孙中山的跟随者，后经国民政府教育部力推，任职湖南省教育厅厅长。岭南大学校长钟荣光也是孙中山先生的好友，兼任过广州革命政府的教育厅厅长。金陵女子大学校长吴贻芳和金陵大学校长陈裕光是国民参政会的参政员，吴贻芳曾多次代表国民政府参加联合国大会。

5. 人生结局方面：杨永清在 1952 年院系调整后赴上海做顾问工作，吴贻芳在新中国成立后担任江苏省教育厅厅长和副省长，陈裕光成为新中国建设的研究专家。钟荣光、林景润早逝于香港和美国，天主教大学津沽大学末任校长刘迺仁赴台湾，很不幸的是，陆志韦、涂羽卿、张凌高、陈序经、李培恩、韦卓民、刘世传、吴克明等都在后来的政治运动中遭受迫害，晚景凄凉。

就各位教会大学华人校长任职和掌校情况而言，东吴大学校长杨永清、金陵大学校长陈裕光、金陵女子文理学院校长吴贻芳、燕京大学校长陆志韦、华中大学校长韦卓民和辅仁大学校长陈垣等在位时间较长，基本从 1927 年立案之后一直掌校到 1952 年院系调整前夕，见证了教会大学的辉煌和历史使命的终结。这些校长的个人声望和社会影响较为显著，为近代中国高等教育发展作出了更为杰出的贡献。华人校长群体的人生轨迹从个人层面反映了近代中国的历史制度变迁和社会文化的变化，他们在受助中成长起来，懂得感恩，也形成了“善”的自我价值观。但是，他们在掌校之后遭遇复杂的角色冲突。综述上文各教会大学华人校长任职情况，教会大学华人校长汇总见下表。

---

① 刘廷芳，浙江温州人。近代著名基督教人士，与赵紫宸一起提出中国基督教会应“自养、自传、自立”，主张基督教中国化。

表 3-2　　中国近现代教会大学华人校长一览表

学校名称	华人校长	任职时间	毕业院校及学位
金陵大学 1907—1951	陈裕光	1927—1951	汇文书院、金陵大学化学系、俄亥俄克利夫兰克斯应用科学专门学校、哥伦比亚大学；硕士、博士学位
燕京大学 1909—1948	吴雷川 陆志韦	1929—1933 1934—1948	清末翰林 东吴大学附中、东吴大学、范德伯大学和波阿伯第师范学院宗教心理系，芝加哥大学；哲学博士学位
北平辅仁大学 1925—1949	陈垣	1929—1949	清末秀才、教会博济医学院
岭南大学 1888—1952	钟荣光 李应林 陈序经	1927—1938 1938—1948 1948—1952	清末举人 岭南大学、奥柏林大学 沪江大学、伊利诺斯大学，社会学博士
东吴大学 1900—1949	杨永清	1927—1949	东吴大学、威斯康星大学政治经济与教育、华盛顿大学国际公法与外交
沪江大学 1908—1949	刘湛恩 樊正康 凌宪扬	1928—1938 1938—1945 1945—1949	东吴大学，芝加哥大学硕士、哥伦比亚大学博士 沪江大学、哥伦比亚大学；硕士 沪江大学、南加州大学；工商管理硕士
震旦大学 1903—1948	马相伯 胡文耀	1903—1905 1931—1948	清末举人 震旦大学、比利时鲁汶大学；博士学位
圣约翰大学 1879—1949	沈嗣良 涂羽卿	1941—1945 1946—1948	圣约翰大学 清华学堂、麻省理工学院、芝加哥大学，物理学博士
华中大学 1924—1951	韦卓民	1929—1951	文华书院备/正馆、哈佛大学、伦敦大学、牛津大学、巴黎大学、柏林大学；文学硕士，哲学博士
华西协合大学 1910—1951	张凌高 方叔轩	1933—1949 1947—1951	重庆求精中学，华西协合大学、芝加哥西北大学、新泽西德鲁大学；文学硕士、哲学博士
齐鲁大学 1915—1948	李天禄 孔祥熙 林济青代 朱经农 刘世传 汤吉禾 吴克明	1927—1929 1929—1931 1929—1930 1931—1932 1935—1936 1937—1944 1945—1952	汇文大学；神学博士 教会华美小学、潞河书院、俄亥俄州欧柏林大学 汇文大学 华盛顿大学，哥伦比亚大学师范学院教育学硕士 齐鲁大学、哈佛大学；政治学博士 武汉文华大学、哥伦比亚大学、哈佛大学政治学博士 齐鲁大学、俄亥俄州欧柏林学院；化学博士
福建协和大学 1915—1951	林景润 陈锡恩 （代理） 杨昌栋	1927—1946 1946—1947 1947—1951	福建协和大学 福建协和大学、哥伦比亚大学；教育学博士 福建协和大学、耶鲁大学；社会学博士
金陵女子文理学院 1905—1951	吴贻芳 （女）	1928—1951	杭州弘道女中、苏州景海女校、金陵女子大学、密执安大学；生物学博士

续表

学校名称	华人校长	任职时间	毕业院校及学位
之江大学 1845—1948	朱经农 李培恩 黎照寰	1927 未到任 1927—1949 1949—1951	华盛顿大学，哥伦比亚大学师范学院教育学硕士 之江大学、芝加哥文学硕士，纽约大学商业管理硕士 哥伦比亚大学经济硕士；宾夕法尼亚大学政治学硕士
华南女子文理学院 1908—1951	王世静（女）	1930—1951	教会女校、华英女学堂、华南女子学院、美国晨边学院、密歇根大学；化学硕士

资料来源：耶鲁大学神学院档案数据，刘家峰教授翻译的芳·威廉博士著作《基督教高等教育在变革中的中国 1880—1950》数据及程斯辉教授著作《近代中国大学校长研究》数据。

第二节 华人校长角色形成的历史机缘

华人校长群体角色的形成有着特定的历史机缘。西方基督教传教士最初希望通过办教育的方式来传播他们的宗教，培养教会组织在中国的助手和后备梯队，终极目标是基督化中国。民国伊始，教会大学的教育主权问题被提上了日程。1912 年 10 月，教育部公布专门学校令，第六条："公立私立专门学校之设立、变更、废止，均须呈报教育总长得其认可。" 11 月，教育部公布公立私立专门学校规程，第一条："公立私立专门学校应依专门学校令第六条呈报教育总长认可。"① 1913 年 1 月 16 日，北洋政府教育部公布的第 3 号令，即《私立大学规程》，开启了教会大学的改组和中国化。全国文化、工商等各界也纷纷以公开刊文、组织集会、论坛等形式呼吁教会大学要转为中国人管理。

一 非基督教运动民族主义风潮对教会大学的挑战

历史制度主义认为，特定历史事件和社会环境与社会制度的兴立、演变有着必然的联系。鸦片战争后，清政府迫于不平等条约的压力，大开国门，西方传教士从中国沿海进入中国内地，以教育和基础医疗的名义传教，西方资本主义思想也随之渗入中华。清政府上层官僚对待西方的态度是矛盾的，对于张之洞等借助西学兴起洋务救国的实业教育，满人皇族担

① 舒新城：《中国近代教育史资料》（中册），人民教育出版社 1981 年版，第 639、642 页。

心西式制度可能会危及爱新觉罗家族的帝国基业。孙中山、蔡元培等社会精英、革命人士对西方思想则相对暧昧，他们主张用资本主义思想改革中华旧制，中国两千多年以来奉行的封建君主社会逐步瓦解，从此开启了一个新的历史时期。搭上西学东渐的顺风车，大批基督教传教士进入中国，他们利用廉价教育、免费医疗服务等善行吸引了大批中国人，真正目的是基督教化中国，俗称中华归主，也因此被贴上“文化侵略”的标签。传教士改变了单纯的教堂礼拜和布道等传教方式，他们在华各地开办起大批的教会学校，吸引年轻人来认识基督教，希望凭借学校这一媒介实现其传教的目的。在华基督教各差会从简单的社会服务转向高等教育机构的兴办，从 1864 年登州文会馆开始，基督教传教士陆续创办了多所教会大学，把教会教育事业推向了新的高度，同时为传播基督福音搭建起“合法”的平台。到 20 世纪初，教会大学在华得到快速发展，颇有些规模，占据了近代中国高等教育舞台极其重要的地位。据统计，至 1916 年，“中国的国立大学只有三所，即北京大学、山西大学、北洋大学，私立大学也不过五所，加起来仅有八所，而教会大学却多达十六所”。[①] 教会办大学是为了传教的目的，宗教课程是学校的必修课，同时学生也被要求按时参加礼拜会、查经班等各种宗教活动及礼仪培训，教会人士对学生进行宗教思想的灌输，以实现青年学生在思想上和行为上“基督化”。但是，伴随着清朝亡，民国兴立，一场反帝、反封建、反西方基督教的运动爆发，对教会大学的办学带来了冲击。

1919 年 12 月在上海举行的中华续行委办会全国大会上发起了中华归主运动，旨在加深信徒的灵修生活，争取更多的非基督徒入教，加强宗教教育，鼓励信徒热心为教会捐输奉献，造就和培养教会人才，开展基督徒的社会事业。同时刊行中、英文《中华归主运动通告书》，中华归主运动委员会委员长由余日章担任。1922 年年初，由美国人穆德领导的世界基督教学生同盟在中国成立分会并计划在清华大学召开大会，引起国内文化界、教育界的强烈抗议。反对基督教的浪潮首先在上海掀起。世界基督教学生同盟大会召开前夕，上海各校学生便发起成立了“非基督教学生同盟”，并通电全国学界。一时全国响应，纷纷组织同样的团体，积极地做

① 高时良：《中国教会学校史》，湖南教育出版社 1994 年版，第 57 页。

反对基督教的活动。[①] 3 月 9 日，发表了“非基督教学生同盟宣言”，矛头直指西方帝国主义利用基督教“仁爱”的幌子对中国进行文化侵略的罪行，对世界基督教学生同盟在中国的土地上集会发起了尖锐的抨击，直斥将在清华大学举行的“世界基督教学生联盟”第十一届大会的强盗行径是西方资本家利用宗教的名义开展新的殖民活动，控诉西方列强利用武力掠取中华的物质资源，又利用所谓的宗教福音在精神上俘获中国民众之仁爱。3 月 16 日，世界基督教学生同盟会定于 1922 年 4 月 1 日在北京清华学校召开第十一届大会，上海非宗教学生同盟发表宣言反对，并通电全国。[②] 3 月 20 日，北京大学的学生组织成立“非宗教大同盟”，同日，李大钊、刘仁静、李煜瀛等知名学者 70 余人在北京成立北京非宗教大同盟，要求教育必须“以科学之精神，吐进化之光华”，抵制即将召开的第十一届世界基督教学生同盟大会。[③] 3 月 21 日，北京各校学生通电全国，呼吁组织“非宗教大同盟”。[④] 4 月 2 日，《民国日报》发表周作人、钱玄同、沈兼士等人 3 月 31 日的“非宗教同盟声明”，抵制即将在北京召开的第十一届世界基督教学生同盟大会。[⑤] 4 月 4 日，以李大钊、邓中夏为首的文化界人士联合发表“非宗教宣言”，抨击基督教对青年人的蛊惑。中华心理学会北京非基督教教徒会员指出：教会所办的教育，都是以养成盲从信徒为唯一宗旨的教育。他们学校的教科书满纸都是“我信上帝全能的父，是创造天地的主，我信我主耶稣基督是上帝的独生子体例的材料”[⑥]。1922 年 4 月 4—8 日，世界第十一届基督教学生同盟会在北京的清华学校召开会议，32 个国家 140 名代表参加，另有中国代表 550 余人参加会议。大会主持人为该同盟会总干事美国人穆德。大会讨论了如何向现代学生宣传基督教、学校生活的基督教化等专题。[⑦] 4 月 9 日，在第十一届世界基督教学生同盟会闭幕之际，中国文化界名流在北京大学召开了非宗教大同

① 杨天宏：《中国非基督教运动（1922—1927）》，《历史研究》1993 年第 6 期。

② 韩信夫等：《中华民国史大事记》（第一册），中华书局 2011 年版，第 867 页。

③ 朱有瓛：《中国近代教育史资料汇编》，华东师范大学出版社 1993 年版，第 591 页。

④ 共青团上海市委青年运动研究室：《上海学生运动大事记》，学林出版社 1985 年版，第 48 页。

⑤ 中央教育科学研究所：《中国现代教育大事记》，教育科学出版社 1988 年版，第 51 页。

⑥ 薛晓建：《论非基督教运动对中国教育发展的影响》，《北京行政学院学报》2001 年第 3 期。

⑦ 韩信夫等：《中华民国史大事记》（第一册），中华书局 2011 年版，第 871 页。

盟讲演大会，严厉抨击基督教毒害和笼络中国青年的卑劣行径。蔡元培发表演说辞指出："现今各种宗教，都拘泥着陈腐主义，用诡诞的仪式，夸张的宣传，引起无知识人盲从的信仰，来维持传教人的生活。这完全是用外力侵入个人的精神界，可算是侵犯人权的。我所尤反对的，是那些教会的学校青年会，用种种暗示，来诱惑未成年学生，去信仰他们的基督教。"① 蔡元培强调教育要超然于各派教会之外，须规定三事，"（1）大学中不必设神学科，但于哲学科设宗教史、比较宗教学等；（2）各学校中均不得有宣传教义的课程，不得举行祈祷仪式；（3）以传教为业的人，不必参与教育事业"②。蔡元培提出的高等教育对宗教退避三舍的态度表明了中国高等教育的民族主义基调。5 月 10 日，非宗教大同盟通过了同盟章程，蔡元培、李大钊等文化名人为该同盟的主要领导者。6 月 18 日，非宗教大同盟召开了全国大会，并出版了抨击基督教的著作《卜宗教论》。1923 年 10 月，少年中国学会的领导人余家菊发表文章，呼吁收回教育权。1924 年 8 月 14 日，上海非基督教学生同盟成立，以唐公宪、柯柏年、高尔柏等人为首，开展宣传及组织工作，出版《非基督教特刊》，以指导各地运动。1924 年开始，非基督教运动的斗争矛头从宗教问题上升为教会学校的教育权问题，明确提出了"收回教育权"的口号，运动性质从最初的文化界和教育界所进行的中外文化争论和教育理论批判上升为中外势力的斗争，暴力行动一发不可收拾，全国开始焚毁教堂和袭击外来传教士等种种激烈行动。普通民众在知识精英的煽动下推动非基督教运动的升级，但是，也大大超出了文明的理性，非基督教运动直接阻挠了教会大学的正常办学。但是，在当时北洋政府首都北京，也有很多知识分子开始从多个角度去审视基督教大学对中国的积极影响。虽然北京大学大部分知识分子的观点和反基督教的主流舆论相吻合，但是也有许多学者表现出了高度的理智和宽容，警醒"用宗教式的狂热来进行反宗教运动"属于过激行为。③

在中国历史上，儒家文化倡导忠君爱国思想和家国情怀，有助于凝聚

① 高平叔：《蔡元培全集》（第 4 卷），中华书局 1984 年版，第 179 页。

② 高平叔：《蔡元培全集》（第 4 卷），中华书局 1984 年版，第 179 页。

③ Chen Yiyi: Peking University's role in China's Anti-Christian Movement in 1922-1927. *Social Sciences in China*, 2010, 31 (1) .

民族精神和维护国家安全稳定。面对西方文化的渗透和西方列强的入侵，中国人一方面因为教会的善行逐步建立对基督教会和教会大学的认同感，另一方面，帝国主义侵略的暴行激起了国人强烈的民族自尊。当时中国社会各个群体，也各怀自己的心事。北洋政府为获取列强的支持，对非基运动持否定的态度。① 教会大学毕业的学者，如赵紫宸等则希望教会教育给中国社会带来积极的变化。

为了适应中国实际，教会大学采取了理性、温和的宗教政策。如东吴大学在长达25年之久的时间里，学校一直要求所有在校学生学习基督教课程，参加教堂礼拜，以及每日的礼拜仪式。后赵紫宸教授接替西人负责宗教课程，在他的建议下，学校自1926年9月始将有关宗教方面的课程改为选修课，由诚心愿学的人参加。“我们确信这是符合政府要求的。这样一来，宗教班的规模就小了，但加入这个班的都是一些真正有兴趣的学生”②。1942年，华南女子文理学院的宗教委员会把宗教讲座安排在每周六早上，以查经为主要方式，参加的先生、同学自带圣经，由谭以玲先生领导，帮助同学们对于圣经的认识与研究。③

表3-3　　基督教运动与非基督教运动主要事件

主要事件		事件内容	代表人物
基督教方	1919年12月在上海举行的中华续行委办会全国大会	信徒的灵修生活，宗教教育，基督徒的社会事业	余日章
	1922年4月，《生命月刊》发表《中国教会前途的一大内容》	提出基督教教育展望	赵紫宸
	1922年，《真光》发表《批评非基督教言论汇刊》	提出“本色教会”概念	张亦镜
	1922年4月4日至8日，世界第十一届基督教学生同盟会	讨论如何向现代学生宣传基督教、学校生活的基督教化等专题	［美］穆德
	1922年5月，上海召开基督教全国大会	批评蔡元培、陈独秀等反基言论，组建“中华全国基督教协进会”	余日章

① 杨天宏：《中国非基督教运动（1922—1927）》，《历史研究》1993年第5期。

② ［美］文乃史：《东吴大学》，王国平、杨木武等译，珠海出版社1999年版，第113—114页。

③ 《华南学院校刊》1942年第9期，第3页。

续表

主要事件		事件内容	代表人物
非基督教方	1922年2月7日，上海学生率先组织“非基督教学生同盟”	发表“非基督教学生同盟宣言”	廖仲恺、邹鲁
	3月9日，中国社会主义青年团在上海发起组织“非基督教学生联盟”	发表宣言并通电全国	陈独秀
	1922年3月20日北京大学“非宗教大同盟”	“以科学之精神，吐进化之光华”，学校中不应进行宗教宣传	蔡元培、李大钊
	1922年4月2日，《民国日报》发表“非宗教同盟声明”	抵制即将在北京召开的第十一届世界基督教学生同盟大会	胡适、周作人、钱玄同、
	1922年4月4日，非基督教同盟大会开幕	发表“非宗教宣言”	李大钊、邓中夏
	1924年8月14日，上海学生重建“非基督教学生同盟”	出版《非基督教特刊》	唐公宪、柯柏年
	1927年3月，“南京事件”	金陵大学副校长文怀恩被杀	国民革命军、文怀恩

1919年新文化运动以来，以李大钊、胡适、陈独秀等为代表的中国先进知识分子大力倡导科学与民主思想，反对封建蒙昧，抵制陋习信仰和宗教迷信思想。他们通过公开发表文章和演讲等方式引导文化界、知识界和青年学生用科学方法去认识，去解释人类社会的各种现象，引领科学思维，反对基督教的“上帝”信仰及“玄奥”教旨。[①] 当时已经广泛传播的达尔文进化论理论也给封建时期的宗教愚昧带来了致命一击。对于中国这个渴望告别封建专制和政治威权的社会，教会大学赋予了青年人复杂的情感。一方面，基督新教通过大学教育引入了平等的价值观；另一方面，也使民众的排外主义情绪不断滋长。

非基督教运动和收回教育权运动是近代中国政治、文化和社会心理等多方面相互作用和相互碰撞所形成的合力结果。非基督教运动很大程度上激发了中国人的民族自尊心，收回教育权运动直接推动了教会大学的本土化发展，对近代中国高等教育产生了积极影响。1924年6月3日，圣约翰大学暨附属中学800人，以校长美国人卜舫济辱及我国国旗，相率声明离校，并宣誓永不再回校。次日，该校中国教师宣布全体辞职，并通电全

① 邵彦：《非基督教运动前后圣约翰大学与燕京大学的发展比较》，硕士学位论文，河北师范大学，2008年。

国。[1] 非基督教运动也提出了更明确、更具体的目标，“收回教育权”一时成为全社会普遍的要求和一致的舆论。1925 年 1 月，中国社会主义青年团讨论通过了“反基督教运动决议案”，指出要在全国发展非基督教同盟，并组织一个统一机构将其联合起来，以指导运动的发展。1925 年 2 月，《中华教育界》出版“收回教育权运动号”专号，刊载蔡元培关于教会教育的意见以及中华教育改进社、全国教育联合会近年有关收回教育权的提案等。3 月 3 日，中华教育改进社呈送教育部第三届年会议决收回教育权一案，请求教育部施行。[2] 1925 年 5 月，五卅运动的爆发使“非基督教运动”迅速升级，发展为全中华民族反对外国帝国主义的斗争。在诸多报刊反基督教文章和舆论的推动下，教会学校生存艰难，甚至大批教会学校发生了学生退学潮。1925 年，各省教育会联合会决议请求教育部取缔教会学校。5 月，浙江省教育厅颁布“禁止学校宣传宗教令”。10 月 15 日，全国教育联合会在开封举行第十届年会，通过“取缔外人在国内办理教育事业案”及“学校内不得传布宗教案”等提案。全国各省区教育会也先后制定出取缔教会学校的决议案。1926 年，国民革命军从广州出发开始北伐，也随之引爆了非基督教运动的发展，国民党北伐军所到之处，教会学校受到了很大的冲击，南京发生了金陵大学副校长文怀恩博士被杀事件，激起了美、英的愤怒，并军舰炮击了南京，造成中国军民的严重伤亡，这一事件的升级给予新成立的国民党政权极大的压力，最终不得不向英美妥协。但是，国民政府与教会势力的博弈也在之后的收回教育权行动中体现出来。

二 “巴顿报告”与美国基督教会对华政策的转变

西方教会对他们在华事业的调整是中国教会大学发生制度变迁的内在事件契机。随着民族主义的觉醒和新文化运动的兴起，中国社会发生了深刻的变化，非基督教运动动摇了教会大学的宗教性，教会教育在中国的发展遇到了更大的阻力。为了推动基督教在华教育事业的发展，美国基督教会作出了积极的回应。1921 年 2 月，以芝加哥大学前校长、神学教授巴顿（Ernest D. Burton）为团长的“中国基督教教育事业调查团”成立，由

---

① 舒新城：《近代中国教育史料》（第三册），中华书局 2012 年版，第 180 页。

② 中央教育科学研究所：《中国现代教育大事记》，教育科学出版社 1988 年版，第 97 页。

13名美国人、3名英国人、3名中国人组成。调查团从1921年9月13日起到1922年1月24日止，对我国的教育情况进行了调查，发表了《中国基督教教育事业》的调查报告。报告将中国分为六个大区，每一大区内设一个大学或若干专门学校，主张把各区已经设立的教会大学联合办理，组成一所联合大学。在每一区内设立一个“高等教育评议会”或“教育院”，管理区内的教会高等学校；全国成立“中华基督教高校和大学联合会”，这个会可与“中华基督教教育会”的高等教育部合并或联系，并提议以纽约为联合会的总部。[①] 巴顿调查报告在审视中国政治、社会形势对教会学校带来的挑战之后，对中国教会学校的发展提出了既要坚持学校的基督化性质，又要关注中国的实际需要的意见，要求各教会推进所办学校的本土化，提高福音传播和服务中国的效率。报告认为“消除中国新式学校带来的威胁，保持教会学校的强盛，对教会学校进行改革势在必行，提出改革的原则是使教会学校更加效率化、基督化和中国化”[②]。燕京大学校长司徒雷登是本次巴顿调查团的中国内地成员之一（还有南京东南大学校长郭秉文等），深受此次调查的影响，他允许学生宗教信仰自由，提出要把燕京大学办成一所“以学术为目的的教育机构，使学生在智、德、体方面得到发展，成为国家领袖人才，以满足国家与社会的需要”[③]。司徒雷登积极采取措施，一方面保持学校的教会宗旨，另一方面推动学校接地气，实现燕大的“中国化”“世俗化”，如大力开展燕京大学的乡村建设实验，充分发挥教会面向基层服务的价值优势，赢得中国社会的认同。在中国的传教士分为传统派和现代派两个阵营，传统派把教育作为传教的手段，目的是传播福音，发展更多的人信奉基督教；而现代派则注重以改造社会生活环境为目标的世俗性活动，认为教会学校应该培养学生的人道主义精神和为社会服务的技能。司徒雷登是现代派传教士的代表人物，主张教会大学面向整个中国社会，以产生更大、更全面的影响。他为燕京大学制定了“因真理得自由以服务”的校训，影响着师生们的思想和生活，

---

① 李清悚、顾岳中：《帝国主义在上海的教育侵略活动资料简编》，上海教育出版社1982年版，第11—15页。

② China Educational Commission: *Christian Education in China: A Study Made by an Education Commission Representing the Mission Boards and Societies Conducting Work in China*. New York City: Committee of Reference and Counsel of the Foreign Missions Conference of North America, 1922: 13-15.

③ 郝平：《无奈的结局——司徒雷登与中国》，北京大学出版社2002年版，第141页。

使燕大的师生非常关注社会服务。1924 年 5 月 26 日，金陵大学国文系扩建之建议第二项方案对师资的要求："即使不信仰基督教，至少对基督教教育的目的抱有同情和理解。好的声誉，能赢得学生、学校的朋友们以及政府人士的尊重，这样才有可能并容易得到政府的承认。"①

巴顿调查团中国行是基于调和基督教在华事业与中国社会冲突的前提展开的，从本质上讲，是基督教教育事业中国化的发展，说明了基督教会对中国事业的重视，拓展了教会大学在基督教属性上的理解，从学校本质、学生品质上对基督教信仰的升华，摆脱了以往拘泥于形式的做法。更重要的是，调查团积极推进教会大学向近代高等教育办学的本质迈进，强调人才培养适应中国社会需求，加快科学研究与社会服务的结合。巴顿调查团报告的发布加快了教会大学的中国化进程。

三　国民政府教育机关颁布的立法规范与强制要求

历史制度的形成有多重形态，政治法令是制度的有形载体。学校"立案"通常指的是各级学校根据教育行政机关的规定，就法定资料上报、登记以获得行政认可的行为。由于历史的原因，教会大学在成立之初没有在清政府立案。1906 年，清政府负责教育文化事务的学部发布了《咨各省督抚为外人设学无庸立案文》，文中说："现今振兴学务，各省地方筹建学堂，责无旁贷；亟应及时增设，俾国民得有向学之所。至外国人在内地设立学堂，奏定章程并无允许之文；除已设各学堂暂听设立，无庸立案外，嗣后如有外国人呈请在内地开设学堂者，亦均无庸立案。"② 该文形成了清政府对待外国人在华办学客观的放任态度，教会大学也事实上独立于中国政府的教育管理体制之外，他们选择了在本国的大学或者教育机关注册，以获取学术上和国际上的认可。1901 年，东吴大学选择在美国的田纳西州注册；1905 年，圣约翰大学在华盛顿特区注册；1911 年金陵大学、1918 年福建协和大学在美国纽约州注册；1917 年，沪江大学在美国弗吉尼亚州注册等。

---

① 南京大学高教研究所校史编写组：《金陵大学史料辑》，南京大学出版社 1989 年版，第 25 页。

② 朱有瓛、高时良：《中国近代学制史料》（第四辑），华东师范大学出版社 1993 年版，第 26 页。

新文化运动推动了国人民族主义情绪的高涨，与非基督教运动一起对西方基督教在华事业施以重压，教会大学不得不直面中国社会的真实感受，重新审视教会大学的教育主权问题。教会学校进入中国时，中国尚且处于晚清，政府一方面忌惮洋人势力对教会大学法外施恩，给予其存在和发展的空间；另一方面，教会大学办学、开展社会服务，一定程度上受到普通民众拥护。面对来自国内汹涌的非基督教运动，教会学校已不局限于招收教徒子弟，特别是教会大学非教徒学生的比重已逐步超过教徒子弟，而且从 1922 年以后，一般教会学校表面上已不再强迫学生上宗教课和入教。① 1925 年，五卅运动促使老师和学生对政府施加压力，随后，北京和广州政府颁布了要求私立学校注册立案的法规、条例。1925 年 7 月，中华民国学生联合会总会举行第七届全国代表大会。大会提出，要引导各校学生切实进行参与校务的运动，反对政府复试中等以上学校毕业生，组织学生军，撤废教会学校，收回教育权等。10 月，北京政府教育部通令取缔私立大学，并对全国私立大学进行调查。②

1925 年 11 月 16 日，北洋政府教育部公布了《外人捐资设立学校请求认可办法》，规定："查外人捐资设立学校，应与本国各私立学校一律待遇，前经本部于民国六年布告第八号，订定中外人士设立专门以上同等学校考核待遇法，于九年布告十一号申明，外人所设专门以上各学校，准照大学及专门学校各项法令规程呈部核办。又于（民国）十年四月间，订定教会所设中等学校请求立案办法通行各省区遵照在案。近来此类学校向所在地之教育官厅商请立案者，日见其多，亟应重订统一办法，以资遵守。兹特规定：《外人捐资设立学校请求认可办法》六条，明白宣布，自此次规定之后，所有民国六年布告第八号九年布告第十一号及十年四月间通行之教会中等学校请求立案办法，均即废止，特此布告。"

布告内容有：一、凡外人捐资设立各等学校遵照教育部所颁布之各等学校法令规程办理者得依照教育部所颁关于请求认可之各项规则向教育行政官厅请求认可。

二、学校名称应冠以私立字样。

---

① 顾长声：《传教士与近代中国》，上海人民出版社 2004 年版，第 330、337 页。

② 中央教育科学研究所：《中国现代教育大事记》，教育科学出版社 1988 年版，第 103、108 页。

三、学校之校长须为中国人。如校长原系外国人者，必须以中国人充任副校长，即为请求认可时之代表人。

四、学校设有董事会者，中国人应占董事名额之过半数。

五、学校不得以传布宗教为宗旨。

六、学校课程须遵照部定标准，不得以宗教科目列入必修科。[①]

其中，第三、四、五条在该《办法》中属于比较重大的条款，即学校之校长须为中国人；中国人应占董事会名额之半数；学校不得以传教为宗旨。第三条和第四条直接提出了教会大学管理权力的转移，而第五条则意味着教会大学的生存根基受到了质疑和挑战。因为传教是基督教海外差会和布道会的使命，也是他们获得本国教会人力和财力支持的基础。1926 年 3 月 1 日，广东国民政府正式设立教育行政委员会，作为讨论及指导教育行政的机关。10 月 18 日，教育行政委员会公布了《私立学校规程》，要求私立学校须受教育行政机关之监督及指导，不得以外国人为校长，不得以宗教科目为必修科，不得在课内作宗教宣传或强迫学生参加宗教仪式。另外，要求未立案的私立学校，依限呈请立案。同时规定："凡未经呈准立案之学校，其学生在学及毕业资格，一律无效。"《私立学校校董会设立规程》规定："外国人不得为校董；但有特别情形者，得酌量充任，惟本国人董事名额占多数；外国人不得为董事长或董事会主席。"[②] 在国民政府规程、法令的高压之下，教会大学的举办教会和校务管理层备受压力，他们意识到，如果教会大学拒绝立案，将不仅被孤立于中国的教育生活之外，丧失基督教在华已经建立起来的影响，还将面临被政府强制关闭的风险；反过来，如果教会大学完全顺从新政府的要求，则学校多年努力所取得的良好的宗教教育形势将会遭受损害，甚至教会大学会被变成政治争斗的场所，完全抛弃宗教人本教育的核心价值观。但是，如果教会大学妄自游离于新政府的教育体系之外，那些从教会大学毕业的学生将要面临政府教育部门的学历资格认可问题，继而影响到他们的就业及个人的社会发展问题。因此，教会大学一度受到了来自学生和他们家长的质疑。同时，教会大学不在政府教育部门注册立案，

① Registration with Chinese Government. *Archives of the United Board for Christian Higher Education in Asia*: *Record Group No.* 11, New Haven: Yale Divinity School Library, Box 21 Folder521.

② 《大学院公报》第 1 卷第 1 期，1928 年 1 月。

就依然是外国的大学，必然带来中外身份关系纠葛，甚至被怀疑是西方列强借以对华文化侵略的堡垒，学校师生也难以承受来自新政府和中国社会民众的道德压力。因此，大多数教会大学屈从了这一规定，改制学校的管理，并宣布凡校园组织的宗教聚集，准许学生自由参加，不得强制。1926年10月18日，中央教育行政委员会公布《私立学校规程》与《私立学校校董会设立规程》。规定外国人设立及教会设立的学校为私立学校，"须受教育行政机关之监督及指导""私立学校不得以外国人为校长，如有特别情形，得另聘外国人为顾问""私立学校不得以宗教科目为必修科，亦不得在课内作宗教宣传""私立学校如有宗教仪式，不得强迫学生参加"。在学校董事会组成上，规定"外国人不得为校董；但有特别情形者，得酌量充任，惟本国人董事名额占多数；外国人不得为董事长，或董事会主席"①。在强大的民族主义风潮和政治压力之下，中国教会大学不得不依据政府法令对原来的办学方式、组织机制及教育内容等作出必要的调整，一些开明的外籍校长开始筹备本校的立案事宜，积极推选中国人校长来接替外籍校长，改组董事会，以中国人为多数。为了逐步适应中国政治、社会的形势，也为了自身的发展需要，教会大学不得不限制过多的课内宗教宣传和课外宗教活动，通过自身的转变，迎接来自中国社会、政治和文化的挑战。

1926年开始，国民革命军在北伐战争节节胜利之时也加快了收回教育权的步伐，有些地方甚至采取切断教会学校的食物供应渠道、公开没收原本属于教会大学的财产（多数是几代传教士募捐购置得来的）等极端暴力手段，北伐军滥杀无辜传教士的现象也时有发生。1927年，国民革命军既克南京，金陵大学副校长文怀恩不幸遇害，时局散乱，外籍教授多有请辞，鲍文校长以老病乞休，乃由校务委员会推举过探先②、陈裕光二先生为正副主席。权摄行政即组织新校董会，依照大学院条例，以大多数国人为校董，而改旧校董会为创设人代表大会。旋于是年11月，由新校董会推选陈裕光先生为校长，由是本大学遂完全为国人主持。民国十七

① 刘英杰：《中国教育大事典（1840—1949）》，浙江教育出版社2011年版，第1011页。

② 过探先（1886—1929），原名宪先，江苏无锡人，早年就读于上海中等商业学堂、南洋公学和苏州英文专修馆。1910年考取庚款留学美国的名额，先入威斯康星大学，后入康奈尔大学。1925年始任金陵大学教授、农林科主任。

年，按照大学院颁布条例，积极筹备立案事宜，于5月中呈请立案，旋于8月6日奉大学院核准校董会之设立，同时并准立案，自国民政府定都后，其呈准立案之外资私立学校，亦以本校为最先。[①]

1926年2月4日，教育部通告：国内私立学校及外人捐资所设立的学校，一切课程、训育、管理事项，必须按照教育部章程办理，如有违反者，应即停办。[②] 1927年12月20日南京国民政府公布《私立大学及专门学校立案条例》和《私立中等学校及小学校立案条例》，要求外国教会在中国举办教育事业，必须向中国政府立案，并提出了八条私立学校立案时所应具备的条件和办理的具体手续。事实上，那个时期的立案是指所有的私立学校要向政府登记、注册，接受政府管理，而本研究所涉及的“立案”特指20世纪20年代中国基督教高等教育机构遵照新成立的南京国民政府所颁布的大学立案条例、规程等向教育部注册、申请学校认可和接受管理的行为。立案不是一帆风顺的，北洋政府先后于1925年和1926年颁布私立学校立案法令时，教会大学反应不一。一方面，作为西方的教育机构，它们对大学的设立和运行与中国社会有不同的理解，尤其在它们的传教宗旨上，普遍存在抵触；另一方面，由于教会大学分别属于不同的教派，各校校长的态度差异很大，开明的有燕京大学校长司徒雷登，保守的有圣约翰大学校长卜舫济；再则，国民政府中大批基督徒和教会大学毕业生与教会大学关系暧昧，教会大学有恃无恐；这些因素致使教会大学立案问题悬而未决，持续了很长时间。关于教会大学立案的性质，研究者比较普遍的观点是民国政府统一“国政”的政治要求和中华民族对以教会大学为代表的外国势力收回教育权力。但本书认为，前者观点只看到了教会大学与国民政府和中国社会交锋的外部表象。史料显示，教会大学立案同时是西方教会组织主动适应中国社会的积极行动，尤其是基督教改革派在其基督教全球化战略的中国化表现。“巴顿访华团”为代表的西方传教士教育家们提出主动调整在华教会大学的办学目标，“教育与宗教分离”趋势明显，“注册”立案标志着教会大学从以传教为根本目的向以教育为主

① 南京大学高教研究所校史编写组：《金陵大学史料辑》，南京大学出版社1989年版，第31页。

② 丁致聘：《中国近七十年来教育记事》，商务印书馆1988年版，第128页。

要任务转变。[①] 关于教会大学立案，有学者提出是“顺应民意”继承传统文化[②]，是收回教育权的标志；北洋政府颁行的《外人捐资设立学校请求认可办法》和南京国民政府颁布的《私立学校规程》《私立学校董事会规程》等法令文件，客观地推动了教会大学办学宗旨发生了本质的变化：以华人校长代替外籍校长执掌教会大学，是教会大学中国化的重要标志，同时，国民党政府改变了对教会教育的敌视态度，赋予其合法地位。

1927 年 1 月 16 日，广州私立岭南大学纽约董事局代表决定，将学校交给中国人办理，原有的董事局改为协进会，由 13 名华人、5 名西方人组成新的校董会，执行该大学的最高管理权，钟荣光任校长。此为中国收回教育权运动的第一成果。[③] 1927 年 4 月，苏州东吴大学改组董事会，选任华人杨永清为校长。[④] 6 月，美国圣本笃会所办的北京辅仁社召开第一次董事会。会议议决将辅仁社改名为私立北京辅仁大学，会议推选陈垣为校长，奥图尔为校务长。暑假开始招收大学班学生，史学系、国文系、英文系三系共招收本科、预科六个班，录取学生 150 人。9 月 27 日开学。[⑤] 11 月 16 日，金陵大学新校董会成立，推举陈裕光为校长。本日，该校全体师生举行大会，欢迎陈裕光就任校长。[⑥] 12 月 9 日，国民政府大学院令各大学区及各省教育厅，禁止未立案的私立学校采用大学院所颁发的毕业证书式样。[⑦]

如果说教会大学创办之初的宗旨是“中华归主”，要求教会大学立案则是中国政府和中国社会的文化反控制行为。从官方的国民政府到民间的文化界，对教会大学立案表现出强硬的态度。政府掌握的是法权，是公权力，而蔡元培、李大钊等领导新文化运动的学者们代表了民族主义的话语权。西方教会方面对立案的反应还是比较理性的，尽管也有上海圣约翰大

---

① 胡景钟：《论中西文化交流中的教会大学》，见章开沅、林蔚《中西文化与教会大学》，湖北教育出版社 1991 年版，第 20 页。

② 阎玉田：《踞析津之阳——天津工商大学》，人民出版社 2010 年版，第 7 页。

③ 民国教育部：《第一次中国教育年鉴 戊编 教育杂录》，开明书店 1933 年版，第 40 页。

④ 周予同：《中国现代教育史》，福建教育出版社 2007 年版，第 49 页。

⑤ 吴惠龄、李壑：《北京高等教育史料》（近现代部分），北京师范学院出版社 1992 年版，第 405 页。

⑥ 高平叔：《蔡元培年谱长编》（下一），人民教育出版社 1996 年版，第 108 页。

⑦ 丁致聘：《中国近七十年来教育记事》，商务印书馆 1988 年版，第 150 页。

学卜舫济那样比较顽固的西人校长。

耶鲁大学神学院图书馆保存了中国基督教教育联合会牧师华莱士(E. W. Wallace)博士于1927年在上海起草的《中国教会学校关于立案的联合备忘录》，该备忘录声明：

"1. 我们认识到，在这个国家为民众提供教育设施的责任在于中国政府，并且，政府有权决定在何等条件下私立机构可以在这个事业领域进行合作。

2. 教会事业部门没有在华保持异己、对抗的教育体制。因为多数教会学校建立于新的国家教育体制之前。我们完全认可新政府要求所有私立学校向教育主管权力部门注册立案的权力，并且遵守政府对私立学校的要求。我们将即时调整我们的学校以适应政府规章要求，前提是这些行为不会有悖或损害我们这些教育机构的基督教性质。

3. 我们相信，每个学校的根本目的是通过真正的教育和训练，发展高层次的人格，并且这个目的不会屈就于任何形式的宣传，无论是宗教的、政治的还是经济的。教会学校通过教育表达基督教生活方式，而不存在有悖于教育原则的宗教宣传代理人一说。

4. 我们认为宗教自由是每个人不可剥夺的权利，每一个由宗教组织建立的学校都有应当被允许面对所有愿意上此类学校的学生开设宗教指导课，除了学校当局认为合适的政府课程计划之最低要求。

5. 我们相信基督教学校的宗教性质不是取决于宗教真理被呈现的方式，而是全体教职工和学生集体的人格与基督徒影响。借此原因，我们认为教育权力机关要求我们的宗教祭拜和指导在自愿的基础上进行，必定是干涉了宗教目的和基督教学校的宗教与教育价值观。"①

教会大学立案之后，华人校长正式登上了近代中国高等教育的舞台，这一结果是在中国政治、经济、文化和社会综合合力推动下产生的，也是西方教会与中国现实博弈的结果。

---

① Registration. *Archives of the United Board for Christian Higher Education in Asia*: *Record Group No.* 11. New Haven: Yale Divinity School Library, Box22 Folder522.

第三节 华人校长角色发展过程及典型特征

一 华人校长角色发展的历史过程

教会大学创立之初，学校只有少数传教士，他们几个人负担起大部分课程教学，同时兼顾行政管理、外联募捐等，其中最有声望的传教士往往直接为校长。尽管办学经费来自国外教徒捐赠，但是英国、美国、加拿大等差会远在大洋彼岸，根本无暇顾及，学校的大小事宜基本都由教会大学的校长决定，因此创校时期的外国人校长通常比较“强势”。

1929 年 4 月，教育部发布的《取缔宗教团体私立各学校办法》规定：“凡以宗教团体名义，捐资设立学制系统内之各级学校者，应遵照私立学校规程办理；凡宗教团体为欲传播其所信仰之宗教，而设立机关，招致生徒者，概不得沿用学制系统内各级学校之名称。”①

在北洋政府和南京国民政府颁布《外人捐资设立学校请求认可办法》和《私立学校规程》时，提到由中国人为校长，教会大学管理层的反应差异明显。其中燕京大学的司徒雷登、金陵大学的鲍文、金陵女子大学的德本康夫人等反应比较积极。

教会大学选择和任用华人校长总体上是比较成功的。以前述近代十大教会大学华人校长为例，陈垣之所以成为辅仁大学校长是由于辅仁的创办人英敛之在 1926 年临终前以辅仁大学校务托付陈垣，陈垣受托后，继续筹办建立大学事务。其余 9 位校长都属于教会大学董事会或远在美国的托事部聘任。这些校长在出任大学校长之前，已经具有以下特点。

第一，他们拥有教会大学的学习经历或相关教会组织经历，与所出任的教会大学有较为直接的渊源关系，一般都在自己出任校长的教会大学求学过，与自己主持的教会大学有着深厚的母校情结。其中，出掌母校校长职位的有 7 位，他们是陈裕光毕业于金陵大学化学系，吴贻芳是金陵女子文理学院的第一届毕业生，张凌高毕业于华西协合大学，王世静毕业于华南女子文理学院，杨永清毕业于东吴大学法学系，李培恩毕业于之江大学，韦卓民是华中大学前身文华大学的首届毕业生。

---

① 徐传德：《南京教育史》，商务印书馆 2006 年版，第 61 页。

第二，他们具备严谨的治学态度和深厚的专业素质。他们大多在美国的大学获得硕士及博士学位，有9位均获得硕士及以上文凭，其中有6位获得博士学位，辅仁大学校长陈垣虽然没有获得过相应的学位，但其在中国文化和史学方面的造诣在当时已达到相当高的水平，在辅仁大学和后来的北京师范大学打造起卓越的史学研究基地。

第三，具有较丰富的教育阅历和教育管理经验。沪江大学的刘湛恩在出任校长之前，不仅有教育学的专业背景，而且作为基督教青年会的教育干事，投身于中国的基督教教育事业，参加了中华职业教育社领导的职业教育运动并亲自组织了公民教育运动。韦卓民在出任华中大学校长前曾担任教务长和副校长职务。陈垣出任辅仁大学校长之前先后担任过小学和中学教师，并在北京创办过平民中学，任校长且授课，出任过北京政府教育部次长，以及北京师范大学国学学科导师等职务。陈裕光出任金陵大学校长之前曾任北京师范大学化学系主任，后兼任教务长、校评议会主席，直至代理校长后回母校做化学系教授，并出任文理科长。张凌高在出任华西协合大学校长之前，曾担任过小学校长、中学教师、华西大学副校长等职。吴贻芳出任金陵女子大学校长之前，曾担任过小学教师，出任过北京女子高等师范学校的英文教师和英语部主任。王世静出任华南女子文理学院院长之前，有过在厦门大学任副教授的经历，后回母校华南女子文理学院任化学系教授，并出任教务长。李培恩出任之江大学校长之前，担任过之江大学文学院院长、代理校长等职。陆志韦出任燕京大学校长之前，曾担任过中学教师，在南京高等师范学校执教过，在东南大学讲授过心理学并兼任系主任。在这些教会大学的华人校长中，毕业后没有直接从事教育行业的只有杨永清博士。杨永清在出任东吴大学校长之前，曾担任过北京关税会议筹办副主任，驻英国伦敦总领事，在北洋政府外交部协助顾维钧总长署理中国的外交事务，社会活动和管理能力强，是不可多得的法律和外交人才，而东吴大学法学院在当时是国内最好的法学院之一，招生人数比燕京大学还要多，又逢国际军事纷争、国内政治制度新建，需要杨永清这样既有教会大学经历又有国际法律实践的学者来领导。

正是由于教会大学华人校长在出任大学校长之前，已经有了很高造诣的学问与专业背景，具有较丰富的教育阅历和教育管理经验，对所在学校的深厚感情也符合作为校长应熟悉教会大学基本情况的要求，因此教会大学的董事会或位于美国纽约的海外托事部给予他们信任并聘任他们到校长的岗位，他们便能较快地进入教会大学特有的校长角色，承担起教会大学所肩负的宗教、教育、社会服务等历史使命。这批校长带领下的教会大学校务相对稳定，吴贻芳、陈裕光、杨永清等任校长职位长达20多年，这与欧美国家的大学传统相似。国内政治的需求传递到各行各业，因此大学校长也是走马灯似的更换。校长平均任期在5年以下的只有私立齐鲁大学，这与参与该校的宗教、社会团体众多致其宗教、人文归属松散不无关系。其余的教会大学华人校长平均任期均在5年以上，超过10年的就有7人，陈裕光时长达22年，陆志韦6年，陈垣20年，钟荣光11年，杨永清21年，刘湛恩10年（在任时遇刺），沈嗣良4年，韦卓民19年，张凌高13年，林景润19年。

华人校长走上教会大学的前台，主要还是外力的作用，尤其是政府立案的要求。也有大量史料显示传教士们有不同的办学目标，在行政管理方面也各不相同。1921年，东吴大学第二任校长葛赉恩博士因健康不稳定休假，将管理职务交给副校长文乃史博士代理，文乃史当选校长后，“坚持要选一位中国人当副校长，以便他可以尽早将职责转交给他”①。在他当选校长那年夏天参加了北京协和医学院的正式开院典礼，在那儿他与当选的合作伙伴杨永清见了面。他们同意共同按既定计划一起合作，杨一旦可能就接替第一把手位置。② 从文乃史博士的描述中，我们可以感觉到，东吴大学的西方传教士教育家希望把他们的宗教教育事业转交给华人主持，在人选方面，董事会选择了杨永清博士，这与杨永清的个人履历和人格魅力有直接关系。杨永清是1912年东吴大学毕业生，乔治·华盛顿大学的文学硕士，与其他教会大学的华人校长一样，有深厚的西方教育背景。1927年3月1日，文乃史校长辞去了职位，并敦促东吴大学校董会尽快任命华人校长，当年夏天，杨永清来电答应担任校长后，所有各方都很满意。③ 杨永清于当年12月3日就职。

---

① ［美］文乃史：《东吴大学》，王国平、杨木武等译，珠海出版社1999年版，第94—95页。

② ［美］文乃史：《东吴大学》，王国平、杨木武等译，珠海出版社1999年版，第94—95页。

③ ［美］文乃史：《东吴大学》，王国平、杨木武等译，珠海出版社1999年版，第94—95页。

吴贻芳担任金陵（女子文理）学院校长的过程并不顺利。金陵学院（金陵女子文理学院 Ginling College）章程（Constitution of Ginling College）序言部分对学院的建校动机和目标作了详细描述：为促成基督事业在华发展，为推进培养领袖人才的教育之需；为致力基督事业的女性提供教育；为提升受基督教影响下的女性高等教育水平。章程第二部分第二条第一款是关于合作差会董事会（The Co-operation Mission Boards）的规定，每一个差会组织需负责：a. 提供 1 万美元作为供给设备费；b. 提供一名教师；b. 每年拨款不少于 600 美元常规费用。章程第三部分是受托人会（Trustees），第一条规定，合作董事会任命一个组织充任受托人会，拥有下面第二条之权利和职责。第二条规定了受托人会（the Trustees）权力和责任：第一款，信托所有财产和捐赠基金，向管理委员会（Board of Control）交付承诺的收入及所收到的其他资金；第二款，逐步增加设备及捐赠以供学院发展之需；第三款，对由学院管理委员会选举出的学院院长，受托人会给予确认，并且在管理委员会要求时宣布免职院长。[①] 根据上海市档案馆和耶鲁大学神学院档案资料，金陵（女子）学院的组织架构包括：（1）差会合作董事会，主要是美国、加拿大等海外教会组织，负责筹集资金，购买设备；（2）受托人会（Trustees），掌握学院的人事、资金等权力；（3）理事会（Board of Control），具体操作学院工作的运转，向受托人会负责。由于军人武力占领了南京，学校的外国教员或回国或被护送到上海租界区。1927 年 5 月 11 日，金陵学院管理委员会（The Board of Control）理事会执行委员会通过了校长德本康夫人（Mrs. Thurston）和魏特琳（Vautrin）、切斯特（Chester）、凯斯（Case）、格雷斯特（Griest）以及里维斯（Reeves）等外籍教师的辞职申请。选举吴贻芳女士为校长（当时吴贻芳并不在国内）。由于时间和空间限制，理事会共有 20 名委员通过邮件投票，其中包括金陵大学校长陈裕光博士。与会委员对吴贻芳给予高度评价。布莱特肖（Bradshaw）小姐说："我认为由中国校长领导金陵（学院）的时机已经成熟。我知道吴（贻芳）小姐是一位虔诚的基督徒、杰出的学生，具备了不同寻常的理性和个人素质。她拥有在美国学习的优势，我认为她非常胜任金陵学院院长的职位。"埃斯特·高斯（Esther M. Gauss）小姐说："我同意理事会邀请吴（贻芳）小姐任金陵学

① Constitution of Ginling College，上海市档案馆外滩馆档案，档案号 U124-0-19。

院校长，因为吴小姐是神圣基督事业的领导者。”也有谨慎的声音，委员克劳福德（Crawford）博士在会上说：“就我所了解的，她非常有资格任学院的校长。似乎目前的时代趋势要求中国人任校长，尽管在正常的时代，英明的政策将不会有任何的民族差异。我支持给予吴小姐一个完整的考验期，并且希望在她的服务期有一定的限制。”芳·迪强（Djang Fang）博士说：“很遗憾地讲，我个人并不熟悉吴小姐。我感觉不是有信心在这么重要的事情上作出判断。把一个中国人放在学院校长这么重要的位置上，仅仅因为是中国人，可能带来两种难以令人满意的结果。一是会形成对时局的错误理解；二是可能难以达到过去的标准。当然，我对事不对人。我只是陈述一个原则的问题。在这个事情上，我认为循序渐进要比突发变革更好。邀请吴小姐先担任两年的副校长可能会更好，以便她能够适应当前中国的复杂条件，也进一步培养她未来承担更大责任。”希尔伯特（L. C. Hylbert）夫人说：“我投赞成票，因为总体上我同意尽早由胜任的、乐于承担起责任的中国人代替外国人执行校长责任的原则。鉴于当前的危机，我认为只要可能，原则上我们要尽快完成这一变革。会议所讨论的吴贻芳我并不认识，但是我还是当然认为她是有能力接任校长的人选。很遗憾的是，这么重要的投票竟然是通过信函寄送的。”罗伯茨（Mr. Roberts）先生的意见则尖锐许多：“我不同意立即由中国人任校长和中国人占理事会多数的观点，除非所有财政资金由中国人提供。直到中国的新政府正式颁布教育机构要求之前，我希望按照旧的方式执行。”吴荣英（Wu Wing-ying）小姐的意见是：“我个人对吴小姐不太了解。我和她只有过几次会面，但是我从他人处了解到她的情况，并且我相信她的学识和社会立场适合她担任金陵学院的校长。她这几年缺席金陵学院，加上中国当前不断变化的条件可能对她开始这个新职位是艰难的。但是她会得到朋友们的帮助，所以我的意见是，她是合适校长人选。”金陵大学校长鲍文博士特别声明：“我请你们记录我投票支持吴小姐任校长。尽管有人在这些问题上感觉遗憾（外籍人士不得任校长等），但是这么做也是中国新形势所要求的，是不可避免的。对我来说，她是目前我能见到的最胜任该职位的人选。我相信德本康夫人和所有的中外籍教职工都会支持吴小姐，并且我知道她在校友中间有相当的信任。包括她在美国获得的高级别的学位，中国社会对妇女教育和女士领导者的积极态度，她将拥有最大可能的成功机会——尽管近一段时间南京城内外的这些难以对付的政治和社会条件（指的是北伐期间，国民党军队时而有袭击外国人现象）。”①

埃塞尔·华莱士（L. Ethel Wallace）小姐毕业于多伦多大学和哥伦比亚大学，1906年担任华南女子文理学院筹备组秘书，1908年成为华南女子学院首批教师，1914—1927年任教育系主任，一直到1948年离开学院返回美国。在华莱士小姐的回忆录中，记载了王世静成为华南女子文理学院校长过程的详细记录。1930年1月18日，王世静（Lucy Wang）在华南女子文理学院沛恩堂（Payne Hall）宣誓就职，董事会成员、教师代表和校友代表以及友好院校的嘉宾齐唱“A Mighty Fortress is Our God”，前任校长程吕底亚（Miss Lydia Trimble）和卢爱德博士（Dr. Ida Belle Lewis）坐在贵宾台。华南女子文理学院的董事会主席翁刚霍（Wong Gang-huo）致辞介绍新任校长王世静，“拥有深厚的中国文化底蕴，在本科和研究生阶段都获得很高的学术成就，具备高尚的个人品质，是一位非常杰出的女性，董事会很庆幸地得到她这样能力超群的领导者”。卫理公会海外差会秘书约翰·爱德华兹（John R. Edwards）代表卫理公会（Methodist Episcopal Church）和受托人会（Board of Trustees）向王世静致欢迎辞。王世静在就职会上做了简短发言：“我们大家都了解学校所付出的努力和发展的方式。我们必须要感谢美国女子海外布道会的朋友们所有的付出和奉献，是她们促成了学院今天的成就。我们也感谢前任校长和众位教师们的辛勤工作，她们把自己的人生都奉献给学院。我作为本校的毕业生，对学院的培育之恩无以言表。社区主教和董事会成员在各个时期都给予学院最好的建议，使学院创造新纪元成为可能……。能够向我们的后继者传播我们从前辈那里所学到的，是我的幸运。忠诚于华南女子学院并去实现我们的教育理想，我们就不会有任何私心。为了中华女同胞们的幸福，我不能拒绝这一责任重大的职位。我请求您们的鼓励和支持。”② 王世静的就职演讲，传递出了她对学院的感恩、责任，也重点强调了华南女子学院的文化传承。从主持学院工作之初，王世静就稳步、努力地为学院向国民政府立案制定目标。1931年8月，董事会执行委员会授权一个委员会修改学

① Wu Yi-fang: *Archives of the United Board for Christian Higher Education in Asia*: *Record Group No.* 11. New Haven: Yale Divinity School Library, Box147 Folder2896, 2897.

② L. Ethel Wallace: *Hwa Nan College*: *The Women's College of South China*. New York: United Board for Christian Colleges in China, 1956: 52-55。

院章程以达到政府对学院立案的要求。作为漫长的立案程序的第一步，经过政府权力部门对学院董事会方案的调整，于10月9日完成了华南女子学院董事会的立案。但是，依然有许多等待调整的方面，比如课程调整难度较大，尤其是如何保持基督教特色的问题。根据华莱士小姐关于华南女子文理学院的回忆录，王世静就职华南女子文理学院首任华人校长之后，首先面临的是立案问题，在最初向国民政府提交的立案中被拒绝。主要有两个问题，一是财务不得低于教育部规定预算额度；二是课程问题。就财务问题来说："全球遭遇的经济大萧条达到顶端，不得已要削减预算，但当时正处于立案的关键时期。"就课程而言，"中国有太多文科学院"[①]。1933年，董事会要求王世静亲自到南京与国民政府教育部协商。尽管当时王世静身患重病，还是决定亲赴南京，履行自己作为校长的职责。在王世静、学院的教授们以及众多校友的支持下，教育部最终批准了华南女子文理学院的办学资格，有文学院和理学院两个学院共7个系，并于1934年6月才拿到永久注册许可。

1920年，杨永清从美国乔治·华盛顿大学法学硕士毕业后，经清华大学校长周诒春博士推荐到北京政府外交部长顾维钧属下从事外交工作。1922年，杨永清被东吴大学董事会选为副校长时，他仍旧在北京外交部工作。参加北京协和医学院开院典礼的第二天，遇见了周诒春博士，周博士对他说："你已为你的国家服务了，现在再给你们的教会作些服务（副校长）是件好事"。杨永清回答说："您说得很对，我还不能离开，但什么时候才能？我已决定将我的余生奉献给我的教会。"[②] 杨永清1927年12月就职校长。

1928年2月25日下午2时半，沪江大学首任华人校长刘湛恩行就职典礼，除该校全体师生外，尚有来宾郭泰祺、鲁继曾等90余人到该校观礼。校董会代表缪秋笙、美国南北浸礼会代表麦嘉祺、毕业同学代表邬志坚、学生代表高明强、前任校长魏馥兰等致辞后，请蔡元培院长讲话。[③] 刘湛恩的就职典礼规格鲜明，有政府官员、前任校长、学生代表和美国方面的教会人员参加，连国民政府的高官孔祥熙也到场捧场。这种多方关系生态，也是其

① L. Ethel Wallace：*Hwa Nan College：The Women's College of South China*. New York：United Board for Christian Colleges in China，1956：59。

② ［美］文乃史：《东吴大学》，王国平、杨木武等译，珠海出版社1999年版，第95—96页。

③ 《民国日报》1928年2月27日。

他教会大学需要面对的。

表 3-4　　本书主要研究的教会大学华人校长

教会大学	华人校长	任职时间	毕业学校	前任校长
东吴大学	杨永清	1927 年	东吴大学	文乃史 W. B. Nance
金陵大学	陈裕光	1927 年	金陵大学	鲍文 A. J. Bowen
燕京大学	陆志韦	1931 年	东吴大学	司徒雷登 J. Leighton Stuart
金陵女子大学	吴贻芳（女）	1927 年	金陵女子大学	德本康夫人 L. Thurston
华南女子大学	王世静（女）	1930 年	华南女子大学	卢爱德 Ida Belle Lewis
沪江大学	刘湛恩	1928 年	东吴大学	魏馥兰 Johnstone White
沪江大学	凌宪扬	1942 年	沪江大学	刘湛恩
圣约翰大学	涂羽卿	1946 年	圣约翰大学	卜舫济 L. H. Pott
之江大学	李培恩	1930 年	东吴大学	朱经农未到任
齐鲁大学	朱经农	1931 年	哥伦比亚大学	孔祥熙兼
福建协和大学	林景润	1927 年	福建协和大学	高智 J. Gowdy
岭南大学	钟荣光 李应林 陈序经	1927—1938 年 1938—1948 年 1948 年	清末举人 岭南学堂 沪江大学	香雅各 James M. Henry
北平辅仁大学	陈垣	1929 年	清末秀才	马相伯、英敛之
华中大学	韦卓民	1929 年	文华书院	孟良佐 A. A. Gilman

华人校长是在教会大学董事会主持下被选出来的，通常都由教会大学中德高望重的传教士推荐，因此，他们在就职时都表达了对教会知遇之恩的感激之情，并且宣誓要继承基督牺牲精神，培养青年学生为基督服务，如王世静、林景润、张凌高等。也有的校长与政府和中国社会联系较多，他们在宣誓就职校长时，便提出了教会大学服务中国的目标。

二　华人校长的个体角色特征解析

在漫长的中国历史进程中，西方基督教曾多次在中国得到传播，罗马天主教和后来的基督新教本是同宗同源，一代代传教士们抱着使“中国基督教化”的宗教热忱来到中国，试图把他们信奉的上帝和耶稣文化渗透到中国文化中来。除了传统的教堂布道和入户宣教，他们还采取开办教会教育机构的方式来感召中国民众信教、入教。鸦片战争以后，传教士借助不平等条约的政治优势进入中国内地各省市，他们修造教堂、医院，教会学校的数目和规模也快速增长。“新文化运动”“非基督教运动”和“收回教育权运动”后，教会大学陆续向中国政府注册立案，并根据立案法令要求安排华人担任校长职位。但是，教会在宗教问题上不妥协，教会大学实际上仍旧处于西方教会的控制之下。一方面，华人校长被教会选中为宗教事业的继承人，要迎合教会的旨意；另一方面，又要接受新晋国民政府的管理，身陷于个人的教育家情怀和世俗的权力制度夹缝中，需要在“对教育委身”“对信仰委身”和“为教育服务”“为国家服务”之间的冲突上作出抉择。本研究把华人校长角色特征归纳为以下几个方面。

1. 个人价值观源于宗教徒身份与基督教信仰

国民政府在颁布教会大学立案条例时，没有在华人校长选任的问题上设置要求。由于各个教会大学分属不同的教派，如东吴大学的主办教会为监理会，圣约翰大学主办教会为圣公会，之江大学的主办者为美国南北长老会，沪江大学的主办者为美国南浸信会和北浸礼会等，在华人校长选任方面的反应不一。但是，基督教信仰归属或者说同情基督教无疑是首要考虑的条件。燕京大学首任华人校长吴雷川先生是清末翰林出身，曾任职北洋政府教育部次长，但是老先生对基督教有很深的情感，著有《基督教与中国文化》，其他的华人校长大都笃信基督教，并受洗礼成为教徒。在官方文献和当时的中美各大报刊都有关于宗教活动的记载，他们留存下来的著作和个人公私信函里，也凸显了这批校长的宗教信仰。在 20 世纪 40 年代，负责协调全国教会大学教育事务的重要机构是中华全国基督教协进会，当时的“执行委员会会长吴贻芳，执行委员吴贻芳、林景润、杨永清、黎照寰等”① 皆成为教会大学的华人校长，吴贻芳是金陵女子大学校长，林景润是福建协和大学校长，杨永清是东吴大学校长，黎照寰曾先后担任沪江大学、圣约翰大学和新中国成立初期的之江大学校长。本书主要依据香港中文大学崇基学院教授吴梓明博士的统计，结合华人校长本人与美国教会方面的通信文件资料，整理出这批教会大学华人校长的基督徒身份，以及他们分别所属的教会团体。详情见表 3-5。

① 《中华归主》，《中华全国基督教协进会月刊》，1946 年。

表 3-5　　教会大学华人校长宗教归属一览表

教会大学	华人校长名称（中英文）	宗教团体归属（英中文）
东吴大学	杨永清（Yang Yung-ching）	Methodist Episcopal Church 美以美会
金陵大学	陈裕光（Chen Yu-guang）	Church of Christ in China 中华基督教会
金陵女子文理学院	吴贻芳（Wu Yi-fang）	Protestant Church 新教教会
齐鲁大学	朱经农（Chu Ching-lung）	Protestant Church 新教教会
圣约翰大学	涂羽卿（Tu，Y. C. ）	Methodist Episcopal Church 美以美会
圣约翰大学	凌宪扬（Ling Hsien-yang）	Baptist Church 浸礼会
齐鲁大学	李天禄（Li Tien-lu）	Methodist Episcopal Church 美以美会
沪江大学	刘湛恩（Liu，Herman C. E. ）	American Baptist Mission 美国浸礼会
沪江大学	樊正康（Van，T. K. ）	American Baptist Church 美国浸礼会
华中大学	韦卓民（Wei，Francis Cho Min）	Episcopal Church 圣公会
燕京大学	吴雷川（Wu Lei-chuan）	Zhonghua Sheng Gong Hui 中华圣公会
燕京大学	陆志韦（C. W. Luh ）	Protestant Church 新教教会
之江大学	李培恩（Baen E. Lee）	Protestant Church 新教教会
华西协合大学	张凌高（Dsang Lincoln）	Methodist Episcopal Church 美以美会
福建协和大学	林景润（Ching Jun Lin）	Methodist Episcopal Church 美以美会
华南女子文理学院	王世静（Wang Lucy C. ）	Methodist Episcopal Church 美以美会
岭南大学	钟荣光（Chung，Wing Kwong）	Church of Christ in China 中华基督教会
岭南大学	李应林（Lee，Ying Lam）	Church of Christ in China 中华基督教会

资料来源：根据吴梓明博士资料摘录。见网址：http：//ricci. rt. usfca. edu/biography/view. aspx？ biographyID = 1399。

基督教强调人格教育、教徒家庭化教育，在众多华人校长身上表现非常明显。中国基督徒教育的权威刊物《教育季刊》在 1925 年的发刊词中指明，教会学校的宗旨是“贯彻基督教教育之中国化，发挥基督化教育之真精神”①。这是在巴顿调查团 1922 年发布《中国基督教教育》报告之后在华基督教教育家们的心声。继任的华人校长在各种场合的言论和他们的相关著述也都留下了清晰的宗教印迹。

东吴大学首任华人校长杨永清，曾在北洋政府外交部任部长助理，按照今天的说法就是国家公务员，地位的吸引力高于大学教师，但是他却甘愿为

① 《教育季刊》1925 年第 1 期。

教会服务，放弃北洋政府。因为他认同基督教的奉献理念，办好的教育，培养优秀的学子。1929 年，杨永清做校长之后确立了东吴大学的中文校训："养天地正气、法古今完人。"东吴大学原来的英文校训为"Unto a Full-Grown Man"，出自基督教经典《圣经新约》以弗所书第四章第十三节，意思是"成就完美的人"。杨永清的东吴大学出身，对基督宗教信仰的认同和对培养"完人"的期待，使他成为东吴大学华人校长最合适的人选。杨永清在他撰写的英文著作 *The Place of Christian Education in New China* 文中说："基督教教育在塑造现代中国的本色发展贡献良多，并且也将继续作出更多，引领中国走向她应该去的地方。只有那些心存偏狭，主观地选择自我障目者才会否认第一个陈述，更有那些眼界短浅者无法读懂第二条陈述蕴含的真理。然而，一两年前至今的反对基督教教育之肆虐，如此震惊我等基督教教育工作者。如果不是这样，也不会给予基督教教育这么多注意，和这么多讨论。"① 杨永清对基督宗教曾经有过这样精辟深入的理解："宗教的目的是为了生活，而并非生活为了宗教。对于中国人来说，宗教不是关于无上权威的上帝和神学，而是关乎同胞之间的道义。当然这与后文的教会冲突有一定联系。"②以至于他的前任、外籍校长文乃史（W. B. Nance）对东吴大学的最后一位校长有过这样的评论："对每一位来向他请教的人，他总是耐心而有礼节地接待。这个习惯不仅是他外交生涯的结果，在某种程度上说，更是每个人应有的基督徒式的谦逊。"③

北平辅仁大学的奠基人马相伯先生对"宗教"有精辟的见解。他说："欧文字义，religion 宗教者，一在束缚也；谓即束缚以性法。性法者'齐之以礼'之'礼'，四端之一，能禁于未然，换言之，即性法，性法之上，而宗教又能加以束缚也。性法已非人力所能为，则加束缚于性法之上，更非人力所能为矣。"④ 马相伯强调了宗教的超人力属性，对人的价值取向有很大的促进作用。他说："宗教非他，使人无迷失而已矣。人之生，生从造物主来；人之死，死归造物主去。人苟不从造物主来则已，既从造物主来，则人对于造物主有一

---

① 华中师范大学历史文化学院中国教会大学史研究中心缩微胶片，序号：117-06。

② Yang，Yung-ching：*China's Religious Heritage*. New York，Nashville：Abingdon-Cokesbury Press，1943：41.

③ ［美］文乃史：《东吴大学》，王国平、杨木武等译，珠海出版社 1999 年版，第 103 页。

④ 朱维铮：《五十年来之世界宗教 马相伯集》，复旦大学出版社 1996 年版，第 409 页。

定不移之本分，此义务无可推辞则也，此责任一生当尽者也。”[①] 马相伯认为，宗教作为人的终极关怀，它具有超功利性。[②] 他说：“宗教者，与世无争，不谋生前之利；谋生前之利者，一切团体公司胥是，非宗教也。”[③] 针对“宗教麻醉民意”的批评，马相伯说：“宗教对于民众，真理教化人生，使人心悦诚服，是对造物主的钦崇，而自动来克己复礼，以救世主之心为心，唯造物主之命是从。故牺牲一切的一切，都是返本归原，所谓人事尽矣！毫无‘麻醉’意义，极为显明。”[④] 马相伯的宗教观主要是强调人性的纯真和道德的高尚，他是虔诚的天主教徒，但是他没有盲目地委身于宗教，也没有把自己圈禁于教堂礼拜活动，而是把对宗教的理解与现实相结合，为中华民众服务。正是在这种超功利的宗教思想驱动下，马相伯先生毅然捐出祖上几代人辛勤劳动的积蓄和家产，先后创立了震旦大学（1902 年）、复旦公学（1905 年）。在与耶稣会产生分歧的时候，他又北上与英敛之先生共同在北京香山静宜园创办了“辅仁社”（1913 年成立），后于 1925 年在罗马天主教教廷的支持下发展成为北京公教大学，1926 年改称为辅仁大学，也就是今天北京师范大学的前身。

沪江大学首任华人校长刘湛恩是一位虔诚的浸会信徒，非常重视沪江学生的“博爱、牺牲、服务”人格的培养。在公开演讲中，刘湛恩寄语沪江大学的毕业学生：“无论就何职业，应了然作业之艰辛，成功之匪易，勿轻小事而不为，毋效浅尝之中辍，服膺信义勤爱之校训，秉承牺牲服务之精神，努力在公，积极处事，以求工作之满美，效能之增进。”[⑤]

从校长言论行为记述判断，他们未必笃信世间真的有上帝，但他们对基督教义的推崇则是不容置疑的。翻阅“校长”言论、书信，并没有刻意强调上帝存在与否，他们对“爱与奉献”的认同贯穿于他们的教育思想和教育行动。

1930 年 4 月 30 日，福建协和大学校长林景润博士邀请即将从哈佛大

---

① 朱维铮：《五十年来之世界宗教 马相伯集》，复旦大学出版社 1996 年版，第 155 页。

② 黄书光：《国家之光 人类之瑞——复旦公学校长马相伯》，山东教育出版社 2004 年版，第 152 页。

③ 朱维铮：《五十年来之世界宗教 马相伯集》，复旦大学出版社 1996 年版，第 412 页。

④ 朱维铮：《五十年来之世界宗教 马相伯集》，复旦大学出版社 1996 年版，第 564—565 页。

⑤《沪江大学 1937 年刊》，上海图书馆近代史文献馆。

学毕业的劳伦斯（Laurence）先生到中国任教，首先谈到的是福建协和大学的校园氛围，“事实上，所有到访这所大学的朋友们都认为我们拥有良好的基督教气氛、友谊、服务”①。

1946年12月30日，圣约翰大学校长涂羽卿写信给中国教会大学联合会董事罗伯特·麦克姆伦（Robert J. McMullen）博士，“承蒙召唤就职圣约翰大学校长，这是一项重大使命。我能做的是带着最真诚的兴趣和信念投身已经为此努力了20年的基督教教育，……以科学、客观的态度面对各种问题，促进生命各个领域的真诚合作，这种精神在中国和全世界都非常需要的”②。

金女大的校训“厚生”（Abundant life）来自《圣约翰福音》第十章第十节的经文。德本康夫人与蔡路得合作的《金陵女子大学》一书中说：“……校训——‘厚生’——在前进道路上有艰难险阻，以及人们的精神需要春雨的滋润时，是人们精神的源泉。”③ 吴贻芳校长对“厚生”校训的解释是：“人生的目的，不光是为了自己活着，而是要用自己的智能和能力来帮助他人和造福社会，这样不但有益于别人，自己的生命也因之而更丰富。”④ 1928年2月19日，吴贻芳从美国回南京履职金陵学院校长之前写信给金陵大学委员会的秘书本德尔（Ms Bender）小姐：“非常感激你们财经委员会对支付我回中国的差旅费动议，并且我表态接受这一特殊照顾的两个条件：1. 我只接受二等舱的船票；2. 我接受这个特权要基于一种理解，那就是，如果我在金陵学院服务少于五年，我需要返还这笔经费。我原计划也是要乘二等舱，现在不用自己的钱，当然希望经济一些。这不仅仅是形式上的礼节，而是我真诚的信仰和意愿。”⑤

华中大学校长韦卓民博士在他的学士学位论文中说：“现在，一个新宗教的时代正在逼近这个伟大帝国。新的宗教观念正在如潮水般涌入。新

---

① Lin Ching-jun：*Archives of the United Board for Christian Higher Education in Asia*：*Record Group No*. 11. New Haven：Yale Divinity School Library，Box115Folder2488.

② Tu，Y. C.：*Archives of the United Board for Christian Higher Education in Asia*：*Record Group No*. 11. New Haven：Yale Divinity School Library，Box71Folder1913.

③ ［美］德本康夫人、蔡路得：《金陵女子大学》，珠海出版社1999年版，第21页。

④ 孙岳等：《吴贻芳纪念集》，江苏教育出版社1987年版，第128页。

⑤ Wu Yi-fang. *Archives of the United Board for Christian Higher Education in Asia*：*Record Group No*. 11. New Haven：Yale Divinity School Library，Box147 Folder2897.

的宗教力量已经在起作用。这些迟早会产生一定影响。"[①] 这里的宗教是指基督教，韦卓民在大学期间感受到基督教的力量，"以世界各种宗教的演进为背景，而认识基督教，以哲学为入门，然后得到基督教的神学"[②]。

1932 年 5 月 9 日，张凌高写给纽约亚联董事会行政秘书葛思德（B. A. Garside）的信中，讲述了他离开成都远赴美国亚特兰大城参加 5 月 2 日召开的卫理公会大会。张凌高 2 月 12 日离开成都，4 月 27 日才抵达，参会者有来自 50 多个国家的超过 900 人的代表，来自中国的代表除了他还有其他两位华西协合大学的毕业生。作为基督徒，他为基督精神折服，作为教育家和校长，他强调学生的道德、信仰和精神高尚。抗日战争爆发之后，日本侵略者在中华大地制造了惨绝人寰的人间悲剧，北部和东部城市的一些基督教大学不得不迁移到内陆腹地四川，与华西协合大学协同办学。1943 年 3 月 23 日，张凌高作为联合办学所在地华西协合大学的校长，代表燕京、齐鲁、金陵等五校联合校长会议写信给纽约联合董事会，其中谈到宗教活动的问题，"那是令人满意的，所有（在蓉）的教会大学宗教活动得以持续，并且兴趣渐浓，稳步增长。本年度，我应邀到相当数量的官办学校对学生演讲，能感受到我的演讲对学生颇有吸引力，他们反映积极。经历了战争年代，似乎对这个国家青年一代的思想印象更刻骨铭心，他们对世界所面对的道德问题越来越关注和有兴趣"[③]。

以纺织机器、船舶、枪炮等为代表的"西方制造"吸引了曾国藩、李鸿章等仕人，因为这关乎"国力""国运"和清王朝的命运，辛亥革命之后"民国"带给国人的依然是穷兵黩武，而教会大学创办学校、招收学生，传播服务、奉献的思想，为饱受封建压迫的中国人带来了思想革命。张凌高、吴贻芳、林景润、杨永清等为代表的华人校长在掌校过程中不是表面传播基督思想，而是把他们的宗教信仰融入教育救国的事业。

2. 基督人格教育观与平民化教育理念的结合

本书提到的基督人格理念，是教会大学教育理念和人才培养理念的基础。相对于民国时期中国的政治文化环境，结合朱经农、陆志韦等华人校

---

① 李良明等：《韦卓民年谱》，华中师范大学出版社 2010 年版，第 12 页。

② 韦卓民：《韦卓民学术论著选》，华中师范大学出版社 1997 年版，第 360 页。

③ Dsang, Lincoln（Lin Gao）: *Archives of the United Board for Christian Higher Education in Asia*: *Record Group No.* 11. New Haven: Yale Divinity School Library, Box286 Folder4489.

长在多个场合的讲话，笔者理解为平民化教育理念。首先，基督新教相对于欧洲中世纪旧教而言，其中鲜明的改良色彩是，教宗的权威被拉下神坛，新教教徒们可以直通上帝，不需要通过神父，这里面蕴含着教徒平等的理念，他们都可以直接与上帝对话。在封建集权制度浓厚的罗马旧教时代，通过教皇、主教等控制教众，以维护天主教的统治，教徒需要通过购买赎罪券等方式获得神的宽恕，通过神父向上帝祷告。新教伦理的革命性，解放了人性的束缚，拓展了宗教的心灵寄托功能，显然是西方文明重大的进步。从 13 所新教创办的中国教会大学历史事件看，这些华人校长正是在这样的新教理念熏陶下，怀抱拯救民生之理想，领导教会大学的中国化。

教会大学要求学生学习宗教课程，其目的是培养学生的人格品行，遵循服务理念。与中国封建时期“学而优则仕”“读书做官”的主流思想有截然不同的区别。前者重爱、服务与奉献，后者则倾向“权力”。教会大学华人校长对学生搞政治活动持不鼓励甚至抑制态度，是希望学生多致力于“爱”与“服务”的培育，摒弃追求“权力”的欲念，对于新式高等教育的发展具有积极的意义。

1923 年 12 月 8 日《教育与人生》第九期登载了 12 月 10 日出版的时任东南大学教授陆志韦的报告“平民教育谈”三千字。① 后来任之江大学和齐鲁大学校长的朱经农博士也在多个场合提出平民教育的观念。这些教会大学的校长崇尚平民教育理念，追根溯源是与基督教义的“家”理念相连的。金陵女子大学和华南女子大学这两所当时著名的女子教会大学就十分强调师生及学生之间的家庭感，新生“姐妹班”制度在金陵女子大学执行效果良好。每年的开学典礼上，高年级的“姐姐”们会通过抽签，来认领各自的“妹妹”。② 同时，新生所住的房间里一定有一个三年级或四年级的“姐姐”同住，便于在各方面照顾她们，使这些新来乍到的“妹妹”能很快习惯新的生活，也使当了“姐姐”的高班学生学会关心照顾别人，培养了学生间互助友爱的精神。③

华人校长笃信基督教，崇尚平民思想，主要有两个原因：（1）他们

---

① 《申报》1923 年 12 月 8 日。

② 林华：《教育对妇女一生的作用》，见金一虹《吴贻芳的教育思想与实践》，江苏人民出版社 2005 年版，第 47 页。

③ 吴贻芳：《金女大四十年》，见《吴贻芳纪念集》，江苏教育出版社 1987 年版，第 111 页。

学龄开始就接触基督教教育，他们是教会教育的直接受益者，而当时的中国，只有极少数人可以有机会上新式学堂；（2）基督新教的信仰宗旨与他们的教育理想不谋而合。他们的言行细节很多地方传递出这种思想。如李培恩在1947年2月5日回复罗伯特·麦克姆伦的信中写道："关于教师的选择，我完全同意你的意见，如果可能，我希望百分之百的教师是信仰基督教的。这可能要经过几年的积累，因为我们目前没有足够多胜任的基督教信仰的师资。"① 该信的落款使用"Fraternally"（兄弟般地、博爱地），从语言层面来说也非常的基督化。在那个封建社会解体、民权思想萌芽的时代，教会大学华人校长强调的平民教育思想和服务社会理念是积极的，也是颇具前瞻性的。

3. 教育救国理念与服务中国的有机结合

自古以来，教育救国是中国知识分子重要的政治追求。从春秋战国时期孔丘游说六国，到清末维新改良、新文化运动等，知识分子凭借自己掌握的先进文化和理性思维，肩负起推动社会进步的使命，表现了知识分子可贵的民族责任。1840年鸦片战争之后，中国陷入半殖民地半封建的漩涡，一波又一波爱国知识分子活跃在思想和教育救国的舞台上，他们在多种场合主张他们的救国理念，引起了激烈讨论。华人校长多数是正式洗礼的基督教徒，他们有深厚的宗教情怀，但是他们更是具有民族大义的教育家，他们没有把自己局限在基督宗教的祷告和布道活动中，相反，他们心系教育，胸怀天下，他们秉承近代中国先进知识分子的教育救国理想，引领教会大学的发展。他们的教育救国与中国历史以来朝代更迭的武力革命有着鲜明的不同，他们不主张学生过早地参与暴力革命，同时，他们坚持大学的独立性，坚持思想自由和理性独立，他们竭力用教育的方式有效地处理好基督教教会和国民政府官方的影响，把魏源提出的"师夷长技"以学习西方现代科技而"强我"的教育思想和基督教"博爱、奉献和牺牲"的服务民众之"利他"的思想充分地结合起来，实现教会大学的中国化变革。

20世纪初，马相伯出于宗教热情，千金散尽，先后创办了震旦学院、复旦公学。岭南大学的钟荣光早年追随孙中山加入同盟会，也曾经担任过

---

① Baen E. Lee：*Archives of the United Board for Christian Higher Education in Asia*：*Record Group No*. 11. New Haven：Yale Divinity School Library，Box51 Folder1327.

广州军政府的“教育部长”。但是，钟荣光没有把自己束缚于狭隘的民族主义。1936年，钟荣光在岭南大学公开提出“信仰自由”的原则，他说：“本校无宗教之分别，唯本信仰之自由。”他曾为人书写对联，广为流传，“孔佛耶回，有教无类；亚欧非美，天下一家”①。反映了基督教宗教平等、民主思想对华人校长的影响。吴贻芳、王世静、林景润等教会大学华人校长受惠于西方基督教会的教育资助，成就了学业，开创了他们的教育事业，他们的宗教信仰与西方国家的信徒有本质的区别，不是沉溺于教堂、教务，更没有像社会中常常批评的那样，神鬼迷信、麻醉思想，相反，他们带领学校师生积极地走进社会中心，奔忙于民族解放的文化战线，在与教会传教士和政府官员的交往中，在他们掌校的过程中，形成了属于自己的组织文化和价值信仰，从科举取士年代的“学而优则仕”和“强我”思想转向服务民众的“利他”思想。

华人校长对基督教教育有比较深刻的认同感，这一点在他们的公开言论和个人著述中鲜明地表露出来，但是，他们不是一味地站在基督教会的立场，也不是盲从地依照“组织授意”培植教会的传人。他们的实际行为证明了他们的教育爱国和教育救国思想，他们多数对华人收回教育权也是支持的。站在教会立场上，他们认可基督教育的博爱和奉献的正能量，站在民族解放立场，他们渴望国人自立、自强。华中大学校长韦卓民博士指出：“自从1922年，我国教育界已经很尖锐地感觉到，一个独立的国家容许外人在国土内设立学校。丝毫不受所在地政府的管理，而受教育的又是我们中国的青年，这是绝对不合理的。……至于80余年的基督教高等教育，在我国首先提倡科学，介绍西洋文化，在某种程度上鼓励青年的牺牲服务精神，学校办学认真，校风严正，坚持一种严格的学术态度，这些优良的成绩是不可磨灭的。”②

三　华人校长个体角色的认同分析

教会大学首先是近代中国西学东渐的产物，是中国从两千多年的封建帝制、王权社会向现代社会转型期的外部元素。为了拯救封建制度统治，清末知识界以梁启超等为代表的维新派东学日本，提出君主立宪和改良社

① 《岭南校友》第13期，第18—19页。

② 韦卓民：《韦卓民学术论著选》，华中师范大学出版社1997年版，第414、416页。

会的主张，以张之洞、盛宣怀等为代表的洋务派则取经西方，强调洋务学堂的建设和强兵国策。虽然这些官僚是为了维护上层集团统治地位而采取的“自强新政”，但是因此启动的中国近代高等教育顺应了时代潮流。自1862年京师同文馆成立，洋务运动从外国语言、军事、应用技术等方面带来了教育的革新，就连清朝皇族恭亲王奕䜣也感叹，“识时务者，莫不以采西学、制洋器为自强之道”，“天下之耻，莫耻于不若人”。[①] 孙中山领导辛亥革命推翻封建帝制，一个明显的进步是把“宗教信仰自由”写入了《中华民国临时约法》第五条，规定“中华民国人民一律平等，无种族、阶级、宗教之区别”。终结了清朝八旗贵族、官宦士族与平民的身份差别。中华民国教育宗旨提出：“中华民国之教育，根据三民主义，以充实人民生活、扶植社会生存、发展国民生计、延续民族生命为目的，务期民族独立民权普遍，民生发展以促进世界大同。”[②] “世界大同”足以表明新政府对国际文化的包容和融合，基督教文化作为西方乃至整个世界范围最具影响的宗教文化之一，通过教育、慈善等行为赢得华人校长情感亲近自然不意外。

从文化上讲，华人校长角色承担着基督教文化传承和文化传播的使命，一方面教会需要基督教文化的中国代理人，另一方面华人校长自己对基督教文化的认同成为激励他们传播该文化的内驱力。文献显示，华人校长在个人著作和公开演讲中屡屡提到对基督教的崇拜与归属之情。之江大学华人校长李培恩说：“若中国今日不需要外国文化之输入，则尽可闭关自守，而无待于西洋科技艺术之灌输，社会经济思想之流入。然在今日之中国，其实际对于外来吸收之不暇，遑论拒绝。足见西洋文化之输入，乃为补救中国文化之不足而决非侵略的。”[③] 李培恩从东西文化交流的角度阐述了他对基督教外来文化的理解，表明了自己对中国教会大学教育职能和文化职能的认可，否认了当时主流的外来文化侵略论，并且肯定了基督教文化和教会大学的教育事业对中国文化而言，是补救，是有益的。讨伐封建社会等级制度和世袭制度，是近代中国文化界的主题之一，华人校长

---

① 中华书局编辑部：《筹办夷务始末》（同治朝）卷四十七，中华书局1979年版，第25页。

② 《教育部公报》1934年3月25日。

③ 《历史深处的中国教会大学》，《时代周报》2010年2月20日。

角色的核心是自我意识，他们作为新时代的知识精英，对中国社会的制度走向有高远的理解和认识，对教会、政府，他们保持了应有的清醒和理智。

从教育制度层面上讲，华人校长认同教会大学对中国高等教育的积极意义，因为教会大学是“以洋为师”的机遇平台，尤其教会大学的教育宗旨是培养具有奉献精神的人，因此，他们在掌校过程中十分重视人格教育，培养青年学生成为理性的人，同时，他们有着宗教启蒙、开启民智和教育救国的理想。约翰·亨利·纽曼在他的著作《大学的理想》中强调大学应以追求自由教育为主，兼以宗教教育辅助的大学理想。在这批华人校长带领下，民国时期教会大学走出了一条智育、德性和宗教性相结合的道路。

本章小结

根据教会大学华人校长任期时间的长短、掌校期间的影响力以及与中国政府和教会方的相互关系等要素，本章列举出研究主要涉及的华人校长名录和个人简介，并从近代中国历史背景和制度变迁的宏观因素分析了他们成为校长的内外部因素，以及他们作为华人校长的角色形成和角色特征。

本书认为，20 世纪初中国国内政治格局突变、社会民族情绪高涨、新文化运动、非基督教运动等民族主义风潮促使国民政府加快了收回教育权的行动，也开启了教会大学中国化的进程。从内部看，1922 年开始的非宗教大同盟在北京大学召开讲演大会，抨击基督教是帝国主义侵略的工具，指责教会学校利用基督教毒害和笼络青年，李大钊、蔡元培等文化界名人纷纷撰文或公开演讲抨击基督教，推波助澜全国的反基督教运动，教会大学承受巨大的压力；从外部看，1921 年 9 月由美国芝加哥大学神学教授巴顿率领的“中国教育调查团”一行 16 人来中国考察并发布了《中国基督教教育事业》的报告，结合中国时局的发展现状提出西方在华的教会学校要调整战略以应对挑战：一方面强调教会大学在学校性质上要彻底地基督化，另一方面在办学气氛上要彻底地中国化，以提高教会学校的效率。以燕京大学校长司徒雷登为代表的基督教改良派积极响应教会大学向中国政府立案，回应中国新政府的政策和民心变化，以开放姿态推动教会大学的中国化，响应中国社会的呼声，是华人校长顺利登台亮相的另一个重要因素。1925 年 11 月至 1927 年 12 月之间，国民政府公布的一系列立案法令、法规和规程，是民国时期教会大学华人校长角色呈现的重要法律依据。

华人校长角色的形成与发展与晚清时期西方传教士推动西学东渐的步伐是紧密相关的。在他们看来，中国民众好似荒原之莠草，亟待培育成具有生命的植物。在传教士与中国人交往过程中，有对抗也有合作，有敌意也有友好，中西人群之间的相互态度很大程度上受到他们所处的文化环境影响。他们分别以个体的社会身份而自觉归属于某一个类别，并且在长时间的设身处地、群体交流中形成了特定的类群内容和属性。在多重关系群体交流过程中，个体认同或倾向于某个事物，而另外的群组却持有完全不同的观点；人们在历史过程中形成不同的地位、身份和权利，并且因为不同的出身背景而抱有不同的期待，希望去获得不同的目标。这些是人、事儿角色的常态。

第四章

教会大学华人校长角色冲突及其影响

第一节　华人校长的多重角色定位

根据社群冲突理论，社群之间由于不均衡、不平等的资源划分——例如权力、威信和财富，社会形势往往表现出过多拥有特权的群体和缺乏特权的群组之间普遍存在民族优越感和外群敌视倾向。[①] 教会大学快速发展时期是中国社会正处于中外势力严重失衡的历史阶段，教会拥有治外特权和优越的物质文化资源，中国的民国政府则内忧外患，竭力维护自身的权威。华人校长角色在中西文化、中外社会、教育制度等多重因素推动下形成，表现在中国政府法令的政治强制力、教会培植“具备基督精神的领袖人才”的文化驱动力和中国社会对西学东渐的积极反应。在这样的制度、文化、组织关系背景下，华人校长角色具有身份的多重性、组织的交叉性和行动的矛盾性等特征。作为近代中国新兴的教会大学的行政领导，华人校长承载了来自西方教会、中国政府、校园师生和中国社会多方的角色期待。

一　政府赋予的规范性角色：教育行政权力的执行者

历来，中央政府十分重视对国民思想的引导与控制，隋唐之后的科举取士制度，基本确立了官方对知识分子和教育机构的主导地位，与欧洲大学的学术行会制度不同，教育内容和人才标准的规范性需要得到政府的认可。曾经有英国学者指出：“整个中国就像一所巨大的大学，大学是由大

① Oberschall，Anthony：*Social Conflict and Social Movements.* Englewood Cliffs，N. J.：Prentice-Hall，1973：33.

学内培养出来的学者来管理统治的。”[①] 清末，中外不平等条约的庇护加上国人对西学的需求，使得教会大学在华获得了宽松的自主办学的机会。从 1864 年筹建登州文会馆到 1925 年辅仁大学的建立，在华的 10 多所教会大学从规模上和办学质量上都达到了很高的水平。新文化运动和非基督教运动等大规模民族运动，对教会大学的外来身份和宗教属性提出尖锐的批评，收回教育权的呼声日益高涨，西方传教士和他们的教会大学被视为“文化侵略”的代表，教会大学不得不面对办学的现实挑战。

1925 年 11 月 16 日，国民政府教育部颁布了第 16 号令，即《外人捐资设立学校请求认可办法》，其中第三条规定：“学校之校长，须为中国人，如校长原系外国人者，必须以中国人充任副校长，即为请求认可时之代表人。”[②] 1927 年 10 月，国民政府大学院成立，12 月 20 日公布《私立大学及专门学校立案条例》。1928 年 2 月，大学院公布《私立学校条例》和《私立学校校董会条例》，前项第六条规定“私立学校校长须以中国人充任”[③]。1929 年 5 月 3 日，国民政府教育部又发布公告，告诫学生“勿投考未经教育部准设立案之私立学校”。给私立学校施加压力。布告称：“这类学校办理不善，迹近营业，无法律根据，毕业后不能与合法学校之学生受同等待遇。”[④] 南京国民政府先后于 1929 年公布，于 1933 年、1943 年、1947 年三次修改了《私立学校规程》，对私立大学校长任用的相关规定体现在以下几个方面：第一，私立大学校长应专任，不得兼任其他职务；第二，外国人设立的私立大学须以中国人充任校长或院长；第三，私立大学之校长由校董会选任，所选校长或院长应得到主管教育行政机关认可；第四，私立大学校长失职，校董会得随时改选，主管教育行政机关认为校董会所选校长不称职时，校董会得另选，另选仍不称职，主管教育行政机关可暂行遴任；第五，校董会选任之校长在学校行政上负完全责任，校董会不得直接参与。[⑤]《私立学校规程》的颁布和修订，显示出

① ［加拿大］许美德：《中国大学 1895—1995：一个文化冲突的世纪》，许洁英译，教育科学出版社 2000 年版，第 28 页。

② 《政府公报》第 3459 号，1925 年 11 月 20 日。

③ 《大学院公报》第 1 年第 3 期，1928 年 3 月。

④ 《教育部公报》第 1 年第 6 期。

⑤ 教育部教育年鉴编撰委员会：《第二次中国教育年鉴》（第 5 编），商务印书馆 1948 年版，第 154—155 页。

南京国民政府在立案之后加大了对私立大学校长选任和学校董事会运行的控制。以往私立大学校长一般由校董会选聘，在政府教育主管部门备案即可，只是在校董会认为选不到合适人选时，教育主管部门才进行候选人资格认可。南京国民政府虽然没有直接规定私立大学校长也要政府的批准和任命，但政府的教育行政机关被赋予了否定校董会选任校长的权力，甚至可以直接为私立学校选任校长。这种强力的举措对私立大学之私立性质带来了冲击，教会大学迫于权力的力量而逐步从"外国大学"向"中国大学"身份转变。办学主体也由原来的教会自主办学为主到政府行政干预增强，形成了双重主体办学模式，或者说双层领导。在政府等级序列中，华人校长的身份是大学的教育行政领导者。

二 教会赋予的宗教性角色：西方教会组织的代理人

西方教会在华办学的目的是把中华"基督化"，这在教会大学最初的教育宗旨和组织大纲有明确说明。多数创始人或者外籍校长也提出在适当的时候把大学交给中国人管理。但是，他们不是无条件地把教会大学权力转交给中国人，而是要把教会大学办学权交付给西方教会在华的组织代理人。从 1925 年至 1928 年，国民政府教育部和大学院等教育行政机关所公布的《私立学校规程》《私立学校董事会规程》和《私立学校条例》等法律文件，有强令"私立学校校长须以中国人充任"的必要条款，西方教会组织迫于压力不得不改组教会大学的组织机构以适应新政府的法令要求。教会大学的校长由董事会选任，国民政府出台的法规并没有规定校长负责制或者校长与董事会的职权分工。多数教会大学董事会设在美国，关于学校大政方针、重要事务的命令都由纽约发出。华人校长的重要职责之一是随时与美国董事会方面保持联系。

立案是政府对教会大学管辖的法律程序，华人校长职位是教会大学从西方大学向中国大学身份转换的重要象征。然而，从华人校长的诞生方式看，西方教会依然对教会大学行使控制权。政府的立案法令并没有规定校长选聘和主政细则，各个教会通常是根据本校培养毕业生情况确定校长人选。从多数教会大学文献看，外籍校长的推荐，是华人校长被聘任执掌教会大学的主要路径。陆志韦是在出访欧洲途中接到司徒雷登电报回国任燕京大学校长的，吴贻芳在美国读书期间接到董事会通知回国任金陵女子大学校长，韦卓民在德国访学期间被选为校长等。因此，华人校长角色处于这样一个复杂的组织背景，即办学主体从单一教会办学到政府介入，教会大学名义上从外国人办学转变为中国私立大学，校长为中国人，董事会成员以中国人为多数，但实质上董事会在教会的控制之下，校长的选聘、任命也由教会组织决定，华人校长对董事会负责，执行董事会的决定。从华人校长诞生的路径层面上说，他（她）们多数是前任外籍校长的门生弟子，是西方基督教会的在华代理人，这与教会大学章程里所规定的教育宗旨“培养基督领袖”是一致的。

随着教会大学立案工作基本完成，美国各教会组织也考虑筹建中国教会大学联合董事会以应对新形势下教会大学的运行问题。1931 年 11 月 9 日，纽约总部行政秘书葛思德致信所有教会大学校长，特别提出了筹建一个中国教会大学联合董事会，“可以寻求在联合项目上的支持，增进教会大学的力量，在一些项目达成满意一致。11 月 4 日，燕京受托人会组织了会议，衷心地支持在联合董事会方面的合作，我们希望其他院校的董事会也能在本月表态……如果执行得力，将会对中国的基督教高等教育产生巨大影响”①。

在教育部要求各校董事会由中国人占多数的情况下，成立联合董事会，教会大学的重大事件仍要交纽约联合董事会认可、通过，华人校长经常要耗时月余，远渡重洋，亲赴纽约参加会议。联合董事会的权力架构成为齐鲁大学、福建协和大学、金陵女子文理学院、之江文理学院、华中大学、华南女子文理学院、岭南大学、金陵大学、沪江大学、东吴大学、华西协合大学和燕京大学等 12 所（圣约翰因立案的耽搁没有加入联合董事会）中国教会大学在美国的实际领导机构，每月对华人校长发送工作通讯。1933 年 3 月 16 日，葛思德给张凌高的信中通知说：“华西协合大学理事会将于 4 月 20—21 日在纽约召开。我们希望你能参加（当时张凌高校长在美国新泽西州德鲁大学攻读博士学位）这次会议，并同时出席 4 月 18—19 日在纽约总部召开的中国基督教大学联合董事会会议。”②

华人校长角色诞生之后，西方基督教会对教会大学的控制力持续发挥

---

① Presidents of Christian Colleges in China，Letters to：*Archives of the United Board for Christian Higher Education in Asia*：*Record Group No*. 11. New Haven：Yale Divinity School Library，Box20 Folder494.

② Dsang，Lincoln（Lin Gao）：*Archives of the United Board for Christian Higher Education in Asia*：*Record Group No*. 11. New Haven：Yale Divinity School Library，Box286 Folder4485.

作用。1932年1月8日，金陵大学校长陈裕光写给基督教大学亚洲联合会中国大学联合会行政秘书葛思德先生的信中说："我有收到您邮寄的两封日期为1931年11月16日的来信，一封是对中国文化研究所主任报告的确认，另一封的内容涉及纽约州立大学对未收到金陵大学关于1931年6月30日之间的年度报告表示不满。我们已经整理好报告，包括毕业生档案记录以及相关的说明文件在此之前已经在邮寄的路上了。但是，不知何故，我向领事发出的预约没有得到回复，因为所有这些文件需要他的签字确认。……很遗憾，报告延误导致了诸多的麻烦。"[①] 这里有个疑问，陈裕光作为金陵大学校长，学校的任命需要领事的答复？学校的年度报告以及毕业生文件需要远渡太平洋提交给金陵大学在美国注册的纽约州大学？陈裕光校长在这封信里提到："关于毕业生档案的签署问题，您记起校务委员会曾委托了美国驻南京领事作为他们的代表，该领事已经晋升为总领事。当然，安排一个主教的代表来负责是合适的，但是，麻烦的是领事经常更换，任命到某一个人头上很是不方便。"[②] 也就是说，美国驻南京领事馆代理教会大学的"摄政"，陈裕光在校务方面并不能独立行使校长掌校的权力，学生毕业、人事任命都需要南京"领事"代理董事会签署之后再寄送美国注册地，由于美国驻南京领事更迭频繁，人员名单不稳定，给金陵大学管理带来极大的困扰。

为了适应当时中国政府对外国人在华捐资设学的注册要求，华人校长不得不逐步调整办学宗旨。但是"不得以宗教宣传作为目的""学校课程必须符合部颁标准，宗教课不能设为必修课"，这两项规定与教会大学创设之初的教育宗旨是矛盾的，遭到外籍教师的激烈反对，因为宣教工作是教会大学的办学宗旨，如果不进行宗教宣传，不开设宗教课程，那么，他们个人的信仰表达陷入困顿，同时基督教学校将面临严重的困难，会影响创办人的资助和学校的发展。因此，在国民政府要求注册时，多数学校采取拖延，期望政府可以缓和。但是在时局的要求下，华人校长需要带领学校完成立案工作，他们要在创办人和政府之间找到一个双方都认可的办学

---

① Chen Yu Gwan：*Archives of the United Board for Christian Higher Education in Asia*：*Record Group No*. 11. New Haven：Yale Divinity School Library，Box210 Folder3560.

② Chen Yu Gwan：*Archives of the United Board for Christian Higher Education in Asia*：*Record Group No*. 11. New Haven：Yale Divinity School Library，Box210 Folder3560.

宗旨。政府收回教育权的目的不仅仅是为了选一个中国人做校长，更重要的是抑制宗教在中国学校教育中的渗透，由华人校长逐步把教会大学带到“正道”上来。

教会为了保持信仰的独立性，在他们开办的教会大学中明确反对学生参与政治活动，尤其不得在校园里搞政治串联，要求学生参加礼拜会、查经会、青年会等宗教活动，为华人校长的掌校、治校带来了很大的挑战。吴贻芳是教会大学华人校长中与政治走得较近的一位，她曾经这样谈到立案之后校内的宗教活动，“金女大在创办初期规定学生必须选读一门宗教课，每天上午必须参加早祷，时间约 20 分钟。1928 年我继任校长后，由于受教会学校教育的影响，想不到改革，只是执行旧的传统，一切宗教性质的活动照常进行。在准备立案的过程中，宗教课才改为选修，每日早祷改为自由参加。……对不信教的学生，教师从不施加压力，主要是潜移默化”①。但是，吴贻芳这种与政府妥协、削弱宗教活动的行为，也招致了一些不满，在 1936 年 3 月的基督教大学宗教生活研究报告讨论会上，有人提出“学校生活更需要精神动力而不是一般性的计划纲领”。也有某些批评性的回应说：“金陵不是在帮助学生在其基督教生活中成长，没有增强学生对于基督教的信仰。学生不能开放思想，不能利用学校所提供的机会使自己在基督教的思想和经验方面日趋成熟。”②

与国民政府的关系也是教会大学华人校长面临的问题，他们既要履行创校人的办学理想，同时要兼顾中国政府的要求。教会大学向政府注册之后，教育行政当局加强了对教会大学的控制。如对于金陵女子文理学院，由于地处国民政府首都，控制尤为严格。陈立夫在任部长时对金陵女子文理学院下发了各式各样的训令，尤其在学生思想活动方面居多。要求“加强道德训练，督促学生履行纪律”。“凡学生参加校外活动，除法令所许可者外，应由学校校长呈请主管教育行政机关核准，以示限制”。教育部关于查禁《金陵周刊》的训令（第一五二号）（民国十七年十二月二十日）中说，“查该校学生发行周刊，自应以研究学术为宗旨，乃此次论著，批评政府领袖，殊属非是，仰该校长传知该校学生将该刊停止出版，

① 吴贻芳：《吴贻芳纪念集》，江苏教育出版社 1987 年版，第 115 页。

② ［美］德本康夫人、蔡路得：《金陵女子大学》，杨天宏译，珠海出版社 1999 年版，第 96—97 页。

仍将办理情形，并检同该期周刊一并呈报”①。

1950 年 7 月 14 日，天主教会驻辅仁大学代表芮歌尼（Harold W. Rigney）致信陈垣校长，提出：教会在未来年度自 1950 年 8 月 1 日起至 1951 年 7 月 31 日止，给学校辅助费每月最多 12000 元，按月份付，但是附加了教会给予上述辅助费的条件，要求由教会选任新的董事会，教会可以通过教会代表对学校的人事聘任行使否决权。这些要求条件的提出是为了保证本校的私立性质和天主教宗教性质。以学校人事权和课程设置等问题为导火线，引发校方关于教育权的激烈斗争。7 月 19 日，陈垣校长和校务委员会经请示中央教育部，明确学校人事聘任权属于中国教育主权，新董事会由教会和校长选任，经由中央教育部批准可以成立。1950 年 7 月 24 日，辅仁大学校务委员会召开第 37 次会议，陈垣校长将下年度经费问题和与教会代表来往书信的内容正式向校委会报告。全体一致拥护陈垣对教会代表回信中关于人事否决权不能答应的主张。教会驻校代表芮歌尼表示在经费问题未解决前聘书暂不发出，并表示此次会议不能出席。② 辅仁大学于 1927 年成立董事会，校长由董事会聘请华人担任，实行董事会领导下的校长责任制，校务长为外国人，由教会任命。1950 年，却改为教会和校长选任董事会，出现了制度上的矛盾，校长角色已然转换。

清朝末年，光绪皇帝谋求变法强国，支持维新派，对待外来文化和洋务派采取了宽容、怀柔政策。1906 年，学部公开对教会学校“无庸立案”。外籍校长抓紧时机发展教会大学。1919—1924 年的民族主义运动是新政府成立之后民族独立思想高涨和政治独立的表现。政府的立案法令，实质上是权力的回归问题。立案之后，华人校长开始掌校，但是，政府的办学宗旨和办学思想与教会办学宗旨的对立，需要华人校长来承担和化解。鉴于教会的幕后地位，华人校长在前台直接与政府发生关系。

朱经农在政府任职时间较长，职位也较高，曾任教育部次长，湖南省教育厅厅长。在立案呼声甚嚣尘上之时，朱经农发表了自己对收回教育权的看法。1925 年 4 月，朱经农博士在中华基督教教育会出版的《教育季

① 《教育部训令》第 125 号，苏州大学图书馆古籍部资料。

② 北京辅仁大学校友会：《北京辅仁大学校史（1925—1952）》，中国社会出版社 2005 年版，第 59—60 页。

刊》上发表《中国教会学校改良谈》一文。朱经农认为，不必收回教育权而使教会学校关门，应对之进行改良，以适应中国的需要，并认为教会学校应该接受政府的监督。[①] 朱经农博士作为当时的教育界名流，先后担任过中国公学校长，教育部次长，教会大学立案之后的之江大学和齐鲁大学校长，他的观点对中国官方和西方教会双方都有代表性，他主张对教会大学改良，为我所用，提出“不必让教会大学关门大吉”。朱经农婉转地对国民政府一刀切、武断的行为进行批评。

金陵大学国文系主任陈钟凡描述了他供职安徽省教育厅时的事情：“我校一名人文学科的毕业生申请到美留学的奖学金，但就在省教育厅即将批准他的申请的时候，收到一些不利于他的信件。这些信件指出，政府只承认农林科而不承认文理科，后者的地位不如前者。于是这位同学只好以其他的名义而不是以文科毕业生的名义去美国。自然，这只是对于基督教教会大学的一种偏见。”[②] 为了毕业生的前途，教会大学需要得到政府的认可，但是反过来，教会大学华人校长面临更大的挑战是，他们将逐步丧失独立性。办学之初，教会大学在美国立案，独立颁发学位。立案之后，他们在教学内容等方面不得不受制于民国教育部，否则毕业生学历得不到承认，势必影响他们在华各行业的就业发展。

三　时代赋予的教育家角色：现代大学制度的拓荒者

康德把人的精神和意识划分为感性、知性、理性三个层面，从人对世界的认识去区分人的意识形式。感性层面的刺激往往使人引发欲望的满足，在将自身物化的过程中确定自身的价值。知性层面的引导往往使人对身处其中的现实世界有更深刻的理解，使人意识到自身的使命与价值。而理性层面塑造的精神世界积极创造出属于自身的现实而成为黑格尔意义上的自在和自为的人，最终实现人自身的自由。相比国民政府与教会组织对华人校长角色有鲜明的组织利益期待，力图把中国教会大学的教育方针和教育路线置于本组织的控制之下，为本组织的利益服务，教会大学的师生对华人校长的角色期待比较个体化、分散化。外籍教师跟随创始人或者受

---

① 中央教育科学研究所：《中国现代教育大事记》，教育科学出版社 1988 年版，第 100 页。

② BY C. C.：《金大历史档案》，罗庆春译，《金陵大学史料辑》，南京大学出版社 1989 年版，第 24—25 页。

本教会委派来华服务，他们的身份是宗教人士，为宗教服务，未必有世界民族文化沟通融合的大局观，因此，他们对中国人任校长持怀疑态度，认为这是中国政府派来的政治管家。一些中籍教师则视中国的高等教育使命为个人事业的追求，民族情感使他们即便在困难情况下也执着地为学校服务。但是，根据教会统计，华人教员加入基督教的并不积极，因此，更谈不上深厚的组织认同，他们对华人校长维护教会方派来的外籍教师利益经常感到不满，尤其是中籍教师相比外籍教师的薪水偏低，教学、生活条件较差，存在潜在的个体利益冲突。在当时新文化运动掀起的“民主”“科学”新思维的带动下，教会大学的中国师生中民族情绪高涨，对华人校长的期望随之提高。在他们看来，这些校长像蔡元培、李煜瀛、胡适、梅贻琦等当时的公立大学知名校长一样，具有新时代新青年的开拓精神，敢于打破旧秩序，积极建立新思维。面对来自师生及社会对他们作为现代大学校长的期待，华人校长在不同利益之间作出妥协，调和角色冲突，更重要的是从他们个体的心理层面构建起理性的自我认知，打造起属于自己的教育平台，从多维度赢取社会身份认同，尝试高等教育制度的创新，履行好时代所赋予的教育家角色。

第二节　华人校长角色冲突的对象及表征

华人校长角色在诞生的历史过程中，国内外政治、经济和文化大环境起到了决定作用。西方传教士代表基督教会组织带着宗教改革的使命开拓本组织的国际版图，国民党政权则沿着中国历史以来王朝更替的模式，推翻清朝的封建统治，建立了民国。但是，在当时洋风四起的思想环境中，亟须规范国民信仰。民众在多元倾向中，为了各自的利益，选择性地情感投靠和组织归属。华人校长群体与普通国民在教育经历和思想认知上的不同，对当时的中国社会制度变革，有自身的理性选择。在中国教会大学被迫改组的情况下，他们被西方教会推上了校长职位，但是他们的角色被赋予了多方期待，也面临着多方的冲突。立案之后，形成了政府和教会两大组织利用本身的资源强势对教会大学和华人校长管控的局面。政府拥有国家的法令制定和政策推行权，教会拥有产权、财权和人事权，以及西方知识文化储备的优势等资源，使教会大学运行无法脱离他们的监控、管理。但是，华人校长作为现代知识精英，在与政府、教会发生关系过程中，有顺从也有反抗，有争议也有妥协。除了政府和教会方的压力，在学校日常管理中，华人校长与师生也存在管理与被管理，有合作也有冲突的关系。

一　与政府权力的冲突

1. 校长独立治校与政府政治干预

马克斯·韦伯在《新教伦理与资本主义精神》一书中指出，很多新教派别，如浸会所奉行的处世原则和伦理，实际上是一种早期资本主义个人主义和自由意识通过宗教信条和戒律形式的表现。创办上海沪江大学的浸会主张纯粹民间性质的基督教会，他们反对宗教与政治的结合，甚至宗教的政治倾向，以维护宗教的纯洁性和教会在信仰上的独立性。它的信条是，“教会不应涉及政治，也不要管理国家的事情，国家也不要阻挡教会属灵的工作”①，从而实现彻底的政教分离。作为一种独立不羁品格的表现，浸会在其发展历史上总是把保持对政府的独立视为自己的传统，有些支系甚至反对教友任政府公职。② 教会的一切事务，都须由会众一同讨论和表决，并按照少数服从多数的原则，从而杜绝一切集权或专制的可能性。

清政府学部于1906年颁布《咨各省督抚外人设学无庸立案文》，形式上是把教会学校置于中国的教育体制之外，实际效果却是给予了教会大学独立办学的空间。教会在他们本国设立管理在华教会学校的托事部，提供教育基金，名义是中国教会大学，却在海外注册立案，把学校大权紧紧控制在教会组织手中，拥有自主管理的权力，聘任教师、招生、校园宗教活动、毕业生出国留学等全部由教会掌握。但是，中国自秦以来权力集于中央政府，即便有清政府的默许或者放任，也是迫于当时特殊的时代条件，是权宜之计，对大学这样的教育和思想传播领域实施权力控制是中央政府必然的选择。

1913年12月，北洋政府教育部发布布告，“所有私立大学，前经呈请到部准予暂行立案者，亟应遵照新颁布令规程切实办理。自布告之日起，限三月以内，遵照《私立大学规程》，另行报部备查。待呈报到部届满一年，由部派员视察，如果成绩良好，准予正式立案等语。……现在政府大政方

① 王立诚：《美国文化渗透与近代中国教育》，复旦大学出版社2001年版，第5页。

② 王立诚：《美国文化渗透与近代中国教育》，复旦大学出版社2001年版，第4页。

针，对于高等教育一项，有严行监理诸私立大学之言”①。1917年9月27日，教育部公布修正大学令（部令第64号），第十一条：大学设校长一人，总辖大学全部事务。第十七条：私人或私法人亦得设立大学。② 1926年，广东政府颁布的《私立学校规程》，其中第六条和第七条有关于校长权责的条款，“第六条：私立学校的校长或委托人掌管学校事务，完全对董事会负责。学校官员和教师由校长或委托人任命。第七条：外国人不得担任私立学校的校长。特殊情况下，学校可以邀请外国人为顾问”③。1927年12月，大学院公布《私立大学及专门学校立案条例》9条，在加强对私立大学设置管理的同时，明确规定教会大学“校长由中国人充任”。1929年8月南京国民政府教育部又公布了《私立学校规程》，并在1933年、1943年、1947年对其进行了三次修改。这一系列法令的颁布实施，规范了教会大学校长的选任资格、选任程序和职权范围，更重要的是，从立法层面把教会大学、华人校长纳入到政府的职权管辖，也为中央政府直接插手教会大学事务奠定基础。

1930年3月22日，金陵大学青年会活动，教授夏慕仁放映电影，所取材料含有侮辱华人的情节，引起重大纠纷。教育部长蒋梦麟对于此案深致不满，责令该校校长陈裕光查封该校青年会，并辞退夏慕仁，以平众愤。但陈（裕光）校长已另定处理办法五项，并已先后实现。陈裕光所上原呈录下：“窃敝校青年会于3月22日晚间，举行会员同乐会，最后节目放电影，原定租用上海新到之片，请本校新来社会学教授美国人夏慕仁君放映。嗣因该片未能按时寄到，临时由夏君凑集数片代放。……第一卷柯运光公司所制片中，附有英文字幕中有一段乡间风景，题字‘为外人势力所未至之内地’，观众至此，便感不快；及见第三卷夏君自制影片中之贫民状况，继增不快，即由该青年会职员，令其停演，并由本校职员将该片取送校长寓所。旋有第九区党部代表踵至索取该片，即由校长交与保管。”④ 陈裕光在外籍教授夏慕仁电影材料辱华事件上表现了校长的理性，他没有盲从上级长官命令，敢于对当时的教育行政领导说不，反过来，教

① 《中华教育界》第13号，1914年1月。

② 国民政府教育部：《教育法规汇编》，古籍出版社1919年版，第313—315页。

③ Registration with Chinese Government: *Archives of the United Board for Christian Higher Education in Asia*, *Record Group No*. 11. New Haven: Yale Divinity School Library, Box21 Folder521.

④ 《教育季刊》第6卷第2期，1930年6月。

育行政长官对大学事务的干预显得粗暴，与华人校长所接受的西方文化思想方式是相悖的。平欲晓、张生认为，陈裕光对国民政府政治的介入，一则在很大程度上出于“被迫”，并非要为自己在国民政府的政治体系中谋一个位置；二则他的介入往往也是为了“利用”国民政府为私立性质的金陵大学谋利益。[①]

1925 年 12 月国民政府教育部公布的《外人捐资设立学校请求认可办法》，1926 年公布的《私立学校规程》及 1927 年的《私立大学及专门学校立案条例》等官方文件禁止宗教课程作为必修课，禁止课内公开组织宗教活动。但是，从之后的教会大学日常运行看，除了宗教课程被排除在必修课之外，各教会大学的宗教组织活动，仍然是课外主要活动。东吴大学“在这些各具特色的活动中，‘培灵周’活动每学期都硕果累累。在这些活动中发表过演说的三位著名访问学者是卫理公会的江长川（后担任圣约翰教堂牧师，东吴大学校董会董事长）和陈文渊以及圣公会的陈见真，他们不久就被选为会督和主教。学生们为贫穷人家的孩子们开设了夜校。师生中的团契继续像在苏州时一样聚会，且出席情况良好”[②]。1942 年 9 月的“培灵周”活动，中华全国基督教协进会的吴高梓向中学生发表了讲话。参加人数是历史上最多的。接着，经过精心引导，相当数量的学生皈依了基督教，并自愿选修了宗教课程。[③]

即便是立案之后，各教会大学正式的校务会议仍然有非常严格的会前、会后祷告仪式，由出席会议代表中的基督徒领祷，华人校长也不例外。与政府严格的去宗教化教育指导方针相对，宗教化因素仍然在华人校长主持的教会大学中表现得非常突出，政府与教会大学治理之间存在的争执始终是华人校长角色行为过程中必须面对的因素。

2. 党化教育与基督教育的冲突

教会大学在华的本质是宗教组织，其首要宗旨是培养基督徒和传教，在教会大学面对来自各方压力，逐渐中国化的过程中，其教育功能逐渐占据了重要地位，宗教课程不再是必修课，但是，教会对宗教性的要求并没

① 平欲晓、张生：《一个教会大学校长的生存状态——陈裕光治理金陵大学评述》，《江西社会科学》2006 年第 10 期。

② ［美］文乃史：《东吴大学》，王国平、杨木武等译，珠海出版社 1999 年版，第 108 页。

③ ［美］文乃史：《东吴大学》，王国平、杨木武等译，珠海出版社 1999 年版，第 109 页。

有减弱。国民政府以“三民主义”思想建国，提出“中华民国教育宗旨”：“中华民国之教育根据三民主义，以充实人民生活、扶植社会生存、发展国民生计、延续民族生命为目的，务期民族独立、民权普遍、民生发展以促进世界大同”。1927 年之后，国民党南京政府以国家名义要求大中专院校全部开设“党义”课程，废除“宗教”课程，逐步开始推行“党化教育”。1928 年 5 月 28 日，中华民国大学院发表全国教育会议宣言。宣言提出：“此后中华民国的教育宗旨，就是三民主义的教育”，“我们全部的教育，应当发扬民族精神，提倡国民道德，锻炼国民体格，以达到民族的自由平等；……总之，我们全部的教育，应当准照着三民主义的宗旨，贯彻三民主义的精神”。6 月 1 日中华民国大学院通告：6 月 16 日举行国内公私立专门以上学校三民主义考试。举行此项考试之目的为测验受考者对于三民主义之认识；根据测验，规定各级学校三民主义教科之设施及内容。[①] 6 月 7 日召开大学院三民主义考试委员会第二次会议，主席蔡院长。决议：“（1）试卷格式标题改为‘公私立专门以上学生三民主义考试’。……金陵大学监视员——陈立夫、李敬斋、吴企云；金陵女子大学监视员——朱经农。（4）考试时间：定六月十六日下午二时至四时，宁、沪各校均同时举行。（5）考试场所及考试规则等事，由大学院派员办理。”[②] 8 月 6 日南京国民政府公布《各级学校增加党义课程暂行通则》13 条。《通则》提出：“为使本党主义普及全国，并促进青年正确，各级学校需增加党义课程。《通则》对各级学校党义课程最低限度的必修科目、教授时间、所用教本等作了具体规定。”[③] 政府要求各级学校增加党义课程，对教会大学校长提出了严峻的考验，因为这意味着教会大学培养教会人士的初衷将被改变。1928 年 10 月 27 日，南京国民政府发表训政时期施政宣言。宣言提出：“首在普及三民主义之国民教育，充实中学以上教育之内容，注重学生体格之训练，提高实用科学之智识，使青年国民之身体精神皆有充分健全之发育，时刻保证民族无穷之新生命。因此之故，凡智识未充，判断力未备，而身体发育未臻健全者，决不任其参加政

① 《大学院公报》第 1 年第 7 期。

② 《民国日报》1928 年 6 月 14 日。

③ 《大学院公报》第 1 年第 9 期。

治斗争与社会斗争。”[①] 此举引起了学界的激烈争议。蔡元培主张“读书不忘救国”，同时直言：“我对学生运动，素有一种成见，以为学生在学校里面，应以求学为最大目的，不应有何等政治的组织。其有年在二十岁以上，对于政治有特殊兴趣者，可以个人资格参加政治团体，不必牵涉学校。”[②] 蔡元培回忆其在北大的经历时，对自己在民国七年因劝阻学生运动无效而愤然辞职一事很难释怀。1929 年，由胡适发起的“人权论战”，对国民党一党专政进行猛烈抨击。国民党中央委员会第 44 次常委会通过了《各级学校教职员研究党义暂行条例》，该条例要求全国各级学校都必须研究三民主义，“平均每日至少须有半小时之自修研究，每周至少须有一次之集合研究”[③]。

1932 年，任鸿隽在《独立评论》上面对国民党推行的“党化教育”概括出这样两点：“一、把党的主义或主张，融合在教课中间，使它渐渐地浸灌到学生脑筋里去。二、教育的事业，由党的机关或人才去主持，使它完全受党指挥。”[④] 国民政府对教会大学“收编”的重要举措是“宗教课程退出”，但同时，“党义”课程被要求进入大学课程。广东省教育厅厅长许崇清指出，教育建设离开政治经济则不成功，政治经济离开教育则不易造就。现在教育会议应将政治经济联络起来共向目的前进。[⑤] “党义课程”在教会大学遭到了强烈抵制。对于教会大学华人校长，爱国与政治的概念不尽相同，却又比邻而居，很难厘清。他们支持学生爱国运动，又惧怕学生过早陷入政治。蔡元培担任北京大学校长时，明确提出兼容并包，对不同思想意识的知识人士采取宽容态度，同时反对暴力活动，他曾经因为北洋政府抓捕学生而愤然辞职。他说：“思想自由，是世界大学的通例。德意志帝政时代，是世界著名专制国家，他的大学何等自由。那美、法等国，更不必说了。”[⑥] 蔡元培虽为国立大学校长，又曾任政府的教育部长，但是他一度留学欧洲，深谙西方社会的民主、自由思想，深恶

---

① 中央教育科学研究所：《中国现代教育大事记》，教育科学出版社 1988 年版，第 164 页。

② 蔡元培：《我在北京大学的经历：改变那个世纪的人和事》，湖北人民出版社 2003 年版，第 153 页。

③ 中央教育科学研究所：《中国现代教育大事记》，教育科学出版社 1988 年版，第 156 页。

④ 《独立评论》，北平独立评论社 1932 年。

⑤ 中央教育科学研究所：《中国现代教育大事记》，教育科学出版社 1988 年版，第 162 页。

⑥ 蔡元培：《不肯再任北大校长的宣言》，1919 年 6 月 15 日。

专制暴政。党义课程的强制推进，难免有党、国一家之嫌，使刚刚走出封建帝制的中国再次陷入国民党的独裁。教会大学多数源于西方基督新教，原本就经历了与罗马天主教封建神权专制制度的决裂，自然很难接受。1932 年 6 月 13 日，教育部训令第 4242 号令北平市教育局："私立燕京大学宗教学系应即取消。本部前令饬查私立燕京大学宗教学系一案，据复略称：该校确仍设有宗教学系。该校文学院课程一览，亦将宗教史、宗教心理学、宗教哲学经典、宗教艺术等详为规定门类及学分，是该校仍设宗教学系，确系实情。惟据校长吴雷川声称，关于宗教学科，均系选修，并不与私立学校规程抵触等情；查大学规程第七条，曾规定'大学各学院或独立学院各科学生，从第二年起，应认定某学系为主系，并选定他学系为辅系'。"[①] 吴雷川，一个清末进士，传统文化学者，在主持燕大的立案和重组过程中，把国民政府禁止的宗教系变通设为文学系的选修课程，反映了他的办学理念中对基督教思想的认同。

教会为了保持信仰的独立性，在他们开办的教会大学中明确反对学生参与到政治活动中，尤其不得在校园里搞政治串联，要求学生参加礼拜会、查经会、青年会等宗教活动，也是具有排他性的，但是，他们在服务中国社会的过程中不断改良，对待不同思想倾向还是宽容的。

1933 年 7 月，沪江大学校报上公布了刘湛恩校长在校董事会上提出并获得批准的五年政策和计划。刘湛恩在导言中写道："我们把'更基督化，更中国化和更有效率'作为整个计划的总的口号。"他随后对这一口号的意思作了如下解释：我们重申继续保持大学的基督教宗旨，并使学校比以前更基督化。这是一个神圣的托衬。[②] 基督教会作为文化团体，与政治集团有本质的差别，他们对教会传统的坚持，是基于文化的认同，通过教育传播自己的组织理念。教会在西方国家的办学独立思想，传递给了这批教会大学华人校长。齐鲁大学校长朱经农认为"人生是需要宗教的，他本人就是一个虔诚的基督教徒……在中国所谓'致良知，存天理'，这就是一种宗教信仰，不能拿到实验室去检验，只是各人内心一种信仰。……中国需要科学，也需要宗教。我们需要科学以建设经济、文化、教育、国防等，也需要宗教以维系人心，使心灵有所寄托，灵魂有所归属，冥冥中

---

① 《教育部公报》，第 06960 号，苏州大学图书馆古籍部资料。

② ［美］海波士：《沪江大学》，王立诚译，珠海出版社 2005 年版，第 115 页。

得到安慰，使社会秩序得到安定”①。华中大学校长韦卓民在本校坚持“圣公会的独立性和唯一性”②。这么做不是精神上的狭隘，而是出于宗教的传统，在开创东方事业的道路上，不同教会团体之间的关系是平和的、融洽的，在与中国社会文化的交锋中，基督教有恪守教规的执着和守旧，也根据中国社会的现实采取开放态度。恰恰是新教宽松的宗教思想，让华人校长感受到基督教教育的包容，也造就了他们的基督教归属感。教会大学为协调立案要求，逐步改变基督教课程为选修课，但是事实上仍然重视圣经等课程。1947 年 2 月 5 日，李培恩在向纽约联董汇报时，提到之江大学积极邀请怀特夫人（Mrs. White）、埃弗拉夫人（Mrs. Evera）、塞勒斯小姐（Miss Sells）和诺顿先生（Mr. Norton）等美国传教士志愿者到之江大学给师生教授圣经课程。3 月 7 日，李培恩又告知麦克姆伦，毕业于麻省理工学院的李珍珠小姐（Miss Pearl Lee）来到之江大学担任英语教师，她也是一位基督徒。③

吴贻芳从德本康夫人手中接任执掌金陵女子文理学院，把学校的一切治理得井然有序、成绩卓著，作为少有的专门女子学校，在中华民族教育史上有着重要的贡献和成就。况且，吴贻芳不仅在国内教育文化界德高望重，在国际上也享有盛誉，曾担任 1945 年联合国宪章签字代表中唯一的女性代表。

3. 国家主义与公民主义教育理念的冲突

在华教会大学的创办，其根源是海外基督教传教的产物。因此，教育理念是强调基督教皈依上帝的“人格教育”。约翰·亨利·纽曼在《大学的理想》中说：“若大学课程一定要有一个实际的目的，我认为就是为了培养良好的社会公民。”④ 从物质极大丰富、道德急剧滑坡的社会乱象看，教育需要做好最根本的“善念”教育。加拿大社会学家查尔斯·泰勒关于道德根源提出了“超善”的概念，把“和谐一致”看作表达的潜在目

---

① 刘寿祺：《朱经农与湖南教育》，《湖南文史资料》1989 年 34 辑下，第 153—173 页。

② Wei，Francis C. M.：*Archives of the United Board for Christian Higher Education in Asia*：*Record Group No* 11. New Haven：Yale Divinity School Library，Box170 Folder3139.

③ Baen E. Lee：*Archives of the United Board for Christian Higher Education in Asia*：*Record Group No*. 11. New Haven：Yale Divinity School Library，Box51 Folder1327.

④ ［英］约翰·亨利·纽曼：《大学的理想》，徐辉等译，浙江教育出版社 2001 年版，第 97 页。

标和成果。①

1925年6月，朱经农在《中华基督教教育季刊》第一卷第二期发表了《中国教会学校改良谈》一文，朱经农这样谈教会大学的改良问题，“原来大学是超然的，是自由的，所谓 Academic Freedom 是也。大学学生都自有主张，意志强烈，判断精确的，既不会随波逐流，也不会出主入奴；况且大学是学府，对于任何学说，任何主张，均当兼蓄并存，无所轩轾。大学是万顷波涛、无有不包的大学，所以宗教学说也有存在之余地。不过教会大学对于宗教事项，应该任人自由选择，不可加以强迫。信教自由，载在约法，不能带强迫性质。……强迫信教，固然不可；强迫不信教，也有未是。所以教会大学的信教问题，要超然，要自由。……有人说教会大学摧残爱国心，这也许是过论，世界同仰的革命领袖孙中山先生，出身教会学校，且是教徒。他的革命思想、民族主义，并未被摧残，并未被淘汰。可见说教会学校摧残学生爱国心的话，也未见十分公正”②。1943年，朱经农离开湖南省教育厅厅长职位后出版了《教育思想》一书，提出了“民治主义”的教育观，强调民众在民族事务和社会公共领域的地位和作用。

在1925年非基督教运动高潮时期，国人对教会人士的敌意强烈，北伐军进入南京后发生了枪杀金陵大学副校长美国人文怀恩事件。后来燕京大学第一任华人校长吴雷川在《真理与生命》杂志撰文《国家主义与基督教是否有冲突》和《论中国基督徒对于国家应负的责任》指出，此次反教运动中，“国家主义实为攻击之利器”，但是“基督教是教人爱自己、爱社会、爱国家的宗教，基督教与国家主义根本上无丝毫冲突”③。吴雷川的身份包含了清代文人、儒家学者、皈依基督徒，可谓三位一体。一方面，他对基督教的公民人格教育是认同的，同时，他又认为国家颁布法令要求教会大学立案并非是过分的要求，并且他提出要关注两个问题：一是教会大学要雇用什么样的人，二是教会大学要逐渐从中国人那里募集捐款。这要比外国人放弃特权更为重要。并且，如果宗教课程退出，西方差

① ［加拿大］查尔斯·泰勒：《自我的根源——现代认同的形成》，韩震等译，译林出版社2012年版，第154页。

② 上海中华基督教教育协会：《中华基督教教育季刊》1925年第1卷第2期。

③ 吴雷川：《国家主义与基督教是否有冲突》，《真理与生命》1925年第5卷第4期。

会是否继续给予财力支持，西方教会支持下中国人任校长会不会形成对西方的过度依赖。在立案和中国人掌校问题上，吴雷川表达了自己真诚的愿望，希望西方教会差会人士与中国管理者一起做好教会大学的转型问题。①

抗日战争时期，西方传教士利用自己的国际身份保护华人的案例数不胜数，来自美国宾夕法尼亚州匹兹堡市的圣公会牧师约翰·马吉（John Magee）在南京沦陷期间任国际红十字会南京委员会主席，他冒着生命危险保护面临屠杀的南京居民，并用16毫米摄像机拍摄了日军大屠杀的罪行，成为控诉日本侵略者的重要史料证据，在1946年成立的日本东京远东军事法庭上，约翰·马吉牧师出庭为南京大屠杀作证。2015年10月9日（巴黎），联合国教科文组织宣布，中国申报的《南京大屠杀档案》被列为世界记忆名录。② 马吉牧师的大无畏之“正义感”和“扬善惩恶”义举，从另一个侧面说明20世纪30年代中国深陷民族危难时，有很多基督教人士在积极地帮助中国人民。

1930年4月30日，福建协和大学校长林景润写给伊利诺伊州海伦·诺斯（Miss Helen North）的信中这样说：“我们一直在尽最大努力为我们的人民开展高等教育工作。我个人认为，我们正在给予中国年轻人的那种教育是失败的。我们没有能够培养出来具备杰出能力和品行的领导者，这也是在中华民族重组的时代所迫切需要的。基督教教育机构本应该比其他机构做得更好，但是结果同样是让人失望的。”③ 林景润把基督教教育看作“中华民族重组”的需要，反映了他对中华民族人性危机的担忧，也反映了他对教会大学教育理念的期望。林景润认为教会大学应该培养“具备杰出能力和品行的领导者”，把满目疮痍的国家希望寄托在教会大学的公民教育上。

1926年，刘湛恩著作《公民与民治》由上海基督教青年协会书局出版，刘湛恩说：“试看国民对于历来的战争，只希望以军阀打倒军阀，从

---

① Rosenbaum, Arthur Lewis: *New Perspectives On Yenching University*, 1916-1952: *A Liberal Education for a New China*. Boston: BRILL, 2015: 225-226.

② 人民日报编辑部:《〈南京大屠杀档案〉被列为世界记忆名录》,《人民日报》2015年10月11日，第一版。

③ Lin Ching-Jun: *Archives of the United Board for Christian Higher Education in Asia* : *Record Group No.* 11. New Haven: Yale Divinity School Library, Box 115 Folder 2488.

没有自己起来作一番切实的工作，所以一个军阀倒了，他个军阀便起而代之，而人民的疾苦也就日深一日，莫能脱离。这都是国民不负责任的缘故。……我国人民对于国家的态度如此，即对于社会亦然。‘各人自扫门前雪，莫管他人瓦上霜’。这是社会间一般人奉为‘金科玉律’的。所以各人在社会上，你为你，我为我，彼此不肯扶持，彼此不肯协助。对于种种公益的举动，大都漠不关心，视为无足轻重。”① 刘湛恩的公民教育思想与基督教的平等思想和西方文化的多元化思想有必然的联系。在华西协合大学的招生目录中，公民科目和国文、数学、理化、史地、生物学等一起作为考试课。②

金陵女子大学校长吴贻芳博士是就职中国女子大学校长的第一人。吴博士就职后宣布教育方针，乃注重：一、基本学科；二、实用教育；三、人格训练。③ 吴贻芳校长一方面强调基督教特色的完整人格教育和博雅教育；另一方面，也加强工具理性的职业教育，并逐渐从重基础学科转变为基础学科与实用学科并重。如果说早期金女大是希望将学生创造为“文明的人”“智慧的人”，那么吴贻芳治校后，在继承这两点的基础上，更加上了“职业的人”以及“有用的人”④。吴贻芳校长对基督教义的理解不是表面上膜拜上帝，而是把所谓的上帝宗教思想转化为服务、奉献社会的教育实践，并且把只对教众、教友的服务扩展到整个国家、社会的范围。

1929 年，李培恩被任命为私立之江大学的代理校长，1930 年正式成为校长，1931 年夏天之江大学在教育部正式立案并更名为之江文理学院。《组织大纲》的第二条修改为“本学院宗旨系遵照国民政府所规定之教育方针用基督博爱牺牲服务等精神造成道德化学术化及实用化之人才以供给社会之需要”。在新校长的领导下，之江大学办学宗旨保留了“基督博爱”“牺牲服务”，但是重心在道德化、学术化和实用化。李培恩校长在之江大学的教育理念比较鲜明的是基督教不再是办学的目的，而是把宗教转换为道德，强调人才培养的理性化、品质化。

---

① 刘湛恩：《公民与民治》，上海青年协会书局 1926 年版，第 28 页。

② 《华西协合大学校刊》，1944 年 6 月 15 日，第 17 页。

③ 《弘道》，1928 年第 52 辑，上海市图书馆近代史阅览室电子文献资料。

④ 金一虹：《吴贻芳的教育思想与实践》，江苏人民出版社 2005 年版，第 112 页。

二 与教会组织的冲突

宗教性是西方教会对教会大学立案后的心理底线，但是，华人校长也不得不接受政府的安排，对宗教活动削减或者弱化，在国民政府颁布党义课程和军事课程后，宗教活动进一步得到抑制。

1. 职业教育与人文教育的冲突

教会学校曾经是西方社会教育领域的主流机构，但是文艺复兴以后，教会逐渐失去对教育的垄断地位，到19世纪70年代，教会对教育的主导权已基本让位给各国政府，教会学校也因此不能不屈就世俗教育观念而保持其对教育的有限控制。在华基督教教会学校自然不能置身于这一世界教育发展潮流之外，更不能置身于中国社会的教育需求之外，洋务运动时期在华基督教教育策略的调整可以看成是适应中国社会变革和世界教育潮流的结果。①

教会大学创立之初，主要是为传教事业服务，文学、宗教等文科为主，理科也主要集中在计算类等，学科单一，专业狭窄。教会差会为了自己的目的，一般不赞同开设更多专业与职业课程，因为在很多传教士眼里，职业教育对基督教的发展没有多大作用，因为它是世俗的，因此基督教学校不应把差会的钱花在培养工程师、农业家或律师等方面。② 毋庸置疑，西方基督教创办的教会大学的思想核心是宗教人本主义，也就是要把人塑造成宗教的人，强调的是人文道德和品质操行，而不是具体的社会技能或职业教育，即便他们开辟医学服务，也主要是为了通过白衣天使的救护行为吸引民众的支持，突出自身的高尚。在13所基督教大学中，上海圣约翰大学最为保守，也立案最晚，其严格的礼拜定章颇有代表性："学生须守本院礼拜章程，每晨七下半聚总集所早祷，晚九下一刻晚祷。礼拜日恭诣礼拜堂两次，上午十下下午四下，逢教会大节期，亦当一体恭诣礼拜堂。每礼拜三晚七下一刻教中学生，务须到堂。"③ 华南女子大学的校

① 王伦信：《中国教育近代化的启动与基督教教育策略的调整》，《华东师范大学学报》（教育科学版）1999年第4期。

② ［美］杰西·格·卢茨：《中国教会大学史（1850—1950）》，浙江教育出版社1987年版，第166页。

③ 朱有瓛、高时良：《中国近代学制史料》（第四辑），华东师范大学出版社1993年版，第440页。

训说明其中的理据："我得到了，就有义务付出。"[①] 但是有些教会保守派"为上帝服务"的办学宗旨局限于基督教区、有限的居民。燕京大学的职业教育在1927—1928学年度达到顶峰，相关专业的学生占到了全校学生数的26%。[②]

魏源提出"师夷长技"直接表达了中国对实业技术的需求，也是教会大学得以在华顺利发展的重要理论基础。在华人校长掌校之后，教会大学产生了一系列有关课程、专业及教材的争论。1931年9月28日，基督教高等教育理事会秘书厄尔·克莱希（Earl H. Cressy）就此类问题写信给所有（新教）中国教会大学校长："近来，围绕中国教会大学与中国社会在多大程度上不相关的问题已经有大量的讨论。我发现有很多的批评，并且这个问题有可能成为教会海外差会评估团[③]调查的重点之一，该专家团将于1932年2月1日抵达。由高等教育理事会收集的有关该讨论的统计数字还不能充分说明问题。其中一个表格是职业群体，另外一个是专业课程。我们去年所获得的数据没有包括学生的完整数目，一些案例中没有列出职业群体，或者直到第二学年甚至第三学年才决定的专业。因此，我的第一个建议是，如果讲务实，应该就一年级，如果条件允许，包括二年级的学生，清晰指明职业选择或者专业选择。这些应出现在我们的常规数据统计表格中。大学与中国需求相关的问题是课程规划深入讨论的项目。因此，这个问题涉及中文材料需要多大程度包含在各科学系课程。当然，显而易见的是很多行业的教学材料还没有。因此，我的第二个建议是，每一个系部起草本系的概况陈述，指明所涉及的课程或部分的课程设置。"[④] 信中的一个突出问题是，课程学习脱离了中国的实际需求，其中的原因包括与中国社会相关的教学材料匮乏。

1933年11月27日下午，林济青时任文理学院院长行校长职权，主持召开齐鲁大学文理学院第三十三次会议，"决议将文学院共同必修之六学

---

① L. Ethel Wallace：*Hwa Nan College：the Women's College of South China*. New York：United Board for Christian Colleges in China，1956：6.

② West Philip：*Yenching University and Sino-Western Relations*，1916—1952. Cambridge：Harvard University Press 1976：124.

③ 英文名称为 The Appraisal Group of the Laymen's Foreign Missions Inquiry.

④ *Presidents of Christian Colleges in China*，*Letters to. Archives of the United Board for Christian Higher Education in Asia*：*Record Group No.* 11. New Haven：Yale Divinity School Library，Box20 Folder494.

分自然科学（现系学生自由选习），改定为科学大纲或科学方法，并由理学院四系主任协同谭主任、郝主任组织委员会（制定）详细办法”①。1934 年 1 月 4 日在第三十四次会议上，老舍代表院长（校长）林济青作“各系学生毕业论文宜多重实际事”② 的报告。

华人校长掌校之后，教会大学在课程方面作出了明显的变化。宗教内容和宗教形式依然存在，但是教学、研究逐步面向中国社会的实际需求，华人校长务实掌校、教育救国的理念促使他们改革校务，以担当社会责任。据统计，到 1937 年，基督教大学的职业教育已经相当发达，职业和专业性的系、学院大约有 30 个。而文学院学生只占学生总数的 1/5。③ 基督教大学所开设的职业课程，在同类高校中成绩突出，燕京大学的新闻，东吴大学、沪江大学的商学、法学，金陵大学、岭南大学的农学，华西协合大学的医学，华中大学的师范和之江大学、圣约翰大学工程等专业办学水平在当时处于国内的领先水平，在国际上也颇具影响。

2. 宗教性目的与服务中国需求的冲突

传教或者为传教服务是教会大学开办的目的。如东吴大学创办早期，孙乐文拜访上海圣约翰大学校长卜舫济，提出“我们的教育必须是基督教的。同时采取教学和示范两种教育方式，使我们的学生有充分的机会去了解基督教信仰在整个生活：个人、社会、国家、世界关系中的要旨和意义”④。但是在华人校长看来，教会大学的宗教性是为中国社会服务的基础，而不是目的。当时的教会大学领头羊燕京大学收回自办后，美国方面的托事部仍以各种方式干预校政。1929 年，托事部为燕京大学拨款 10 万元，并指定用于发展圣经教学和基督教工作⑤。坐落于国民政府首都南京的金陵女子大学也存在相同的问题。一方面，校长吴贻芳继续在校内施行基督教的“家庭式管理”，通过姊妹结对、师生结对和宗教团契活动等方式加深学校师生之间、生生之间的情感交流，营造家庭氛围，培养学生的

① 《齐鲁大学档案》，山东省档案馆档案，档案号：J109-03-007。

② 《齐鲁大学档案》，山东省档案馆档案，档案号：J109-03-007。

③ ［美］芳卫廉：《基督教高等教育在变革中的中国：1880—1950》，刘家峰译，珠海出版社 2005 年版，第 137 页。

④ ［美］文乃史：《东吴大学》，王国平、杨木武等译，珠海出版社 1999 年版，第 24 页。

⑤ 何晓夏、史静寰：《教会学校与中国教育近代化》，广东教育出版社 1996 年版，第 181 页。

仁爱品质，保障她们能健康地在金陵女大学习和生活，即学习和生活同在，管理和关爱共生，这也是基督教最经典的家庭式教堂方式。另一方面，“吴贻芳作为在非基督教运动背景下出任金陵女子大学校长的中国人，她在尊重理解创始人为学校确定的办学宗旨的同时，不能不考虑当时中国的时代背景、社会背景而对办学宗旨开始了调整。事实上，吴贻芳自出任校长之日起，就对金女大的办学宗旨开始了调整，即淡化宗教目的，而与非教会大学注重学问和道德，养成服务社会的本领的办学目的相一致”①。在专业设置、课程设置方面，重视社会性活动和课程，以社会学系为例，开设了家庭、贫穷与救济、劳工问题、社区组织、乡村教育、合作经济等。在管理制度方面，学生可根据自己的爱好和特长任选一个主修系、一个辅修系，为学生提供了更多专业选择的机会，为学生专业兴趣的发挥提供了更广的平台。②

杨永清领导下的东吴大学在延续以教会组织传教为主的文科课程同时，更加注重课程的实用性。他在 1940 年给董事会的报告中指出：“我们的目标就是设立起与每个理科院系，生物、化学和物理等相联系的一门应用课程，若可能每年一个院系地开设该课。” 对于社会学，杨永清博士说：“我们的首要重点不是在于大量的社会学理论上而在于社会工作者的培训上。当然，在这里，理论和实践又是不可分的。但我们的目标是培训出指导社会服务计划的实际工作者，而不是只会写些社会问题论文的社会学者。我们的目标是建设一个培训基督教社会工作者的学校，在某种意义上说，就像纽约社会工作学院，我们的一些教师就是在那儿接受培训的。”③

1945 年抗日战争胜利之后，吴克明带领齐鲁大学师生恢复乡村建设和理学院的生物化学和物理学科建设，提出“要保持学术水平以保证培养出的毕业生适应乡村建设事业，学校必须拥有充足的一流学者。我们要为这些学者们提供与地方需求相关的科研工作设施，并且与其他院校

① 钱焕琦：《吴贻芳》，中国传媒大学出版社 2014 年版，第 38 页。

② 钱焕琦、蒋灵慧：《论金女大“厚生”校训的伦理意蕴及其对当代高等教育的启示》，《教育伦理研究》2014 年第 3 期。

③ ［美］文乃史：《东吴大学》，王国平、杨木武等译，珠海出版社 1999 年版，第 106—107 页。

合作交流”。[①] 华西协合大学也十分重视四川地区的乡村教育，黄觉民、陆叔昂、黄建中等教育专家多次做关于中国乡村教育的讲座，文学院社会学系和经济学系毕业的同学积极组建华西社会科学学会，投身社会建设。[②]

燕京大学首任华人校长吴雷川对教会的神学办学理念提出了这样的看法：“欲使基督教义在学校中实现，惟有认真办理学校，即是宣传基督教最好的方法。其余如礼拜、祈祷、查经等等皆为次要之事。……从事实上论，办学自办学，传教自传教，决不能并为一谈。但在功效上论，也可以说办学正是传教；因为如果教会学校比其他学校办得妥善，教会学校的办事人无论是否基督徒，都比其他学校里的人办事认真尽职，便是传教。”[③] 吴雷川身为清朝遗老，是儒学传统文化的衣钵传人，他认同基督教的善念，但是，他提出要抛弃宗教仪式的繁文琐节，他更支持教会大学凭借教育的办学效果来证明基督教的现实价值。

1943 年 7 月，刘迺仁出任天津工商学院院长[④]，在校务会议和校董事会议提出开办女子教育，以提高民族文化素质，在学校增设女子文学系，由毕业于美国俄亥俄大学研究院的孙家玉女士担任女部主任。又于 1945 年 9 月起增设了工科建筑系、商科国际贸易系、会计财政系等，均招收女生。之后添设家政等专业系。

3. 西化方式教育与中国本土化的冲突

教会大学早期的科目教学普遍采用从国外引进的或者传教士编写的英文教材，教会大学所有的报告、信函等，大都是英文记录，在校董事会和校务会议上也是英文占据了话语权，学校完全是西化方式。燕京大学首位华人校长吴雷川由于不懂英文，基本不参加燕京大学董事会和校务会议，虽然贵为校长，却基本被排除在学校重大决策的权力中心之外。

华人校长掌校之后，加强了教学方式、研究内容中国化的调整。燕京大学、辅仁大学、齐鲁大学和金陵大学等在中国的历史文化方面的研究特

---

① Wu, Ke-ming. *Archives of the United Board for Christian Higher Education in Asia* : *Record Group No.* 11. New Haven: Yale Divinity School Library, Box76 Folder 2053.

② 华大校刊委员会:《华西协合大学校刊》1943 年 12 月 15 日，第 2、5 页。

③ 上海中华基督教教育协会:《中华基督教教育季刊》1927 年第 3 卷第 1 期。

④ 立案初期，该校因院系规模等不符合国民政府大学设置要求，更名为学院。1946 年，学校达到三院十系规模，更名为私立津沽大学。

色鲜明，哈佛—燕京学社为当时中国青年学者开展中西文化交流领域的研究提供了便利的学术平台和慷慨的财力支持。金陵大学于 1930 年设立了中国文化研究所，一方面培养研究本国文化之专门人才，另一方面充实本校国文课程。[①] 嗣后，又设文科研究所史学部、社会学部，理科研究所化学部，农科研究所农业经济学部、农艺学部、园艺学部等，强化大学教学研究为本土服务的功能。1930 年，齐鲁大学文理学院院长林济青兼任代理校长，为了创新办学思路，齐鲁大学从北平请来老舍（舒庆春）担任国学研究所文学主任，兼文学院教授。又请来栾调甫教授，在齐鲁大学开展墨子研究。1930 年，由文学院栾调甫教授主持，林济青院长鼎力支持，齐鲁大学国学研究所得以创办，并出版学术刊物《国学汇编》，齐鲁大学很快成为全国著名的国学研究基地，加上学校办的学术性校刊《齐大季刊》，齐鲁大学在中国传统文化方面的影响享誉国际。1932 年，齐鲁大学又聘请了加拿大人明义士，担任考古学教授。明义士从河南安阳等地收集来了殷墟甲骨等文物标本，运抵济南齐鲁大学建立了博物馆。当时国内从事甲骨文研究的著名专家胡厚宣，也加入到齐鲁大学，潜心钻研甲骨文。林景润笃信基督教，但在福建协和大学的课程设置上引入中国语言、文学和文化。[②]

圣约翰大学对立案的抵触情绪最大，校内的课程设置也相对保守。1941 年 6 月 26 日，李培恩博士写信给基督教联合会秘书利亚德（Lioyd R. Ruland）详细汇报了之江大学战时与圣约翰合校合作的工程课程的差异情况："之江大学的土木工程、化学工程和建筑工程开课正常，而机械工程没有开始，圣约翰大学只有土木工程。另一个区别是，之江大学要求四年的土木工程学业，而圣约翰要两年的本科课程加一年的研究生课程，圣约翰工程课程从大学三年级开始，建立在较深层次的基督教文化背景之上，但是，实践训练环节缺乏。从 1931 年开始，之江大学比圣约翰拥有较多的全职教授，并且提供更多的工程课程，专业学生数也多。"[③] 在李培恩校长的治理下，之江大学的工程实践类课程改革比较彻底，而当时的

---

① 中国第二历史档案馆：《私立金陵大学要览》，全宗号：六四九，案卷号：71。

② ［美］芳卫廉：《基督教高等教育在变革中的中国：1880—1950》，刘家峰译，珠海出版社 2005 年版，第 91 页。

③ Lee，Baen E.：*Archives of the United Board for Christian Higher Education in Asia*：*Record Group No.* 11. New Haven：Yale Divinity School Library，Box160 Folder3030.

上海圣约翰大学还没有完成立案，其课程设置相对保持了圣公会主导的重视校园基督教文化课程的基础特色。

1938 年 3 月 17 日，在上海基督教联合会会议上，张凌高博士报告华西协合大学发展现状时提出："英语水平要比沿海地区低。但是不用忧虑，或许英语太过于在我们的教育体系中使用了，而且，如果我们早先更多地使用中文，那样我们的教育会更好。立案意味着中国人在董事会占多数。中国教会大学的教员中 80%已经是中国人，但是研究书籍都是英文。关于国际关系的课程，希望更多用中文上课。"① 张凌高本人的研究主要是基督教及东西文化的融合，他看到在教会大学的运行过程中过于注重使用英文教学和英文的文献资料，不利于民族的发展。因此，他后来在华西协合大学大力发展医学和社会学等与当地社会、民生结合紧密的学科。

1927 年制订的《私立北京辅仁大学组织大纲》中明确指出："本校以介绍世界最新科学，发展中国固有文化，养成硕学通才为宗旨。"② 陈垣任校长后极力在辅仁大学开展中国文化方面的教育研究，不再把宗教人才培养作为办学宗旨，同时利用教会大学的西学优势资源，大力发展世界最新科学教育。

4. 与教会大学董事会及校务长的职权冲突

国民政府的一系列私立大学立案法令，规定了中国人任校长，并且提出校长不受董事会直接干涉，这并不符合教会组织的历史和当时教会大学的实际情况。所有的教会大学在学校的重大决策上，都是由董事会决定，校长只有报告权，没有表决权。如私立岭南大学校董会章程（1930 年 6 月 10 日）规定："本会承认继续创立者之美意，以施行人格之教育，养成科学之人才，适合中国之需要为目的。校长一人，副校长一人，顾问一人，均为出席会员，但无表决权。本会之职权如下：甲　于年会时选任会员；丙　选任本大学校长；丁　对于本校经费之筹划；戊　对于本校预算及决算之审核；庚　对于本校财务之监察。"③ 之江文理学院（之江大学）

---

① Minutes：Associated Christian Colleges in West China，Meetings of President：*Archives of the United Board for Christian Higher Education in Asia*：*Record Group No.* 11. New Haven：Yale Divinity School Library，Box55 Folder1446.

② 北京辅仁大学校友会：《北京辅仁大学校史（1925—1952）》，中国社会出版社 2005 年版，第 71 页。

③ 《私立岭南大学校董会章程》，上海档案馆资料，档案号：U124-0-42-42。

组织大纲第四条第七款规定："院长及教务主任为（校董会）当然委员，但是无表决权。校长代表教育的执行方向董事会提交报告，董事会代表决策、监督方就教务、财务、人事、基建等重大事项审核。"①

教会大学的成功，离不开董事会的辛苦付出，而前任外籍校长往往在教会大学的教师招募和财务募集上起到重要作用。各教会大学的原外国人校长凭借其创始人的历史地位或者特殊的外部关系以及董事会、教会大学师生对他们的依赖，在学校立案之后依旧发挥着作用，华人校长在重大问题上需要与他们协商，甚至必须得到他们的认可。国民政府为了逐渐增加对教会大学的控制，一方面通过政策对华人校长施压，另一方面通过拨款扶持其发展。教会大学董事会大多是反对接受国民政府资助的，因为他们要保持学校的宗教性。而华人校长对宗教教育宗旨的主观认识与维系学校发展的客观要求是存在冲突的。尽管华人校长各属教会某个宗派，但是他们奉行的是基督教教育家的育人理念，逐步淡化宗教形式；与政府的关系仅仅限于大学的管理，不介入政治。与前任外籍校长的关系，多数是服从，或者说是在前任的带领下开展工作。

立案事件迫使教会组织重新安排教会大学的管理系统，教会大学也多设置了校务长或顾问一职，并且皆由前任外籍校长担任。比较典型的是司徒雷登被燕京大学董事会任命为燕京大学校务长，仍然称 President，而校长称为 Chancellor。根据适应立案规则修改后的燕京大学章程，校长由董事会任命，校务长由董事会选举，创设人批准，然后由校长任命。② 但是司徒雷登的全部任命来自董事会，很明显，西方教会组织出于自身的利益和对时局的顾虑并不愿意彻底放权给华人校长。在司徒雷登之后，燕京大学先后任命了两位中国人校长，第一位是吴雷川，第二位是陆志韦。吴雷川因为不会讲英文，基本不参加校务会议和董事会议，短短一年多时间便辞去燕京大学的校长职位。曾在燕京大学教授欧洲历史的美国人李瑞德（Richard H. Ritter）曾回忆说："尽管校长的头衔是给了他，司徒雷登博士被称为校务长，但是日常管理依然是司徒雷登博士的责任，吴博士只是

---

① 之江大学校董会：《杭州之江大学校章程》，上海美华书馆 1934 年版。

② Rosenbaum，Arthur Lewis：New Perspectives On Yenching University，1916－1952. *A Liberal Education for a New China*. Boston：BRILL，2015：228.

提提建议。我几乎不能记起来吴雷川博士参加过教员会议……”① 燕京大学校友凌大斑先生回忆道：“燕京之创设，美国人捐助颇多，不无司徒奔走之劳，是以对我国教育部则称先生（吴雷川）为校长，司徒雷登为校务长。而对美国托事部则称先生为名誉校长（Chancellor），称司徒为校长（President），先生知之一笑而已。”②

接替吴雷川任燕京大学校长的是陆志韦。陆当时刚刚从美国芝加哥大学博士毕业去了欧洲学习，接到家书，说司徒雷登先生催他回来接任燕京大学校长。与其说是董事会任命陆志韦为燕京大学校长，不如说是司徒雷登任命他为校长的！在 1946 年 4 月 24 日，史丹利·威尔逊（Stanley D. Wilson）博士给陆志韦写的信件中，这位美国人非常直白地表露了司徒雷登对燕京大学的巨大权力和影响，陆志韦根本无权。信中这样写道：“我理解校长（在燕京大学，司徒雷登仍被称为 President）在中国任命了一个重组委员会，并赋予这个委员会以权力。另外，他亲自操作了大量的行动要务，我不知道他有没有就这些行动和委员会协商。他后来回到美国做了很多燕京的决策事务没有和您商量。最后，他让我做自然科学学院的主任，让我即刻赴任。当我以未曾和中国方面联系为由不情愿执行他的决定时，司徒雷登校长愤怒地告诉我要抓紧，没有时间去和您商量。就我而言，我知道他将执行多数的校务，即便是不与中国方面（指陆志韦等燕京大学的中国人管理层）沟通。我几次向他提出这样做会导致冲突的，但是他似乎根本就不担心。事实上，多数在美的燕京人急迫地向他指出和中国方面协商的必要，但是我们总是被告知没有必要，或者没有时间。”③ 史丹利先生还不无担心地提出：“请您守口如瓶，不要把上面的内容和校长说（司徒雷登）。他是个天才，也全身心投入到这个高等教育机构中的事务，我认为他在这些事务中取得了非凡的成功。但是，我认为在各方之间

---

① Richard H. Ritter：*Dr. Wu Lei-chuan*，*Yenching University*，《燕大文史资料》（第三辑），北京大学出版社 1990 年版，第 234 页。

② 凌大斑：《书吴雷川先生事》，《燕大文史资料》（第三辑），北京大学出版社 1990 年版，第 227 页。

③ Luh，Chih-wei：*Archives for Christian Higher Education in Asia*：*Record Group No.* 11. New Haven：Yale Divinity School Library，Box54 Folder1396.

进行协商以互相理解是非常必要的，这样我们就可以继续这个事业。”①

陆志韦检讨书“我和司徒雷登的关系”部分中如是说：“燕大假若没有司徒雷登，不会成为中国最有势力的教会大学，假若没有他为燕大建立物质基础，为中国教授布置好优越的生活条件……假若没有他的拉拢、提拔，我不会参与燕大的机要行政，然而在我的方面，我是自觉自愿投入到这个罗网的。除了这些条件之外，我在燕大所做的违反人民利益的事，应当完全由我自己负责。”可见，基于对司徒雷登的敬仰和感激，陆志韦在他本人成为校长后对司徒雷登依然掌控实权，并没有太大的不满，更没有激烈的对抗。在治校过程中出现权力冲突，他选择的是依赖司徒雷登。尽管与他的校长职位存在冲突，但是，他出于学校发展的利益，主动妥协和接受。陆志韦说：“我没有来燕大之前，早已养成了亲美崇美思想，这不是由司徒雷登指导我的。在燕大那个特殊环境里，这种思想只是更加发展而已。后来我具备了特殊条件，让他选中了做他的继承人，也是自己争取得来的。”②

在陆志韦检讨书“我和纽约联合托事部的关系”部分中，他明确地说：“我拿了他们的钱，照了他们的办学宗旨来维持燕大③……我和托事部时常有摩擦，原先他们不放心我。是我自己低首下心去向托事部要经费的。通过私人朋友，通过司徒雷登。我在那种情形之下，还是坚决地要保持燕大的私立地位。我为了维持自己的利益，才在急难的时候，向托事部乞怜。一九四九年之后，美国在中国的特权已经完全失去了，只剩下几所教会大学，托事部才回过头来‘信任’我。我也就忘了原先的摩擦，和他们亲近了。……托事部的指示，凡是关乎办学原则的，我不必随时考虑。因为我已经维持了燕大的旧传统，一开始就是合符他们的原则的。……托事部充分分析了所搜集的情报才发出那些指示。……其他像宗教工作的指示，我没有把它当作行政问题。我通过范天祥，把任务交给基督教团契和宗教学院。在政治课和课程改革方面，我不能做到托事部所希

① Luh, Chih-wei: *Archives of the United Board for Christian Higher Education in Asia: Record Group No*. 11. New Haven: Yale Divinity School Library, Box54 Folder1396.

② 陆志韦：《陆志韦检讨书》，燕京大学节约检查委员会宣传部，1952 年 5 月 13 日，第 9 页。2013 年 7 月 19 日复制于北京大学图书馆。

③ 陆志韦：《陆志韦检讨书》，燕京大学节约检查委员会宣传部，1952 年 5 月 13 日，第 11 页。

望的那样猖狂抵抗，他们也无可奈何。总而言之，我维持燕大，在原则上秉承托事部的主意，因为不那样就不能保持燕大的私立地位。”①

在陆志韦检讨书“我和在校的美国人的关系”部分中，陆说：“从前我当代理校长的时候，美国教员知道我只是傀儡，我也对他们说我只是顶名而已。我实际参加机要行政是在一九四五年之后。一九四五年，战前在燕大的美国人全还没有复员。我和他们没有关系，除了夏仁德（Dr. R. Sailer）已经从美国回到成都，时常向我报告流亡燕大的人事。一九四六年他们回来的时候，司徒雷登已经去南京当了美国大使，然而实际上仍然是他们的首领。一九四六至一九四七年，他回校两次，和美国教员商谈校事。他们不必奉我为领袖，我也像我对司徒雷登说的那样，向他们表示我也只能暂时维持学校。从一九四七年春天事情看来，行政实权操在窦威廉、范天祥、夏仁德和中国人梅贻宝、蔡一锷手里。他们先是主张按照托事部所拨的经费数目大量减政裁人，后来又要压低中国教员的薪水。我以为这对于燕大的前途大有妨碍，不能服从托事部。司徒雷登只是表面上拉拢我，不能为我解决经济问题，因此我不得不在一九四七年夏天退出行政。窦威廉代替了我的职位，当了校务委员会主席。一九四七年秋天，托事部任命窦威廉为校务长，那就是表示司徒雷登不再回校了。一九四七—四八那一年之中，我‘不在其位而谋其政’，时常干涉行政，窦威廉想我一定会回到行政上，所以在他临去协和医院之前，建议给托事部派一个‘超级秘书’，来监视将来的中国校长。一九四八年秋天，我复任之后，托事部派了艾德敷来，在校美国人，由他指导。”② 司徒雷登的强势不仅仅是他拥有在海外募捐、聘人的资源，更重要的是他作为中国本土出生的外国人，深谙中国社会，完全放手让中国人做校长，燕京大学的宗教性很难保持。

与司徒雷登一样，文乃史（W. B. Nance）辞职并未离开东吴大学，杨永清任校长后，文乃史被校董会推选为“西人顾问”，照管教工中美国人的福利，并在与差会的事务中充当中间人。校长不在时协助代理校长或教

---

① 陆志韦：《陆志韦检讨书》，燕京大学节约检查委员会宣传部，1952 年 5 月 13 日，第 11 页。

② 陆志韦：《陆志韦检讨书》，燕京大学节约检查委员会宣传部，1952 年 5 月 13 日，第 13 页。

务长管理校务。杨永清曾于 1941 年上半年携家眷到美国休假，文乃史出来代理校政，主持校务。①

金陵大学理事会于 1927 年 4 月 19 日上午 10 时和 4 月 20 日上午 9 时在上海传教大楼 305—306 室开会。主席：A. J. Bowen（鲍文博士）。过（探先）主任的报告中指出："鲍文博士想要辞职实为大度宽容，……在他的指导下，金大已成功地发展了 17 年。眼下，要把金大行政转变为一个由中国人组成的委员会，可能意味着金大的管理不会像以往那样成功。所以，四人委员会认为，不必考虑鲍文博士的辞职要求，兴许这样更好。同时，南京市党政府提出了一些令人费解的主张。建议由他们接管大学财产和校舍。名为'接管'，实为没收。随后，省党政府成立，其中有了些老陈稳重之人，他们建议，金大仍由一个七人组成的有效的委员会领导。"② 该报告显示，一方面，金陵大学表达了对新政府"接管"的不信任；另一方面，对由中国人组成委员会来管理金陵校务表示不放心。因此，需要设立由外国人担任的校务长或者顾问，金陵大学前外籍校长鲍文博士被任命为金陵大学校务顾问，相当于校务长职位，为教会直接干预学校运作保留了机会。

程斯辉描述德本康夫人："虽有对辞职是大势所趋之必然性的认识，但也表露出不情愿与无可奈何的心态。在这种状态下离开校长职位，又留在了她为之付出心血的学校来接受一名中国人校长的领导，可以想象德本康夫人的心情是不好受的。"③ 1927 年，金陵学院管理委员会选举吴贻芳为校长，同时组成了 5 位中国人和 3 位外国人组成的行政委员会掌握管理权力。一位外国教师做了以下的记录："由中国教员主导学校事务，并且保持这样美好的精神，是非常令人喜悦的事情，虽然表面上有这么多变化，依然是相同的金陵。尤其关于教堂礼拜和其他宗教活动，以及那些可以保持金陵曾经喜乐精神的事情，绝对没有丢下。更可能的是，付出了更大的努力。" Koo 女士记录了学院的宗教生活："每天，我们都有教堂活动，多数的女孩子按时参加。每周四和周日晚上，由青年会安排祷告会。每周日上午，我们为金陵学院学生和金陵大学安排一个联合祈祷会，传播

---

① 程斯辉：《中国近代大学校长研究》，博士学位论文，华中师范大学，2007 年。

② 《金大历史档案（外文）》1927 年，第 34—35 页。

③ 程斯辉：《中国近代大学校长研究》，博士学位论文，华中师范大学，2007 年。

真正的礼拜精神，因为所有的基督徒过来参加。包括来自两所大学虔诚的基督徒，无论是教员、学生还是校工。”①

在耶鲁大学保存的张凌高的信件中发现，前任校长毕启被任命为顾问，但是由于身体原因长期不在成都，由罗伯逊（H. D. Robertson）充任西方教会的联系人，美国纽约中国基督教大学校董联合会给张凌高的重要工作通报信件上同时署罗伯逊的名字，张凌高在很多重要事情上需要得到罗伯逊的支持。1932 年 5 月 9 日，华西协合大学华人校长张凌高，在赴美参加卫理公会世界大会期间，接到来自康涅狄格州米德尔城小镇卫斯理大学侯先生（T. G. Ho）邀请，就关于卫斯理大学与华西协合大学学生交换的问题洽谈，卫斯理大学希望每年派一名学生到华西协合大学研习医学。张凌高非常看重该访问邀约，但是他作为校长须向纽约董事会发函请求批准。②

1926 年 11 月《私立学校立案规程》颁布之后，钟荣光成为校长，岭南大学改组董事会，校董 19 人中 15 人为中国人，原设在纽约的岭南大学董事局改为岭南大学美国基金委员会，以美国人包令留为主任，兼任岭南大学历史政治系主任。原校董会主席香雅各（Gavnesm Henry）退居为顾问。③ 但是，香雅各实际上还是拥有很大的权力。例如，1927 年年初，校长钟荣光调外交委员会任职，在香雅各支持下，邀请李应林任岭南大学副校长（实际执行校长职务）。④

某种意义上，华人校长得以顺利管理教会大学与前外籍校长或者后来的校务长、顾问的支持分不开的，西方教会仍然是教会大学的经济、人力等资源的后盾。1941 年 2 月，东吴大学杨永清校长要远去美国，他还是把职务移交给外籍顾问，让他做代理校长，并任命潘慎明为总务长，携妻、子去了美国。太平洋战争爆发后滞留美国，直到抗战后回到东吴大学。

1929 年 6 月，辅仁大学按照国民政府教育部的大学组织法以及“收

① Wu Yi-fang: *Archives of the United Board for Christian Higher Education in Asia*: *Record Group No.* 11. New Haven: Yale Divinity School Library, Box147 Folder2896.

② Dsang, Lincoln (Lin Gao): *Archives of the United Board for Christian Higher Education in Asia*: *Record Group No.* 11. New Haven: Yale Divinity School Library, Box286 Folder4484.

③ 欧安年：《岭南大学首任华人校长钟荣光》，《同舟共进》2005 年第 1 期。

④ 李宝朝：《李应林博士史略》，《广州文史资料》，1985 年第 34 辑。

回教育权”的有关规定，重组了董事会，推举陈垣为校长，奥图尔改任校务长。而在此之前，1926 年，根据当时教育部《私立学校条例》，在筹备私立辅仁大学时，奥图尔任校长，陈垣任副校长，并无校务长设置。而奥图尔在辅仁大学的校务管理上拥有决定权，陈垣在学科教学等业务方面操持较多。

齐鲁大学也安排了德位思（L. J. Davies）为校务长，专门负责联系美国托事部方面的工作。在抗日战争和解放战争期间，传教士多数暂时离开中国回到美国，但还是建立一些组织来管控教会大学的事务。他们不愿意全部放权给华人校长。在基督教联合会执行秘书长罗伯特·麦克姆伦于 1947 年 7 月 7 日写给齐鲁大学校长吴克明的信中说：“过去，我一直与我们的驻中国办事处主任芳博士（William P. Fenn）保持联系，并通过芳博士与其他各院校进行来往。由于芳博士将返回美国休假一年，我将直接和中国方面（即吴克明校长）保持联系。我也指望吴校长就校务写信给我。与运输和账目有关的事情，你可与我方驻上海办事处的洛夫乔伊（Lovejoy）先生协同处理。另外，本次年会一件重要的事情是，6 月 30 日晚上，我们通过会议决定中国基督教大学校董联合会（Associated Boards for Christian Colleges in China）不再运行，所有的功能由中国基督教大学联合董事会（United Board for Christian Colleges in China）接收。”① 耶鲁大学神学院有关中国教会大学的档案中大量的信函记载了中国教会大学校长与联合董事会的事务往来内容，充分说明了即便教会大学于 1927 年之后陆续在国民政府立案，西方教会方面仍然通过诸如此类的方式来驾驭教会大学的校务运转，像吴克明这样的华人校长，凡事皆需请示教会方面或者与其驻华机构相关负责人协商处理。在教会方面看来，中国教会大学是他们的学校，而不是民国政府的。

毕启在 1913 年当选华西协合大学首任校长，立案之后，1931 年改任校务长，继续主持校政，1946 年告老还乡。1938 年 3 月 17 日，张凌高在上海各教会大学的会议上介绍，由教会高等教育理事会（Council of Higher Education）秘书克莱希协调各个在沪高校之间的合作，由“克莱希安排在沪各基督教大学的当前计划；紧密合作，联合发布公告，并且克莱希要亲

---

① Wu, Ke-ming: *Archives of the United Board for Christian Higher Education in Asia: Record Group No.* 11. New Haven: Yale Divinity School Library, Box76Folder2054.

往纽约向联合董事会报告整个局势”①。

圣约翰书院时期的章程就学校组织方面有这样两条规定：（1）董事　美国圣公会布道会之总董（在美国）；（2）系属　本院隶驻上海布道主教郭（斐蔚）辖下公会中之一部分。② 圣约翰大学直接隶属主教郭斐蔚，在13所新教大学中宗教性最强，华人校长很难有所作为。立案初期，沈肆良为副校长，但是卜舫济在宗教课程和宗教活动方面的坚持，与政府僵持，华人校长根本没有发言权。设校长和创办者美国圣公会代表人。当时创办者美国圣公会驻沪代表人是主教郭斐蔚。设副校长，以下包括大学评议会委员会和大学教务会委员会等。③ 圣约翰在教师聘任方面对宗教性要求很高，强调教员要有强烈的“宣教动机”。卜舫济认为：“如果我们想要保持学校的基督教特征，就没有什么比在美国差会选派合适的教师更重要。”④ 而美国圣公会上海布道部牧师伍德（Wood）则曾指责美国平信徒调查团所提出的在选拔教员时，主要考虑因素是教育资格的看法，认为这一提议不可原谅，“虽然看来需要培养有能力的中国人担任重要职位，但学校的基调必须由因宣教动机来华的外籍教员来决定。因此，在大学里外国人始终应占有相当的比例，并且如果可能的话他们都应当具有传教之热忱”⑤。由于圣约翰的创办教会圣公会在教员宗教背景方面的固执做法，从1924年至1933年的十年间，布道部只向圣约翰选派了一名教员，圣约翰大学因无法聘请到优秀的学者来校任教，导致师资缺乏，学校的学术水平滑坡。

在校长职位的关系生态中，由于美方董事会的筹款能力较强，在西方国家拥有充足的经济、人事和社会资源，使学校的运转得到很好的保障，从而形成了教会大学的绝对权力中枢。在董事会之下，校务委员会角色是

---

① Minutes：Associated Christian Colleges in West China，Meetings of Presidents：*Archives of the United Board for Christian Higher Education in Asia*：*Record Group No*. 11. New Haven：Yale Divinity School Library，Box55 Folder1446.

② 朱有瓛、高时良：《中国近代学制史料》（第四辑），华东师范大学出版社1993年版，第436页。

③ 《圣约翰大学简章十八年至十九年度》，上海市档案馆，档案号：Q243-1-377-43。

④ 田正平、刘保兄：《消极应对与主动调适——圣约翰大学与燕京大学发展方针之比较》，《高等教育研究》2006年第4期。

⑤ 徐以骅：《卜舫济自述》，上海立信会计出版社1996年版，第65页。

决策机构，校务长职位实际功能相当于前任校长的代理人（燕京大学原外籍校长司徒雷登直接兼任校务长，圣约翰大学则由原外籍校长卜舫济的儿子卜吉其担任），华人校长的主要角色是教会方的决策执行人，因此，相对于教会组织，华人校长是名誉上和形式上的教会大学主持人，在最关键的人事、财务管理等方面并不掌管实际权力；相对于国民政府，他们被寄予厚望，享有官办大学校长的社会地位和个人声誉，但是他们的基督教徒身份和个体的心理认知、学者理性，使他们在履行职务时又自觉地维护自己大学的独立。

三 与内部不同利益群体的冲突

1. 应对中西教师文化的冲突

西方基督教会在中国创办教会大学的初期，大多由传教士等外籍教师任教，一个外籍教员往往要担任几个科目的教学任务。如德本康夫人在金陵女子学院开办的第一年几乎承担了英文、科学、音乐等全部课程。中国教师的数量很少，处在辅助、从属的地位。一方面，西方传教士在资源和文化上的优越感，给中国人的感觉是轻慢和骄傲，如教会大学校内通用的语言是英文；另一方面，教会组织的严密性和系统性，让中国教职工感觉被孤立出来。再者，清末民初的中国社会深陷贫困和战争，国民经济落后、萧条，从广州政府、北洋政府到南京国民政府，孙中山、袁世凯、蒋介石等代表的官方，都曾与英美等外部力量产生经济援助的依赖，西方人对于中国人时常会表露出单向的优越感和鲜明的偏见和歧视。即使那些留学欧美后归国的中国知识分子，他们在谋求教会大学等外资部门职位时，经常得不到应有的尊重。限于民国时期中国经济破败，就业艰难，那些接受西方先进教育的归国人员也没有很大的就业空间，教会大学在招聘教职员时，对候选人的信仰问题比较重视，许多具备大学教员资格的学者也会因为信仰问题被他们拒绝，即使一些被聘为教会大学的中国教授，也会在西方势力把持校务的现实中，被粗暴地排斥在教会大学的管理之外，他们在薪酬、生活待遇等方面，与外籍教师相比差距很大。

20 世纪初期，北洋政府、南京国民政府先后颁布《私立学校规程》和《私立学校董事会规程》，对教会大学施压，要求教会大学纳入中国政府管理，进入教会大学就业的中国教职员工比例也有所增长，但是，校务管理还掌握在外籍传教士手里，中国人很难参与学校的实际管理。1915—

1924 年在全国爆发的新文化运动、非基督教运动、收回教育权运动，以及政府要求立案等问题的严峻性，使教会大学不得不现实地考虑吸收中国人参与教会大学的管理。华人校长上台之后，教会大学中的中国教职员工纷纷要求提高待遇和参与校务管理的地位，要求获得学校的话语权。

教会大学长期存在中西教员不平等现象，中国教职工参与校政的机会又很少，导致了在校中国人教职工与外籍教员及学校管理层的隔膜显现。圣约翰大学最终决定立案，并接受更换中国人为校长的法规要求。前外籍校长卜舫济离职，由沈嗣良临时代理校长，但是，圣约翰大学除了国文部以外，其他的各个院系主要行政领导职位，依然是由外籍人士担任，并且，中外教员的薪酬待遇在圣约翰大学仍然差距巨大，十分不平等。教育家陈鹤琴回忆："在我的脑海里深深地刻着一种不良的印象，外国教员的待遇比教西文的中国教员好，教西文的中国教员的待遇比教国文的中国教员来得好。所住的房子，所领的薪金都有这三种等级。国文教员住的房子是又旧又小的中国房子，外国教员住的是又新又大的洋房，相形见绌，触景生感，最痛心者一般洋行买办的纵绮子弟，出入包车汽车，对国文一点不注意，对于国文教员一点没有礼貌。上国文课的时候，大部分的学生不是预备西文功课，就是看小说，国文教员靠着桌子，低着头，看着书，独立摇头摆尾的讲解而不敢抬起头来看一看教室内的情景。"① 事实上，中西待遇差距的问题有国际经济水平和教会制度等因素的原因，但是，这种不和谐在圣约翰大学的存在，一定程度上影响了圣约翰大学的发展，也造成了圣约翰大学与中国社会的隔阂。

2. 应对师生个体利益需求的冲突

华人校长代表了教会和政府的双重身份，兼顾双方的利益和需求。在管理学校过程中，与教师、学生也存在一些冲突。很多学生来教会大学的目的是通过学习英语和西方知识获取更好的发展机会，并不是信奉基督教，因此当他们的利益得不到满足时，往往会表现出过激的行动。早在 20 世纪 20 年代中期，燕京大学校长司徒雷登便认为教会大学的大多数学生对宗教漠不关心，他们宁可把宗教放在一边，从而能"专心于学业以期

---

① 陈鹤琴：《我的半生》，上海世界书局 1941 年版，第 100—108 页。

提高他们的经济地位”[①]。教会大学的华人校长在学生基督人格教育方面也逐渐力不从心。在经济地位、政治权力等世俗的诱惑下，学生很难如教会大学初设时那样的理想状态。这也是当今全球各个民族面临的问题，即便在新教得以鼎盛发展的美国，今天的教会组织也不再有往日那般清教徒式的纯洁和无私，年轻人越来越少去教堂礼拜和捐赠。

冲突最激烈的当属齐鲁大学校长李天禄被驱逐事件。李天禄 1908 年毕业于北京汇文大学，也就是燕京大学的前身之一，早期的汇文大学强调要按基督教福音传播原则办学。1919 年，燕京大学成立，司徒雷登任校长，办学风格才趋于开明。1922 年，李天禄任齐鲁大学文学院教授，兼文学院院长；1927—1929 年，任齐鲁大学校长。在处理校务时，李天禄对宗教思想和外籍传教士格外维护，激起学生的不满，矛盾激化，被学生驱逐，黯然辞去校长职位。1929 年 6 月 28 日，齐鲁大学校务委员会主席德位思提请校董会接受李天禄辞任教育系主任、文理学院院长及齐鲁大学校长辞职书。

中国教员受传统科举功名影响较深，与西方传教士的教育心理有很大差异。1928 年 4 月 22 日，《生活》杂志第二十三期刊登了编者按，《男女同学的沪江大学》一文，载新任的刘湛恩校长、郑章成教授、朱福康先生等到沪江和学生讲演。描述了自己的感触：“第一感触是‘惨淡经营’四字。沪江大学开办于 1908 年，当时大学学生只有四个人，现在已增至四百人；开办经费六万金，现在校产值洋一百十六万四千元。六年前创采男女同学制，女生来的只有四人，现在增至百余人。这二十年来的惨淡经营，也可以想见了！凡事辛勤造成了，回头望望苦尽甘来的况味，实寓有至乐。前校长美国人魏馥兰先生辛勤十几年，眼看着这个学府有今日之盛，我以为是一件很可以觉得愉快的事情，而况他老先生功成不居，顺中国的新潮流，把办学全权让与华人校长，贻后人——尤其是该校的同学——以无穷的去思，可谓‘先生之风，山高水长’了。听说他现在因例假回国去，将来假满回来，情愿做一个教授，仍尽瘁于教育。我国有的学校教授因争饭碗争意气而掀波作浪的，很可以看看！”[②] 个别华人教员

① 徐以骅：《教育与宗教：作为传教媒介的圣约翰大学》，珠海出版社 1999 年版，第 244 页。

② 《生活》第 23 期，1928 年 4 月 22 日，上海市档案馆，档案号：D2-0-492-247。

的利益驱动思维对华人校长掌校带来冲突的隐患。

3. 应对学生政治诉求的冲突

教会大学建校之初，基督教海外差会的立场是把教会大学定位为培养传教人士，至少是信奉基督教人士的教育机构。宣教、入教，依照教义行为是他们对教会大学学生的基本要求，目的是“促进天国事业”，他们禁止学生参与社会政治活动，因为创始人会、董事会通过在美国、英国、加拿大等地教徒中募集资金，就要向认捐者负责，以保障他们海外宗教事业的经费来源。教会大学立案之后，尽管中国人成为新的教会大学校长，教会大学的主办方仍然是教会差会组织。教会方面对学生参与政治活动格外禁忌，尤其不允许学生在校园组织党派活动。金陵女子大学要求新生入学必先接受“讲礼貌、讲公德、不干扰他人”等行为规范教育。[①]“辛亥革命”的兴起，带动了青年学生对政治的亢奋情绪，教会大学的一部分学生一度在校园成立了各种党派组织，并串联拉拢其他同学加入。圣约翰大学前外籍校长卜舫济对此不以为然，1914 年 5 月 19 日他在给友人的信中表示，众多的基督徒参与孙中山的革命运动，“可能对基督教事业造成损害”[②]。1926 年 10 月 5 日，卜舫济在学校举行入学典礼时，要求学生签署“遵守校章”的保证书，尤其提到学生不得校内政治活动。岭南大学副校长白士德因为反对学生参加示威游行，遭到学生的强烈抗议，最后被迫辞职离校。一些学生因为对此极其不满，转入同等水平的公立学校。1925 年六七月间，在上海召开的中华全国学生联合会第七次代表大会号召学生向基督教发动新的攻击。八月，非基督教同盟再次鼓动重新开展反对基督教和教会学校的运动，其中有一部分学生是教会学校的学生。

教会大学华人校长继承了教会不允许学生参加政治活动的惯例，但是，仅限于校园政治团体活动，对于学生的爱国运动也给予了极大的同情与支持。在日本侵略者入侵时，他们领导学生奋起抗日，支持学生参军。金陵大学大批学生积极参军，抗击侵略者。但是，在国内斗争方面，华人校长基于他们的知识分子独立性，不希望卷入党派争斗。他们也公开贬斥国民政府的腐朽，但是他们希望通过教育改良社会而不是暴力革命，在他

---

① 秦筱：《永沐春晖》，见《金陵女大》，江苏教育出版社 1995 年版，第 396 页。

② F. L. H. Pott：*Letter to Edward F. Cushing*，*May* 19，1914. 上海市档案馆档案，档案号：Q243-865。

们看来，有朝一日，新一代学生可以扛起民族振兴的重担。作为校长，他们的责任是维持学校的运行、培育学生，加入任何的国内争斗，对学校都是致命的。因此，当一批学潮热衷者大搞校内串联，影响校园教学秩序时，华人校长通常是批评阻止的。因为，反对暴力革命是大多数西方留学归来的知识分子典型的思想倾向和社会建设观。早在1922年6月3日，蔡元培致电孙中山，劝其停止北伐，并与徐世昌同时下野。[①] 1927年3月12日，蔡元培在杭州之江大学的演说词《读书与爱国》在《知难周刊》刊出。蔡元培在演说词中指出，学生“要能爱国不忘读书，读书不忘爱国，如此方谓得其要旨。至若现在有一班学生，借着爱国的美名，今日罢课，明天游行，完全把读书忘记了，像这样的爱国运动，是我所不敢赞同的”[②]。

事实上，教会大学倡导的是宗教救世理念，也就是从心灵上感化人性，反对青年学生暴力参与社会党派斗争，是有一定的积极意义的。燕京大学教授赵紫宸先生曾经警告那些热衷政治的教徒应当保持宗教与社会政治的距离，他认为：“教会不当为政党所利用，为政府所支配。因为一受利用与支配，就有不稳固与不正直的危险。”[③]

当然，教会大学外籍校长和华人校长对学生的爱国行为是同情的和支持的。燕京大学组织的抗日爱国运动中，司徒雷登校长始终和学生站在一起，给予他们支持。在国民党统治期间，教会大学也曾是抗日和左派活动的秘密根据地，教会大学师生们尽管有些小心翼翼，但毕竟在很大程度上欢迎共产党人的到来。即便是新中国成立之后的1950年5月，中国基督教大学联合董事会在纽约作出决定，无论发生什么情况，“都不能就此主动中断与中国的联系”，并发起募捐50万美元以弥补教会大学因私人资助中断和学生不缴学费所造成的财政亏空。[④] 1935年，“一二·九”运动爆发，陆志韦校长对学生的爱国热情表达了极大的同情理解，但是，作为大学校长，他始终认为学生应该回归校园。1936年1月2日，通过校长办

① 韩信夫等：《中华民国史大事记》（第一册），中华书局2011年版，第889页。

② 高平叔：《蔡元培年谱长编》（下一），人民教育出版社1996年版，第19页。

③ 赵紫宸：《我对于创造中国基督教会的几个意见》，见张西平、卓新平《本色之探——20世纪中国基督教文化学术论集》，中国广播电视出版社1999年版，第322页。

④ Arthur Waldron：*From War to Nationalism*：*China's Turning Point*，1924－1925. New York：Cambridge University Press，1995：137.

公室发布复学告示："有本校学生近因时局问题，请愿游行，辍课多日，经本校两次劝告复课在案。诸生之爱国热忱，既已充分表现，其他救国事业，亦非长此辍课所能见效。为此布告，自二十五年一月六日起，应一律照常上课，至十八日止。"①

1946 年 12 月，因"北平沈崇事件"，京津地区大学生举行了反美示威游行。天津工商学院学生欲出校门参加，被学校当局强行阻拦，在校上课。1947 年 5 月 19 日，天津市几乎所有大专院校学生参加了反内战游行示威，工商学院当局对学生软硬兼施，不许其参加。结果学生冲破阻挠，于 21 日罢课上街游行。② 时任校长刘迺仁的保守与亲西方态度受到了爱国学生的强烈谴责，失去了师生对他的信任，根本无法继续掌校。1949 年 1 月 8 日，刘辞职，3 月离开天津赴香港、法国等地。刘是天主教徒，又是教会大学校长，既要从教会角度考虑，又要与政府保持关系。相对时代需求，他是保守的。

从教会大学的校训，我们可以发现，教会大学人才培养理念与传统中国学而优则仕有很大的差异。金陵大学的"诚真勤仁"、金陵女子大学的"厚生"、燕京大学的"因真理、得自由、以服务"、圣约翰大学的"光与真理"等都传递出培养博雅人、服务者等宗教思想，对暴戾、战争是排斥的。1925 年 1 月 1 日，非基督教同盟杭州支部通电支持长沙雅礼大学罢课退学学生。电文指出，帝国主义利用中国的不发达，任意在中国设置学校，强迫学生信教，禁止爱国行为，种种的压迫已经达到极点。号召学生奋起反抗，为民族的自由与青年的解放奋斗到底，杭州分会愿做后盾，给予大力支持。1 月 13 日，湖南学生会致电北京政府教育部，请求下令取消教会学校，称教会学校以"办学""传教"等方式，"实行帝国主义者文化侵略"，"实为洋奴养成所"，"毕业学生除充当洋奴买办外，别无他种技能"。希望教育部从国家兴亡、教育前途考虑，取缔一切教会学校。③在封建专制、外来侵略的背景下，青年学生的爱国主义情绪高涨，但是他们把对帝国主义的愤慨直接转化为对教会学校的敌视，是狭隘民族主义的

---

① Luh, C. W.: *Archives of the United Board for Christian Higher Education in Asia*: *Record Group No.* 11. New Haven: Yale Divinity School Library, Box341 Folder5228.

② 阎玉田：《踞柝津之阳——天津工商大学》，人民出版社 2010 年版，第 193 页。

③ 韩信夫等：《中华民国史大事记》（第二册），中华书局 2011 年版，第 278—282 页。

表现，因为他们没有从各级教会学校实际的作为出发判断问题，而是粗暴地敌我相对。

圣约翰大学在13所教会大学中有其独有的管理体系，学校权力掌握在美国圣公会上海教区主教手里。在涂羽卿博士掌校期间，国内战争愈演愈烈，国民政府官僚腐败，青年学生纷纷走出校园，参加学潮，声援革命。美国主教根据教会制度不允许学生过早参与世俗政治，要求校长涂羽卿严厉镇压学潮，而涂羽卿从自己对国内时局的认识出发，顶住教会的压力，保护青年学生。时任主教罗伯茨非常不满，写信给纽约圣公会总部表示，“我可以声明，圣约翰在涂校长领导下，对两个闹事学生采取纪律措施很不得力——我相信，我们有必要另找校长”[①]。章华明在《沪江大学末任校长凌宪扬》中写道：“随着解放战争的节节胜利，当年运筹帷幄、游刃有余的凌宪扬开始感到学生不再配合，甚至一次又一次地卷入学潮，使大学一直处在动荡中，几乎没有平静过。沪江正面临失控状态。他所能做的只是徒劳无益地一次又一次地呼吁学生从街头回到书斋。”[②]

四　基于人格价值观的心理冲突

华人校长处于中国社会巨大变迁的时代，清朝封建社会趋于倒塌，西方资本主义、俄国社会主义革命的影响、基督新教传教团体等使中国社会发展的走向变得扑朔迷离。孙中山领导资产阶级革命推翻了清朝帝制，陈独秀、李大钊为代表的共产主义者为中国带来了马克思主义，胡适等思想理论家宣扬美国式的实用主义，各路势力蜂拥而起指点江山，为中国前途号脉、奔走。1922年，巴顿访华团的报告推动了西方基督教在华教育战略的调整。华人校长作为最具代表性的文化精英，怀揣文化救国和改良中国的梦想，可谓群雄逐鹿。不同的是，他们这批受教会教育的精英，希望通过教育“培育新的领袖人物”推动社会发展。关于西方在华办学，“有人认为传授的是一种比较先进的文明，它的医、工、文、理、商等学科，有益于中国的进步；也有人认为外国人在中国办学，是一种殖民主义的强势文化，培养了奴才、买办，因此为中国人所不耻”[③]。

---

① 《圣约翰老校长涂羽卿》，《新民晚报》2009年12月19日。

② 章华明：《沪江大学末任校长凌宪扬》，《档案春秋》2011年第5期。

③ 王立诚：《美国文化渗透与近代中国教育》，复旦大学出版社2001年版，第2页。

社会文化对人格形成影响深远。20世纪初中国社会的动荡，各路思潮的兴起，对中国第一代新知识分子的人格、世界观产生的影响大相径庭。就高等教育领域，有三股力量：北京大学、中央大学、中山大学等国立大学，南开大学、复旦大学等国人举办的私立大学，燕京大学、圣约翰大学、东吴大学、齐鲁大学等由西方传教士举办的教会大学，自然而然形成了不同的文化圈，在不同文化圈跌打滚爬造就了不同的典型人格。社会文化的变迁、新的思潮、新的生活方式不断冲击本土的文化。陆志韦、陈裕光、吴贻芳、陈序经等形成了对教会的心理认同，是他们长期接受教会大学教育的必然结果。

1943年，金陵大学举办“本季首次纪念周及开学礼”，陈裕光校长出席并做报告：本学期的开学日是二月十一日，适为本校创办以来的五十五周年的始业日，又为中美中英新约签订的弥月日。在这几个巧合的日子里，本人回忆过去，瞻望未来，有些感想，愿乘此机会向大家作一简约的报告：

> 我们回忆过去，觉得本校办学的精神，与这次所签订新约的重要原则，颇能符合。本校于民国纪元前二十四年，由美国基督教各公会联合创设于南京，民国前二年，改组为金陵大学，当时主持校务的，是美人鲍文先生，鲍先生颇能根据国际平等互惠的精神来办学，在他任校长的期内，他屡屡主张金大要由中国人担任校务。民国十一年本人在北平师范大学服务的时候，鲍先生曾数次约本人回母校服务，但当时本人的兴趣在研究工作，迭次婉谢鲍先生的盛意，至民国十五年始得来校。民国十六年，国民政府建都于南京，全校行政，归国人办理，本人深体当时学校当局所倡导的精神，勉为负责，以至于今。我想现在鲍先生如尚在校，他一定会觉得愉快，并且一定愿意帮我们大家一同努力。本校过去还有两件事，也颇能与新约的精神相符合的：一件事在民国十年的时候，本校即已呈准北京政府立案，在当时算是外人所设立的大学最先自动立案者。第二件事就是在国民政府成立后，于民国十七年，我们并遵照大学院所颁布的条例，又呈请立案，奉令核准。是为今日各私立大学中，最先立案者。立案的先后，本不足视为一件非常的事，最因着这次新约的签订，便觉得有他特殊的意义。这次新约最主要的精神，是在他建立了今后中国在国际上居于平

等互惠地位的基础，所以他无形中对于我们过去的精神，与将来的努力给予一个明白的指示。

我们瞻仰未来，本人觉得在这个纪念本校五十五周年的回忆中，自今以后，我们应当本着新约的精神，在我们过去五十五年历史的基础上，将新约平等互惠的原则，更加发扬光大！

……

我们不但要在学术上与世界各国求平等，我们更要求达到大学教育的最高理想。我们应当要用迎头赶上的精神继续努力，我们还有同我们国内教育界的同工共同负起我们今后在大学教育上，“应”与人平等及“能”与人平等的重大责任，并且要从事实上表现出来。

……我们要在世界学术地位上取得平等，我们要在中西文化发扬上求得互惠。①

在这段演讲词中，陈裕光把本次国民政府要求教会大学在中国政府立案看作是新约，其核心精神是“互惠”，而非困扰国人的争夺“教育权”问题。陈裕光重点挑明大学教育要担负起“与人平等”的责任。因为在中国几千年的“学而优则仕”背景下，大学始终未能摆脱对权力趋之若鹜的陋习。

1950 年 9 月 16 日，东吴大学校长杨永清写信给中国基督教大学联合会的芳·威廉博士，信中提到，“我们很可能正在经历中国历史上最大的社会和政治变革，在这场变革中，每一个人和组织、机构都要找到自己的位置，作出调整去适应时代……目前，至少教会大学教育机构给予高度关注……我希望，也相信教会大学的事业会不断强大起来”②。相反，之江大学校长李培恩对当时的国民政府时常表达出怀疑和不满，1945 年 10 月 24 日，他写信给卢兰德（Ruland）和福尔唐（Fulton）博士，直言不讳地批评国民政府缺乏“真正的民主”。李说：“距离真正的民主还很远。美国方面需要基于民主的要求对中方施加压力、提供帮助。强大的中国基督教大学的出现是引导中国向此方向发展的最为确定的方法之一。我希望美

① 金陵大学校刊编辑部：《陈校长讲话》，《金陵大学校刊》1943 年 3 月 1 日第 317 期。

② Yang，Y. C.：*Archives of the United Board for Christian Higher Education in Asia*：*Record Group No.* 11. Yale Divinity School Library，Box77 Folder2101.

国人民意识到我们当前遭遇的困难，并支持我们推动中国沿着民主的线路重塑中国的政治和经济。要做到这一点，根本的是要培养具有民主思想的领导人，尤其是要培养出在社会活动和做学问方面具有高层次的基督教领导者。这的确是一个前所未有的机会，带领中国进入正确的世界重构轨道。"①

杨永清和李培恩不仅直面国民政府的不民主，并且明确指出领导者要接受来自美国方面的压力。很明显的是，他们受教会大学的感化很深，因此对基督教高等教育在中国教育、社会、政治、经济等方面的关键角色地位给予肯定，并希望从深层次去影响中国社会乃至政府。虽然杨永清和李培恩在信里表达了对教会及其教育精神的高度颂扬，国人自尊心会有所损伤，但是，杨永清对教会大学寄予厚望，希望通过教育，培育中国的精英，其作为教育家的初衷可敬。作为教育者，不迷信外来和尚，但是也不能故步自封、盲目排外。教育始终是社会进步的发动机，因为社会各行各业的精英、智者皆出身教育，如国家领袖、企业家、教师、管理者等。

从 1927 年开始立案到 1947 年的 20 年间，教会大学的旧有组织仍然如初，并没有真正成为中国的大学，教会通过联合董事会操控着各教会大学的办学事务。如《申报》1947 年 4 月 1 日报道《十三教会大学昨开联席会议》，会议内容："全国十三教会大学，于昨日上午九时在本市圆明园路中华基督教协进会举行联席会议，出席的有圣约翰大学涂羽卿、卜其吉（Pott，James H.，圣约翰大学前校长卜舫济之子，曾任圣约翰大学校务长、代校长），金陵大学陈裕光、贝德士，金陵女子大学吴贻芳，华西大学方叔轩，齐鲁大学吴克明，福建协和大学陈锡恩，之江大学李培恩，暨中华基督教大学联合董事会干事芳·威廉等 30 余人，由涂羽卿为主席。讨论筹募经费各项进行工作。"② 国民政府忙于国内外战事，没有很多经济手段调控教会大学的教学研究和人事管理。华人校长在教会组织主导和政府政治干预下，维持着学校的运行，也维系着教会大学的基本属性。

---

① Lee，Baen E.：*Archives of the United Board for Christian Higher Education in Asia*：*Record Group No*. 11. New Haven：Yale Divinity School Library，Box160 Folder 3030.

② 苏州大学图书馆《申报》数据库。

第三节 华人校长角色冲突对教会大学办学进程的影响

面对政府、教会和校内师生的冲突，华人校长始终坚持以履行教育职能为中心，以人格教育为基础，发展现代教育，适应中国社会实际需要，在各方利益中取得相对平衡。

一 教会大学管理融入政府教育体系

从1927年起，教会大学陆续在国民政府教育部注册立案，之后经历了抗日战争和国内战争，20多年间，中国教会大学在西方教会、国民政府及华人校长三方的冲突、合作中蹒跚前行。在中国社会、政治、文化和各方参与中，教会大学开始客观地融入中国本土化和近代化进程。根据《私立学校规程》和《私立学校董事会规程》等国民政府法令文件的规定，教会大学校长改由中国人担任，外国人在学校董事会中的名额不得超过1/3。于是，国民政府通过各种方式参与进来，一些国民党政要纷纷进入教会大学的董事会，如孔祥熙先后担任过齐鲁大学、之江大学等学校董事长兼名誉校长，朱经农则先后兼任国民政府教育部次长、齐鲁大学校长和湖南省教育厅厅长。这种你中有我、我中有你的教会大学管理层格局有利于中西方代表之间的交流，但是，政府通过权力的强制力控制和影响教会大学的运行，也引发了一些教会大学校长的困惑。

教会大学校长角色冲突是多维度的，其影响也是多方位的。华人校长掌校之后，大力推进实用学科和中国文化学科的建设，一改教会组织办学之初所坚持的宗教宗旨为先的办学理念，在组织行为上明显地向国民政府归化，反过来，国民政府对教会大学华人校长掌校的包容度不断提高，也逐渐加大了对教会大学的资金和政策支持力度。由蔡元培、李煜瀛、马君武等国字号大学校长组织的高等教育会议吸收教会大学来参加，教会大学逐步融入政府体系。1933年，齐鲁大学校长朱经农被国民政府教育部点名担任湖南省教育厅厅长。在借调任期一年届满之后，获得慰留，湖南省主席何健、齐鲁大学名誉董事长孔祥熙都出面请求朱经农能够留在长沙，继续为国效力，最后甚至由时任中华民国政府首脑的蒋介石亲自约见朱经农，并极力挽留。1936年11月20—26日，沪江大学举行30周年校庆，邀请教育部部长王世杰、前司法院院长王宠惠、上海市市长吴铁城和中国大学联合会会长黎照寰博士，以及肯塔基州路易维尔的南浸会神学院院长、设立人会代表约翰·R. 沈培博士到校演讲①，客观说明了教会大学与国民政府的关系还是比较融洽的。

金陵大学西迁成都期间，陈裕光在学校经济等方面对国民政府和四川政府依赖加深，政府自然而然地对教会大学逐步加强了控制。在张延休（时任教育部秘书）和顾毓秀（时任教育部次长）给景堂校长（陈裕光，字景唐）的函件中说："总裁于军书旁骛之际，召集川省中等以上学校校长主任会谈，并亲临训话一再而三，其对后方教育及青年训练之注意，可以想见。台端为教育界先进，主持最高学府，历有年所，对此次会谈之观感如何？对教育上之改进有何高见？贵校学生思想尚纯正否？希惠数行，以资参证。照部订会谈后通讯办法，每月至少须互相通讯一次。从此消息常通，研讨甚便，无异晤对一室。"②国民政府高官从国民党总裁蒋介石到教育部部长都对教会大学的学生思想是否纯正特别关注，要求陈裕光即时汇报。

"三民主义"相关课程的推行，与基督人格教育并存，有华人校长与政府和教会的妥协的元素，也是教会大学纳入国民政府教育体系的重要象征。如宗教思想浓厚的福建协和大学华人校长林景润主修政治学科，对当时国民政府规定全国各单位工作人员、学生等于每周一举行简单的"纪念周"，美国教会认为是"偶像崇拜"，而林景润认为这是爱国主义教育。教徒用三分钟为国家祷告有什么不好。③ 他在协大教授孙中山的"民权三原则"④。之江大学校长李培恩曾出版个人著作《三民主义》，对当时的政治思想教育给予中肯的评价。

二　教会大学人格教育理念得以传承

华人校长的登台是教会的推荐和支持的结果，但是教会并没有完全放权，他们通过对教会大学的教师选择、人事配备，保持教会大学的宗教本

① ［美］海波士：《沪江大学》，王立诚译，珠海出版社 2005 年版，第 119 页。

② 中国第二历史档案馆：《金陵大学与教育部的来往文书》，全宗号：六四九，案卷号：357。

③ 张光正：《记协和大学校长林景润二三事》，《莆田市文史资料》第 3 辑，1987 年，第 53—56 页。

④ ［美］Rodericle Scott：《林景润与福建协和大学》，游捷、陈德琼译，《教育评论》1991 年第 3 期。

色，在教会经费的支配上，确保为教会大学事业服务。贵为东吴大学校长的杨永清曾经就其子留学美国的费用问题寻求基督教大学联合董事会秘书葛思德的帮助，得到的答复是，其子需要主动加入到教会大学任教，履行服务教会的承诺。燕京大学在立案之后更换中国人为校长，但是师资和人事等重要校务，仍由司徒雷登继续掌控，并且始终强化对学生思想动向的掌控，当学生团体在校内串联、集会时，教会方面给予严厉的回应。

教会方面对华人校长的依赖性也逐渐增强，巩固他们在华的代理人队伍。1928 年 7 月，作为对教会大学立案的回应，中华基督教高等教育理事会发表了教会大学教育目的的声明，强调要“保持基督教目标，维护创办人确立的教育观念，即全面促进中国人的幸福，甘为基督教运动的领导者”。各基督教大学也相继发表声明，金陵大学于 1929 年 4 月 22 日发布的大学章程，第二条为：“金陵大学的目标是：维持一个基于基督教福音支持计划的学习机构，有完整的宗教自由，达到高水平的教育效果，培育出基督教领导者，推动社会福利，提升公民理想和服务，依据大学基督理想发展人格。”福建协和大学于 4 月 17 日发布章程，第二条为：“本校目标是为中华的青年提供高等教育，使他们接受基督熏陶，发展基督品质和人格，满足人类社会的深层需求。”燕京大学 1928 年 12 月 3 日发布改组后学校章程，第二条为：“本校严格地执行基督福音的、非宗派主义的原则，旨在帮助中国的青年在本校获得一种文化的、科学的或者专业的教育。”华西协合大学成都理事会于 1930 年 5 月 8 日通过章程，第二条为：“本校教育目标是在基督的赞助下执行高等教育，为了上帝王国的升级壮大。”山东基督教大学（齐鲁大学）1929 年 11 月 29 日通过章程，第二条为：“本校目标是通过独特的基督教品质的高等教育推进上帝王国，发挥基督教会在中国神圣的领导力。”①

三 华人校长主导下的办学模式逐步确立

国际知名大学不仅靠的是实力，往往也坚持其特色。欧洲的牛津大学、剑桥大学、巴黎大学、柏林大学，美国的哈佛大学、耶鲁大学、麻省理工学院、斯坦福大学、威斯康星大学等，虽然层次不同，学校都有自身

① Registration with Chinese Government：*Archives of the United Board for Christian Higher Education in Asia*：*Record Group No* 11. New Haven：Yale Divinity School Library，Box22 Folder523.

的历史定位，在选择校长方面也颇有深意，被选聘的校长通常有自己完整的教育思想，在他们的任期，根据学校历史渊源、社会现实需求以及大学校长的教育思想，作出大学战略发展规划，把大学的理念传承下来。在大师云集的民国时期，大学校长如蔡元培、傅斯年、张伯苓、梅贻琦、马君武、李登辉、胡适、姚从吾等，皆为本大学发展倾注心血，收效明显。但是，中国教会大学的华人校长从诞生之时起便背负中国特殊时期的角色期待，遭遇角色冲突。华人校长身份逐步处于“教会—政府”组织人的边缘，在冲突中展现出浓厚学者教育家的“自由精神”和制度教育家的色彩。他们恪守教育家的良心和理性，为了教会大学的生存和发展倾力而为，甚至悲壮前行。他们始终坚持着自己的教育信念和价值信仰，保持了知识分子的风骨。他们努力从教会手中接下这艘教育的诺亚方舟，在风雨中掌舵中国近代高等教育的航程，逐步形成华人校长主导下的办学意识、办学宗旨、课程设置、人事安排等。

在宗教信仰方面，华人校长普遍推行的是信仰自由。他们鼓励团契活动，教育年轻人要有担当。即使民国政府不允许在校园举办公开的宗教活动，在校务会议、董事会等开场仪式上，依然执行祈祷的程序。我们不应该把这种表现理解为纯粹的信上帝，从他们的言行，我们可以发现华人校长身上拥有独特的精神境界。他们本人皈依基督，但不是拘泥于形式，而是升华在他们的人文素养中。之江大学 1948—1949 学年报告中显示，学生教徒的比例为 20%，教职员的教徒比例是 60%。① 根据缪秋笙的《基督教大学最近概况》关于圣约翰大学的记载，教员中教徒的比例随中国教员的增加而下降。1948 年圣约翰共有中外教员 163 人，其中教徒为 86 人，占教员总数的 52%。② 在新教的 13 所教会大学中，圣约翰大学对该校的传教宗旨相对更保守，并因此一度停课歇业达一年之久，险些拒绝在中国政府立案。

1931 年，沪江大学两广同学会对本校两广毕业生情况如是评价：“创始非易，持久尤难，蒸蒸盛业，十易寒暑，济济多士，学优材良，学成而

---

① Baen E. Lee: *President's report* 1948-1939 *Hangchow University. Archives of the United Board for Christian Higher Education in Asia*: *Record Group No.* 11. New Haven: Yale Divinity School Library, Box51 Folder1328.

② 缪秋笙：《基督教大学最近概况》，《教育季刊》1934 年第 10 卷第 4 期。

归，造福南疆……本会服务各界人数：教育界36人，军界2人，政治界2人，科学界4人，银行界18人，其中曾游学美国者22人，商界42人，教会6人，医界3人。”校友谢育才在“我们今后的使命”中提出“一为意义一为价值”两样缺一不能。“拿我们的牺牲精神，和勇敢意志，去铲除一切障碍，而开辟一个‘新’的将来”①。1929年沪江大学在两广地区毕业生的构成中，从事宗教的学生只有6人，而顺应当时国内需求的教育界和商界的人数占大多数，反映了沪江大学在华人校长领导下的改变。

在课程设置方面，华人校长强调教学内容与中国社会实际需求紧密联系，形成了齐鲁的国学、燕京的新闻学，东吴大学的法科，沪江大学的商科，华西协合大学的医科等鲜明的特色，宗教课程逐渐失去了最初的位置。1940年，中华基督教委员会对教会大学各院系学生分布进行了统计，见表4-1。

表4-1　　1940年十三教会大学各院系学生数统计

大学	学院及人数	学院及人数	学院及人数	学院及人数	总人数
东吴大学	文学院 350	理学院 291	法学院 391		1032
燕京大学	文学院 306	理学院 346	法学院 314	宗教学院 16	982
圣约翰大学	文理学院 768	土木工程学院 113	神学院 4	医学院	885
沪江大学	文学院 331	理学院 279	商学院 167		777
之江文理学院	文学院 271	理学院 371			642
华西协合大学	文学院 171	理学院 117	牙医学院 275		563
岭南大学	文学院 244	理学院 134	医学院 78	农学院 80	536
金陵大学	文学院 105	理学院 181	农学院 233		519
齐鲁大学	文学院 97	理学院 39	医学院 122		258
福建协和学院	文学院 57	理学院 70	农科 60		187
金陵女子文理学院	文理学院 159				159
华中大学	文学院 37	理学院 57	教育学院 25		119
华南女子文理学院	文学院 28	理学院 34			62
合计	2924	2032			6721

资料来源：中华基督教委办会：《中华归主》1940年第207期，中华基督教协进会，第15页。

---

① 上海市图书馆近代史阅览室电子文档。

除了各校都开设的文理学院，农、医、商在教会大学中占有很大比例。而承担着传教事业的神学院学生却只占了很小一部分，在华人校长领导下的教会大学，宗教本身已不是主要目的，举办各种宗教课程活动旨在把宗教理想转化为人格教育。

1936年，圣约翰大学校长涂羽卿博士翻译的《汉译大学物理》（原著者金伯尔 W. T. Kimball）由上海图书公司出版发行。在译者序中，涂羽卿博士说："我国之科学尚属幼稚，科学名词之审定，就物理而言，最近方告成功。"涂羽卿在西方课程引进方面得到了威斯康星大学福尔邱博士（Dr. G. S. Fulcher），麦克尔福也希（W. E. McElfresh），密勒（D. C. Miller）和汤姆生（J. O. Thompson）等教授的多方指导，以及哈佛大学桑德斯（F. A. Saunders）等专家的支持。虽然圣约翰大学在宗教教育方面坚持创校之初的思想，不愿向民国政府教育部妥协，但是在现代科学课程的引进方面不吝投入，圣约翰的医学、土木等在13所教会大学中属于非常优秀的。

在师资培养方面，华人校长掌校之后，大力培养年轻的中国教师，巩固实用学科的人力资源基础，避免过度依赖外籍教员。在华人校长与纽约托事部的来往信函中，华人校长想方设法向教会申请到捐赠资金，资助中国青年教师赴美国大学深造。华人校长对于青年教师的培养不再把宗教信仰甚至教会组织归属列为必要条件，对比外籍校长掌校时期，教会大学的主要职能是培养神职人员，因此在教师选拔、聘任方面，首要考虑的是宗教归属。13所教会大学办学历程不同，参与的基督教和天主教教派不同，因此，外部势力错综复杂。但是华人校长逐渐主导该校的走向是不可逆转的。为了保障独立性，新任华人校长走出校门，开源募捐。这方面，岭南大学从最初做得就比较好，钟荣光作为校长，为筹措办学资金，常年奔波于亚洲、北美洲和南美洲，不仅从西方教会组织获取资助，而且在华人华侨中建立起比较稳定的捐款渠道。他们既独立于宗教的狭隘，又与政治的强权区分开来，努力走出了一条理性办教育之路。

在服务中国方面，宗教性质是教会大学的根本，也是教会大学得以生存发展的基础。普通民众看重的是宗教的慈善救助行为，而国民政府则忌惮宗教强大的组织性和号召性。比较有代表性的是南京、苏州、上海等地的教会大学，因为这些大学与当时的南京国民政府邻近，有迫切的适应时局要求。在国民政府教育部规定学校不得强迫师生信教的要求下，各教会学校放松了原来对宗教活动的相关规定和强制措施，改为师生自愿参加，教会大学的宗教色彩趋于淡化，越来越多的师生选择了不入教，甚至一些学校的礼拜堂也改名为大礼堂。1927 年春夏，经董事会同意，杨永清校长与一位唐姓（音译，或汤）（T. H. Tang）校友和孙晓楼（T. L. Shen）校友花了许多时间来研究在组织和行政方面不得不进行的改革，以符合不久将在南京成立的新政府的要求。据推测，所有的行政管理人员和董事会的大多数成员都必须是中国人。为了符合政府的要求，或许还应对章程及附则进行仔细的修改，同时保持美国创办者（差会）的支持。当时开始的这项工作在校长杨永清的领导下进行得非常成功，他是在 12 月上任的。[①] 4 月，吴经熊博士担任东吴大学法学院院长，这一措施“实现了教育部要求在大学的各个院系任命两个这样的行政管理人员的指示”。姑且不论这是否为行政化的先兆，吴经熊和盛博士合作和谐，法学院的声誉和入学人数都在稳步增长。他们（吴盛二博士）成了立法院的成员，经常来往于上海和南京两地。吴博士是起草宪法草案的委员会成员之一。杨永清意识到在上海的东吴大学法学院倾向于脱离东吴大学，谋求自我独立发展，于是，他在上海的法学院保留有一间专门的办公室，这样他就可以经常到上海来，抑制法律系的这种离心现象。他确保了周泽甫（Joseph Chow）的事务长的位置，他曾经是博习书院的学生，毕业于中西书院，是街对面景林堂的平信徒领袖。周泽甫的余生全部致力于将法学院定位在东吴大学一部分以及使东吴大学成为共和政体的建设者之一的工作上。[②] 杨永清曾经是国民政府官员，在外交部供职多年，是外交总长顾维钧的得力助手，但是他在领导教会大学事业上有明确的原则性，选择周泽甫做事务长，显然是充分考虑了周泽甫是一个虔诚的基督教徒。

国民政府对教会大学的控制，并不影响其对教会高等教育的支持。1947 年 4 月 29 日，圣约翰大学校长涂羽卿在给美国教会大学亚洲联合会执行秘书罗伯特·麦克姆伦博士的信中，就关于战后复校事宜写道：“我这里针对美国信息服务处约翰·凯尔德威尔先生来信说美国政府国务院批准了 4000 美金用于圣约翰大学的翻修重建，一批供应设备清单提交给纽约中国基督教大学联合董事会，我们这里也随信附上待提交的设备清单，

① ［美］文乃史：《东吴大学》，王国平、杨木武译，珠海出版社 1999 年版，第 77—78 页。

② ［美］文乃史：《东吴大学》，王国平、杨木武译，珠海出版社 1999 年版，第 79 页。

用于生物、化学、物理和土木工程系的建设。关于关税的事情，我们会努力争取政府方面的减免。”① 一方面提到，美国政府对（中国）教会大学的复校拨款4000美元；另一方面，涂羽卿提出向中国政府申请学校物资的关税减免。说明了国民政府对于中国教会大学还是持支持态度的，涂羽卿为学校的复建不仅仅能把手伸到远在大洋彼岸的美国，也与本国政府相处融洽。

在非基督教运动的冲击下，教会大学能够得到顺利发展与北美新教团体在华传教策略的调整有必然的联系。19世纪后半期，基督新教在华差会为了提高传教功效和质量，从简单地争取下层群众为主的“边缘战略”转向了办教育、开学堂，招生授课，大大改善了教会形象。鉴于当时的中国现实国情，经济转型、国门大开、自然经济解体，挑战与机会并存，民智亟待开启，对教育的需求旺盛，社会对教会大学也提出了新的要求。西方教会仅仅凭借“仁爱”等精神麻醉已经无法适应中国社会。教会适时调整传教模式，发挥教育功能，对中华民族是有利的。胡适说：“耶稣说得好：你不能同时服侍上帝又服侍财神。我们讲教育的人也要说：你不能同时服侍教育又服侍宗教。”② 在经济凋零、社会动荡的现实威胁之下，教会的安抚和关爱只是一时的安慰，而教育的影响则更具有可持续性。

杨永清、陈裕光、陆志韦、吴贻芳等教会大学的优秀学生在教会提供的良好教育支持下完成了他们人生的蜕变，他们取得的成就让很多同时代的国人望其项背。这批后来成为教会大学校长的青年学生多数从美国和欧洲的大学获得了硕士或者博士学位，然后回到中国教会大学任教，成为受人尊敬的一校之长。在“立案”的要求下，他们作为首批中国教会大学毕业生中的佼佼者获得了教会方、中国政府方的认可，在他们掌校、治校过程中，表现出了理想且务实的教育思想，他们继续强化德育教育，在行动上不再单一地依附教会，也不轻易屈从于国民政府，他们紧密结合中国的现状，充分发挥教育救民救国理念，为民族进步而办教育。尽管有来自教会方和政府方的要求，他们以教育家的魄力，努力带领学校前行。他们引导课程向实用性转型，物理、化学、数学等现代科学科目受到重视，培

① Tu, Y. C.: *Archives of the United Board for Christian Higher Education in Asia*: *Record Group No 11*. New Haven: Yale Divinity School Library, Box71 Folder1913.

② 胡适：《今日教会教育的难关》，《教育季刊》1925年第1卷第1期。

养出了谢家麟等一代科学大师。金陵大学原先的重点在神学院，华人校长掌校之后，大力发展农林等学院，开展大规模乡村实验，建立了多个种子、棉花等试验场。教会大学转向教育和社会服务功能，适应了中国社会对现代人才的需求。大批青年学子在华人校长的扶持之下，取得了学术上的发展，充实了教会大学的师资力量，培育了本校的特色学科。

四 教会大学师生价值取向的多元分化

教会大学从无到有，从小到大，毕业生遍布近代中国教育界、工商界、医学界等各个行业，取得了显著的成就，特别在人格品质方面的教育尤为突出。立案之后，教会大学全部更换了华人校长，快速地走向中国化，在政府规章的强势要求下，教会大学校园原有的宗教氛围逐渐衰退，与欧美基督教会之间的联系也由直接变为间接，来自美国和其他海外国家教会的资金支持日益减少，外籍教师的数目也逐渐下降。相反，政治干预的增强，党义课程的推行，政治团体取代宗教团契，对传统宗教气氛下的教会大学形成了强烈的思想、组织冲击。师生之间由于对各种信仰的认同差异，人与人之间隔阂的产生，已是不可逆转的趋势。中西方教师之间由于经济、文化等因素分歧凸显，矛盾和摩擦时有发生。

在民族冲突显性存在的前提下，教会大学在华教育事业很难让学生完全融入宗教的思想境界，一部分学生进入教会大学学习，其目的是为了毕业后在社会上谋求好的个人前途，宗教品质对他们丝毫没有什么吸引力。他们向教会组织申请助学金完成学业，但是他们的内心并没有感恩之情，更难以养成宗教品质。这些精致利己者无形中构成了华人校长掌校工作中潜在的隐患，在后来的历次政治风暴中，这些人墙头草随风倒，见风使舵，落井下石，对他们曾经的校长和老师挖坑、构陷，一些为了教育的初心而坚守下来的华人校长遭残酷批斗，在悲愤中辞世。

吴耀宗在为吴雷川著作《基督教与中国文化》作的序中指出，唯爱和非武力是基督教关于社会变革的最高理想，这也是华人校长在教会大学一直倡导的。但是在国民党政治权力的驱动下，教会大学学生的价值观出现了分化，大学不再是平静的象牙塔，学生群体的差异化愈发明显起来。教会大学早期对学生的宗教意识培养比较严谨，各种祷告、查经会、社会服务等活动有条不紊，也没有什么政治活动干预。华人校长掌校之后，在与教会、政府的博弈中，采取了中庸态度，一方面继续强调宗教信仰教育，另一方面对学生政治集会持不干涉态度，但是要求政治激进学生不得强求其他学生参加。但是，随着国内、国际军事战争、政治斗争的激化，政治倾向鲜明的学生团体表现得亢奋，甚至霸道。一些政治投机者对那些安心课桌和选择留在图书馆学习的学生横加指责，甚至有意打击迫害，从此，教会大学失去了早年的平静。1927 年之后，学生游行示威等政治狂热行为严重破坏了教会大学的教育秩序，时任大学院院长蔡元培呼吁学生回到教室里去。[①] 教会大学华人校长使出浑身解数，以确保校园里有安静的书桌！到了 40 年代末，也就是中国教会大学的最后两年，“教会大学的领导人很快发现，参与学校决策的中国人不仅仅是学校的教员和管理层，也有很多学生，甚至学校雇用的校工和职员”[②]。1927 年立案之前，教会大学对学生的基督教人格品质教育把控相对稳定，学生也更理性，立案之后，学生中热衷官场、献媚权力等封建集权制度的一些陋习逐渐暴露出来，政治倾向激进的组织、团体频频干扰华人校长的基督精神教育，大学的理想迷失于权力主导的思想意识模式。若干年后，有学生跳出来指责、批判，甚至迫害这些曾经的大学校长。上海圣约翰大学华人校长涂羽卿博士竟然被某些居心叵测者揭发是暗藏在中国基督教和高等教育界的美国特务，在 70 岁的耄耋之年被隔离审查、打骂侮辱到欲行自杀！[③] 曾经致力于青年使命的“青年会”也卷入政治斗争，对于这批毕其一生潜心学问、致力教育、培育青年的华人校长来说，始料不及，令人嗟叹。

燕京大学首任华人校长吴雷川谈到基督教在西方的发展经历时指出基督教卷入政治带来的弊端，“因为受着政治的影响，也就有了教皇、主教等等的阶级制度，只重权势而不以精神修养为务，一切专制无理的手段渐渐地在教会中发生。教会与国家式的行政机关无甚区别”，从而“既失去了领导社会的功能，更忘记了自己原有改造社会的使命”[④]。从吴雷川的解释，我们可以理解教会大学华人校长阻止学生参与政治派别，无非希望

---

① Jessie G. Lutz：*China and the Christian Colleges*1850-1950. Ithaca and London：Cornell University Press，1971：325.

② Jessie G. Lutz：*China and the Christian Colleges*1850-1950. Ithaca and London：Cornell University Press，1971：452.

③ 李宜华：《献身祖国教育事业的前上海圣约翰大学校长涂羽卿博士》，《炎黄春秋》1996 年第 9 期。

④ 吴雷川：《基督教与中国文化》，上海古籍出版社 2008 年版，第 62 页。

大学校园成为知识和精神修养的净土。

本章小结

本章归纳了华人校长应对角色和职务行为的各种关系。华人校长具有东、西方双重文化身份，教会团体和民国政府又分别赋予了他们多重社会身份和角色期待，他们既是国民政府的教育行政领导者，又是西方教会代理人，他们在执掌教会大学、主持校务管理时，不得不兼顾政府法令、教会意志和社会实际需要。他们的教育思想既汲取了基督宗教的爱与奉献理念，坚持在教会大学培养学生的基督品质，同时又积极把基督教思想与中国实际相结合，大力推行实利课程，开展中国问题研究，促进教会大学办学的中国化。

随着国民政府在大学施行宗教管制，推行政治教育，华人校长根据立案条例调整教会大学的课程设置、学生管理，削减教会大学的宗教性，学生从事政治活动也逐渐增多起来，教会大学长期保持的象牙塔般的平静随即被打破。要求教会大学开设“三民主义”课程为必修课是政府对教会大学施行控制的另一种手段。[①] 这种顺从政治的趋势与1921年巴顿报告提出的坚持教会大学宗教属性背道而行。但是，为了获得政府的法定认可，多数教会学校改革原有制度，不再强制学生参加宗教活动，宗教课程改为选修课。华人校长作为双重身份的主体，在教会的宗教思想和中国社会的一统思想交汇中，面临艰难的选择。作为教会大学早期的毕业生，他们本身展现出的新知识分子理性、仁爱形象便是教会大学宗教教育最好的诠释。然而，当他们身处多方利益交叉的漩涡，在扮演自身职务角色时，须承担起分别来自西方教会、国民政府和校园师生对他们角色身份的期待，同时他们也存在自我认知的心理冲突。华人校长角色冲突的结果是多样的，一方面教会大学逐步融入国民政府的教育行政管理体系，另一方面，华人校长在其执掌教会大学的过程中，坚持基督教人格教育理念，保留了创办者团体奉行宗教教育的人文思想。

① Jessie G. Lutz：*China and the Christian Colleges*1850–1950. Ithaca and London：Cornell University Press，1971：335.

第五章

华人校长角色冲突的成因分析

20 世纪 20 年代末，随着中国教会大学陆续在国民政府立案，改组董事会，选任中国人做校长，华人校长群体成为中国近代史上一股重要的社会文化力量。在当时中国政治、社会制度背景下，华人校长需要面对各种复杂的组织、利益和关系，他们在履行教会大学校长职务时遭遇的角色冲突，有着特殊的外部原因和内涵特征，尤其与近代中国社会在应对外部政治、宗教文化冲击时而产生的制度变迁和文化冲突有着紧密的联系。同时，华人校长在长期的求学过程、掌校过程和与外来教会打交道过程中养成的理性认知和身份认同，也决定了他们在扮演校长角色时必然遭遇角色冲突，冲突的形式和内容受到当时的制度文化、社会文化、校园文化和人性文化等因素的影响。

华人校长角色冲突的成因，有制度、文化等外部环境原因，也有其身份的多重性和价值认同等内在原因。华人校长角色冲突与融合并存，是教会大学发展的重要特色，也是华人校长在那样的特定历史条件下发挥主体作用，积极影响近代中国高等教育走向的重要贡献。华人校长角色冲突背后蕴藏着资源、权力和利益的争夺，他们身兼政府教育行政权力执行者、基督教组织代理人及理性教育家三重身份，在自我认知和社会认同过程中，存在着与教会董事会、政府、教会大学师生的冲突，在传统儒学与基督信仰之间，在中国人身份与教会人身份归属之间，在基督人格价值观与官方价值观之间，华人校长遭遇了激烈的价值观碰撞，双重办学主体下华人校长经济独立性的缺位，使他们无法挣脱对教会经费和政府补贴的依赖。

第一节 多重代理人身份的冲突性

代理人概念常见于英美法系中，是指存在于两者之间的一种信任关系，基于此信任关系，一方明确表示或者默认、同意另一方代表自己扮演某种角色，实施某种行为。教会大学华人校长代理人身份，核心是承认和认同。华人校长角色的诞生需要教会的认同，同时包含他们自身在信仰、理念方面对教会的认同。华人校长的多重代理人身份反映了政府委托的中国大学教育行政代理人与西方基督教差会委托的教会大学宗教性代理人身份存在冲突性的关系。这种代理人身份的冲突性具体表现在基督教义认同与官方主导政治、儒教理念与基督教理念的冲突，以及自我认同和社会期待的冲突。

一 基督教义认同与官方主导政治的冲突

马克思在《中国革命和欧洲革命》一文中说："英国的大炮破坏了中国皇帝的威权，迫使天朝帝国与地上的世界接触。"① 中国自古以来奉行中央集权，官府权力覆盖社会各个领域，知识分子作为推动社会进步的主流力量，通常需要通过官府赐予功名或者分封官职来"认证"身份。在近代大学兴起，科举制度没落的教育大背景下，中国的官学模式仍然是主流。1895 年，盛宣怀创办天津中西学堂，1898 年清政府开办京师大学堂，都是由官府主持的。华人校长所在的教会大学是私立属性的大学，由于西方列强和不平等条约的庇护，基本不受中国政府的节制，它们在建校之初是在欧美国家的教育主管机构注册立案的，实质上就是外国的大学，也不需要中国政府对这些大学的"认证"和"许可"。

进入到国民政府要求私立大学立案的特殊时期，中国近代官、私两套办学模式开启了正面的交锋。华人校长作为国民政府立案法令的核心要素，他们的角色被赋予了多重身份。他们常年在外国教会开办的学校读书、任教，教会的慈善形象自然对他们产生了文化上的吸引，他们洗礼的基督徒身份，使他们的教会代理人身份得以形成，他们的角色含有外国人的成分。他们的教育理念以基督教义为指导，与中国官方主导的政治文化

① 《马克思恩格斯选集》（第二卷），人民出版社 1972 年版，第 3 页。

有着根本的冲突。清末，中国社会战乱动荡，政府无暇也无财力应对，各种思潮得以传播、发展，国民政府定都南京后，统一教育、文化思想是政权稳定的必然要求。在国民政府颁布法令要求外国人办学在华立案之后，中国人得任教会大学的校长，从法规上赋予了华人校长政府主导下的教育机构行政代理人身份，华人校长在掌校过程中需要执行政府的教育方针和人才培养要求。在西方教会和中国政府之间，华人校长的身份模糊，摇摆徘徊，两种身份的冲突性，形成了华人校长角色冲突的生态关系。同时，作为理性的现代知识分子，他们在两种身份冲突中保留了个人的角色认知、社会认同与价值判断，也存在个人心理的冲突。

从张之洞“劝西学”到京师大学堂聘请美国传教士丁韪良为总教习，再到蔡元培引入西方大学的“教授治校”和“兼容并包”思想，都是中国政治层面和学术界主动学习西方先进理念的表现。教会大学是西方宗教团体向东方扩张的产物，他们在华活动的宗旨是劝导中国“异教徒”皈依他们的基督教。举办基督教教育事业一方面体现他们的“文明”，另一方面是“培养接班人”。哈佛大学华裔史学家费正清教授说：“教会学校和大学通过既扩展现代教育又传播基督教，最终在基督教的活动中占据了主导地位。”① 厄内斯特·法贝尔（Ernst Faber）② 在1875年发表了《教育的原理》（*Principles of Education*），一方面批评中国旧的教育制度，认为中国官办性质的学校不足以与现代谋合，需要彻底的变革；另一方面提出用先进的教育科学来教化中国人，认为基督教是科学之本，世界是基督教国家处于文明顶端就是最好的例证，中国人的教化应该以耶稣之道为本，只有基督教品格的培养才能产出可靠的官员和忠诚的市民。③ 1877年的在华新教传教士大会上，狄考文说：“教会的目的，不仅仅是要尽可能多的使个别信徒皈依，而且要征服整个国家，使其服从基督……教育中国

---

① J. K. Fairbank：Introduction：The many Faces of Protestant Missions in China and the United States. *The Missionary Enterprise in China and America*，1974：13.

② 厄内斯特·法贝尔，1839年4月25日出生于德国科堡，先后就读于巴塞尔大学、图宾根大学，神学博士，1865年作为传教士经香港来到中国，主要在广东地区从事讲道和教育，对中国历史文化颇有研究，著有 *Chronological handbook of the history of China*，*A Systematical Digest of Doctrines of Confucius* 等，1899年9月26日病逝于青岛。国内有学者使用译名“花之安”。

③ Kranz，P.，Pastor：*The works of Rev. Ernst Faber*，*Dr. Theol.* Shanghai：American Presbyterian Mission Press. Adam Matthew，Marlborough. China：Culture and Society，1904：54.

学生不但在精神上、道德上、宗教上的信从，而且要通过信从使他们变成在上帝手里为维护真理的有效代理人。"[①] 1890 年的传教士大会上，传教士更是信誓旦旦要在中华大地开创"伟大的传教事业"。关于 13 所教会大学的成就，大会指出：在 52000 名大学生中，有 9000 名是教会大学学生，并且教会大学的策略是要培养中国社会真正需要的具备基督教世界观的领袖人物，包括政府、教育、社会建设、医药、文化和宗教等各个领域。[②]

根据社会学家谢里夫的研究，当两个不同的组织设定了同一个目标，则必然要以牺牲其中一方为结果，而华人校长作为两个群组的交叉点，要面对两个目标的妥协，角色冲突早已注定。在 1909 年中国教育会第六次"三年会议"上，传教士们渐渐明白他们对中国教育改革的影响极其有限，而将关注的焦点转移到如何协调基督教教育与政府教育的关系上。[③] 中国政府的主导地位是无法逾越的，于是他们懂得必须取得政府的支持，逐渐培养中国代理人。如果说华人校长的诞生是外部力量的推动，那么同时也是教会事业内在机制运行的必然结果。华人校长是中西文化制度冲突的产物，从开始就在漩涡中存在，他们从教育理念到学校生存，承载了西方教会的基督教事业，同时，他们须直面中国高等教育的发展需求，履行时代赋予的角色使命。

二 西方代理人标签与民族角色期待的冲突

西方工业革命的成功和资本主义的兴起，不仅改变了世界的物质生产方式和交流方式，更从深层次激发了人类文化特有的现象。教会大学在华发展触发了中国传统儒家思想（Confucianism）与西方基督教思想（Christianity）的交锋。在儒家看来，"大学之道，在明明德，在亲民，在止于至善。古之欲明明德于天下者，先治其国；欲治其国者，先齐其家；欲齐其家者，先修其身；欲修其身者，先正其心；欲正其心者，先诚其意；欲

---

① ［美］狄考文：《教会与教育的关系》，见《在华新教传教士一八七七年大会记录》，上海美华印书局 1878 年版，第 173 页。

② P. T. O.：*The Thirteen Christian Universities of China*，上海图书馆资料。

③ 胡卫清：《近代来华传教士与中国教育改革》，《江苏社会科学》2000 年第 4 期。

诚其意者，先致其知；致知在格物”[①]。中华教育经典《大学》中关于“德”之“明明德”与基督教培养“仁爱与服务”理念都重视培养“道德至善”的人。

教会大学“立案”之后，政府加大了对这批私立大学的干预，教会大学的角色发生了变化，传教功能减弱，教育功能增强。在当时，教会大学的教育质量足以比肩国立大学，同时期的国立五校北京大学、东南大学、北洋大学、山西大学和上海商科大学的学生总数6280人，当年经费共1492223元。教会大学学生人数共2017人，经费1212000元，经济实力已和国家大学相差不远了。[②] 燕京大学的新闻学、社会学，东吴大学的比较法学，沪江大学的商科，金陵大学和岭南大学的农科等，在同时代的国内大学同行中，明显处于领先地位。另外，金陵女子大学和华南女子大学的女子高等教育，上海圣约翰大学的英文教育，是国立大学难以比肩的。但是，作为“舶来品”，外来基督教会的领导地位始终为中国政治体系所诟病。任利剑教授说：“中国社会不欢迎‘传教士’，但欢迎‘教育家’。”[③]这反映出中国主流社会对西方教育的渴望，和对西方信仰的排斥。国民政府、中国社会、教会大学的中国师生赋予华人校长角色更多的“民族”角色期待，在冲突的大背景下，华人校长被贴上“西方代理人”的标签。

就西方教会组织而言，他们循着一条从教育入口，开坛讲道，培养基督精神的“领袖”人才之路，以期这些“人才”未来逐步主导中国人的思想，影响中华民族的信仰，最终实现中华归主的目标。在他们眼里，华人校长是基督教组织在华事业的接班人，是西方势力在中国社会的联系人。但是，中国有两千年儒家思想和中央集权统治的历史，基督教在中国不具备西方国家的社会历史基础。作为中国第一代掌握现代知识的精英，华人校长较早地接受了西方文化，他们拥有硕士、博士学位，他们有改造社会的理想，教育救国的责任和新文化人的理性操守。基督化的问题，是

① 高占祥：《四书五经》第一卷《论语大学中庸孟子》，线装书局2006年版，第196—197页。

② 《对于教会大学之管见》，《中华教育界》第14卷8期，上海市档案馆档案，档案号：D2-0-1943-60.

③ 任利剑：《从“布道者”到“教育家”——教会大学的角色变化及意义》，见章开沅、林蔚《中西文化与教会大学》，湖北教育出版社1991年版，第34页。

当时西化趋势的问题，势必遭受国人的诘责，华人校长必须理性对待。侵略是强行劫掠，渗透则是传播的一个方式，不同时代不同民族之间都有文化传播与渗透的问题。当时，中国官方在民生方面投入短缺，社会下层连最初级的教育都难以获得，而教会组织却建起了规模宏大的数十所大学，欧美国家普通的基督徒慷慨认捐，希望传播他们的“善念”，并且把这个善念传递下去，本无可争议。几千年封建制度的压榨，早已令中国的底层民众不堪重负，西方教会的“慈善”和“平等”的思想给普通人带来了希望，中国社会对教会组织的所作所为从简单的同情到身份认同就不难理解了，面对传教士教育家在华的慷慨奉献行为，他们没有理由无动于衷。

“西用中体”的核心是为中国传统体制服务，而不是颠覆旧制。但是，在传教士眼里，教会大学的学生，皈依基督教的青年人，已经被转化为西式人物。华人校长并不是被动地信仰基督教，他们与西方教徒的差别在于他们更务实地推动教会信仰中国化，在他们从事的教育事业领域去实践他们的信仰。华人校长角色对于中国社会，是知识、素质人才的代表，肩负民族使命，要为中华崛起服务。双重身份的纠缠，伴随复杂的社会、宗教和个人情感等因素，华人校长履行角色行为难免会陷入矛盾。

国家图书馆文献缩微中心收藏了一组关于齐鲁大学校长朱经农的电报，包括“关于朱校长赴湘常务校董会临时会议记录（1932 年 8 月 19 日）”①。1931 年，朱经农任职齐鲁大学校长时，国民政府要调用朱经农担任湖南省教育厅厅长，主管湖南教育事务。朱经农基于教会大学的利益考虑，屡次提出不赴任，但迫于政府压力和民族情感，终究不得已而同意协商。政府方面也提出暂借用一年。根据齐鲁大学董事会和朱经农的协议，朱氏属于临时借调，同时兼任齐鲁大学校长，一年之后需要回归齐鲁大学。朱经农与国民政府官员、湖南省地方官员以及齐鲁大学董事会之间的来往函件内容真实地反映了朱经农的身份意识。1932 年 8 月 19 日齐鲁大学董事会会议记载：“湖南省政府屡次托人前来征求经农同意，出长湘省教育，均经一再辞谢……朱君复云，当湖南代表接洽之时，曾声明万不

① 齐鲁大学：《关于朱校长离校赴湘之函电一束》，全国图书馆文献缩微中心，编号：2010-2004806887。

得已则请经农向学校请假一年或六个月赴湘整理教育，假满之后，仍可回校。”[①] 8 月 24 日，朱经农校长致齐鲁大学董事会函这样写道：“湖南省政府希望经农请假赴湘整理该省教育，屡次托人征求同意，均经设法婉辞，奈中央政府，亦欲经农赴湘担任教育厅长职务，虽经经农陈明必须先征校董会同意，而中央命令，业已正式发表。……经农初无离校之心，但湖南方面，再三相约，情辞恳切，实有不便完全置之不理者。经农此时虽去，而对于校务之进行，实时时在念。敝眷亦决计暂不离校。此后身在潇湘，心系齐鲁，苟有机缘，可以摆脱湖南职务，即当早谋返校。至迟明年八月底，可回鲁销假。”[②] 信中，朱经农表示自己“无离校之心”，只是对于国民政府请他扶助湖南教育的要求“不便完全置之不理”。在校常务董事会准许他暂时请假赴湘时，他决定不带家人眷属，因为他“身在潇湘，心系齐鲁，苟有机缘，可以摆脱湖南职务，即当早谋返校”。1933 年 7 月 15 日，在湖南省承诺的任期一年到期时，朱经农迫切希望早日归鲁，因此写信给当时的国民党大员，兼任齐鲁大学名誉董事长的孔祥熙，关于此次入湘任职而不得已临时脱离齐鲁大学校长职位的函件，“弟个人实愿服务大学，才力有限宜于此种工作也”。当时湖南省主席何健恳请朱校长留下视事湖南，又迫于时任北伐军总司令的蒋介石之态度，朱经农向孔祥熙明确表示，“个人实愿服务大学”。7 月 23 日，朱经农又与齐鲁大学董事会的外籍主管德位思沟通，表露自己献身齐鲁大学教育事业之志，“弟必履行去岁之约定，其志未移。如可能，当不待命而离长沙也”。他只等“履行约定”回归齐鲁大学，在迫于压力留湘时，甚至想到过“不辞而别”。表面看，这些电文是围绕朱经农个人与国民政府、与齐鲁大学的约定问题，实质上是身份认知的问题。朱经农与其他华人校长都具备一个特征，就是职位在政府行政序列，但文化归属在教会大学，不是仅仅挂名担任校长。为了朱经农的事情，蒋介石也于 8 月 22 日亲自养电[③]，“济南齐鲁大学五号住宅朱经农先生四日惠函敬悉盼即来赣面叙”。在当时最高政治首脑的极力慰留下，朱经农别无选择，不得不辞去齐鲁大学校长职位。齐鲁大学

---

① 齐鲁大学：《关于朱校长离校赴湘之函电一束》，全国图书馆文献缩微中心，编号：2010-2004806887。

② 齐鲁大学：《关于朱校长离校赴湘之函电一束》，全国图书馆文献缩微中心，编号：2010-2004806887。

③ 养电和前面提到的灰电、巧电等概念，为旧时电报专用术语，对应代替每月的某一日期。

在之前经历了李天禄被逐风波，再有朱经农事件，学校的运行受到很大影响。之后频频陷入校长更迭，在当时的13所教会大学中地位骤降。最后，朱校长在1933年8月26日致校董会函，“处此局面之下，僕万不得已，只得向学校辞职，然深感不安也”。

查尔斯·泰勒关于社会认同理论著作《自我的根源》中指出，社会身份认同是一个比较自我的领域。华人校长的身份建构，是历史制度的结果，更是自我价值的形成。与传统做官理念相反，朱经农选择从事教育为民族奔走，对做官并不热衷。早期的马礼逊教育会举行1845年第七次年会时所选择学生佳作中，有一篇《中国政府的不公平》的作文写道：

> ……与英、美或任何其他基督教国家相差很远。中国当权者有成千上万，据说从最高层到最底层，只有极少数人在履行官职诚实忠心，想到人民的利益，并公正的对待百姓。……公认的意见是：从最高级到最低级的官员，全都是敲诈者。对他们能抓到的每一个人，都进行勒索。如不给他们行贿，几乎无一人能挣脱他们的手指头而滑走。①

教会大学在华百年，带给中国社会的不仅仅是办教育和开坛授课，他们提倡家庭式的社会事业，组织社会赈灾事业，引发了中国人“西人凡事得力在一群字。我则家自为谋，人自为利，亿万人不啻亿万心也，安得不贫不弱”② 的感慨。可以说，教会大学在知识传授、人格培养和身份塑造方面，对中国新一代青年精英影响至深，教会大学华人校长作为这批学生中的杰出代表，他们虽然国籍是中国人，但在文化身份上刻上了基督教文化标签。他们特定时代的文化身份从深层次影响他们的思想意识和价值观，从而支配着他们个体行为。从某种意义上说，“传教士是一个酵母菌，传来了对于人权、对于裁判不公正的愤慨，以及对于帝国官吏腐败的憎恨等等思想。这种发酵思想，是使广大群众对于亚洲式的服从和盲目接

① 顾长声：《从马礼逊到司徒雷登》，上海书店出版社2005年版，第98—99页。

② 顾卫民：《基督教与近代中国社会》，上海人民出版社2010年版，第215—216页。

受威权的信念发生动摇的一种力量”[①]。

陆志韦、林景润、张凌高、陈裕光等教会大学华人校长因其特殊的角色身份而卷入中西文化和民族利益交锋之中，面对鲜明的角色冲突。

三　华人校长的宗教情感与民族意识的冲突

社会学家认为情感是一个社会现象。但是，情感的社会本质并非是随时显而易见的。与集体的和社会层面相比，个体的情感经历则更容易透露个体情感亲近的侧面。[②] 华人校长在个人成长阶段，与教会有深入的交流，饱受西方宗教思想和教育宗旨的熏陶，并形成了个人的思维模式、价值认识和文化形态。

社会学家赖特·米尔斯指出，人们只有将个人的生活与社会的历史这两者放在一起认识，才能真正地理解快速变迁、错综复杂的社会生活。[③] 要理解个人环境的变化，我们需要超越这些变化来看待它们。[④] 1877 年，在华新教传教士大会上，狄考文说：“教会的目的，不仅仅是要尽可能多的使个别信徒皈依，而且要征服整个国家，使其服从基督，摧毁异教的堡垒，破坏支持它的信仰，招收那些被解放了的信徒，屈从于我们救恩的元首，……”“我认为差会学校的目的，应该教育中国学生不但在精神上、道德上、宗教上的信从，而且要通过信从使他们变成为在上帝手里为维护真理的有效代理人。”在 1890 年在华新教传教士第二次大会上，狄考文说：“一个受高等教育的人是一支燃着的烛，别的人就要跟着他的光走。……如果我们要取儒学的地位而代之，我们就要准备好自己的人们，用基督教和科学来教育他们，使他们能胜过中国的士大夫……”[⑤] 大多数

① ［美］马士：《中华帝国对外关系史》（中译本）第 2 卷，上海书店出版社 2006 年版，第 243 页。

② J. M. Barbalet: *Emotion*, *Social Theory*, *and Social Structure*. Cambridge University Press, 2001: 8-9.

③ 杨习超、陈新忠：《独辟蹊径的社会学视角——心智的品质——〈社会学的想象力〉述评》，《辽宁行政学院学报》2006 年第 11 期。

④ ［美］C. 赖特·米尔斯：《社会学的想象力》，陈强等译，生活·读书·新知三联书店 2001 年版，第 379 页。

⑤ 朱有瓛、高时良：《中国近代学制史料》第四辑，华东师范大学出版社 1993 年版，第 473 页。

传教士同时是传道教育的热心者，他们的在华工作是传教和教育兼顾的。美国圣公会中国布道区第三任主教施约瑟认为，如果不通过教育的手段，在中国这样的民族中传播他们的基督教，一定是徒劳无功的。圣约翰大学校长卜舫济最初的办学信念是“宣教高于一切”，后来认为“教育不仅仅是实现目的之手段，其本身就是目的”[①]。美国人博尔敦在“中国基督教教育的宗旨”文中提到“基督教教育，如同其他基督教事业一样，其根本目的在表现基督精神，……若把这个基本目的应用于中国，则基督教教育便当以全力增进中国人民的幸福为宗旨”[②]。教育家陈鹤琴在回忆其圣约翰读书经历时写道：“卜校长不仅介绍西洋文化，而且特别注重人格教育，宣扬圣道。苦口婆心，劝人为善，仁爱牺牲，以身作则。”[③] 华人校长长期接受基督教化教育，对他们的“上帝”的旨意有强烈的情感归属，对教会组织也有客观的依附性。事实上，欧洲大学的神学传统历史久远，在牛津大学、剑桥大学和巴黎大学等世界一流大学，神学依然是主要学科。可以说，中国教会大学的华人校长是师出欧美教育体制，受欧美大学文化影响，传播基督教代表性的牺牲、服务理念。在这些校长中，华西协合大学校长张凌高博士、华中大学校长韦卓民博士，福建协和大学校长林景润博士等三人都曾发表过大量有关神学的著述。另外，金陵大学校长陈裕光博士和金陵女子文理学院校长吴贻芳博士，即便是常年身处国民政府首都南京，与官方的联系非常频繁，也在多种公共场合表达了他们对基督教信仰和基督教精神的赞赏态度。

英国教育家约翰·亨利·纽曼认为，“大学是传授普遍知识的地方”[④]。他在《大学的理想》中论述了“大学自治”“自由教育”等大学独立价值观、人格培养理念。文中有纽曼关于“大学与宗教的关系”论述：“宗教的介入非但不会改变大学的特征，反倒会使大学内在履行其智育职责的过程中表现得更稳健。……大学为实现其目的就应接受宗教的道

① 章开沅、[美] 林蔚：《中西文化与教会大学》，湖北教育出版社 1991 年版，第 112 页。

② 李楚材：《帝国主义侵华教育史资料——教会教育》，教育科学出版社 1987 年版，第 53 页。

③ 陈鹤琴：《我的半生》，上海世界书局 1941 年版，第 95 页。

④ [英] 约翰·亨利·纽曼：《大学的理想》，徐辉等译，浙江教育出版社 2001 年版，第 2 页。

德影响。”[①] 在纽曼看来，大学是理性教育的学园，宗教是道德的基地，宗教在人性、道德方面对大学教育而言是有力的补充。

1934 年，福建协和大学华人校长林景润撰文《今日中国的教育问题》，发表他对宗教与教育的关系问题（下文为节选）：

> 我国数千年来传下的科举功名的思想和习惯，而制造出今日许多自私自利的官吏、军阀、政客、土豪劣绅以及社会里一切向民众榨取者与寄生者。今日中国学校之当前的任务便是培养大公无私，肯牺牲，能合作，认识时代，能冒险创造，以谋民众的解放之人格。今日中国教育既须以人格教育为中心，而人格教育又以牺牲服务谋民众的解放为出发点。……各级学校并须真正的将教学生活化，使学校教育与社会民众的实际生活发生密切有机的关系。教育全部的精神更须充分地民族化和宗教化。
>
> 这种人格教育的精神，也就是教育宗教化的意义。宗教不是迷信，宗教是人生的宗教，人生的宗教必定会产生我们上面所说的那种人格。
>
> ……我们对于宗教应虚心研究，何者为迷信，何者为真理，何者为宗教的本色，何者为宗教的糟粕，何者为麻醉药而当拒绝，何者合于人类生存和进化原则，而应融合于我们的新教育中，作为人格教育的基础。宗教未尝没有迷信的成分，然而进步的宗教却有精神的理智基础，和丰富的信仰内容。它对于宇宙本体和人生究竟，都有合理的解答，对于人类的追求，社会的改进，也有实现的办法。宗教所负的使命既是人生的拯救，自不能不与教育发生密切的关系，因为教育也是以人生为对象的。[②]

华中大学校长韦卓民博士针对东西方哲学及宗教文化提出新文化建设的六原则，包括使人类团结而无分化作用、精神自由、超越现世、集人类各种文化的大成、注重集体的生活而不以个人为刍狗、不是徒然一种理想

---

① ［英］约翰·亨利·纽曼：《大学的理想》，徐辉等译，浙江教育出版社 2001 年版，第 5 页。

② 林景润：《今日中国的教育问题》，青年协会书局 1934 年 11 月版。

而是历史之客观事实。韦卓民认为："基督教的信仰是打破种种界限，使人们团结而不使人们分化的；基督教的信仰是物质与精神，身体与灵魂并重的；基督教的信仰是人世的而又超越现世界的；基督教的信仰是能在种种形式上表现其精神，而各种形式又因这信仰而表现其功用的；基督教的信仰是以个人的生命为至高无上的价值，却相信这价值要在集体中才能充分地表现；基督教的信仰不是一种空洞的理想，而是历史中客观存在的真实。"[①]"胡谁与易，大势所趋，新时代有新的需要，新的局面总应该产生新的文明。卷入了整个世界的洪流，还想保持着原来闭关自守的文明，是不可能的，亦是不应该的。"[②] 韦卓民十分赞赏西方传教士的努力和牺牲。

早在1928年教会大学立案之时，国民政府便有驱逐基督宗教出教会大学的意愿，规定不得以宗教科为必修课，不得要求学生参加宗教活动等，代之以"党义"规训，在七年之后，像陈裕光这样位列国民政府参政会议的教会大学校长，仍然在寻求宗教与中国社会的结合。1928年8月6日，南京国民政府公布了《各级学校增加党义课程暂行通则》13条，要求"使本党主义普及全国，并促进青年正确"[③]。华人校长在宗教问题上的演讲、信函和著作，从不同侧面说明了他们在宗教、教育救国方面，有自己独到的见解，没有屈从于国民政府。

对于教会大学这个新事物、舶来品，虽然区别于中国的传统教育，但是经过华人校长的改造，教育方针不再盲从于宗教形式，神学院学生人数也逐年下降。根据对全国各个基督教神学院的统计，1917年大学程度的神学学生为128人（毕来思报告）、1922年为96人（巴顿报告）、1935年为41人（韦格尔报告）；大学毕业程度的神学学生更少，1920年全国共26名，1945年27名，其中有7名为女生。[④] 在西方，一些知名的大学，如牛津、哈佛、索滂等原来都建立在为宗教目标服务的基础之上，但最后，他们组织结构的发展都远远超出了最初的目标。[⑤] 民国八年，罗马教宗派员来华，巡视各省公教状况，翌年美国公教司铎奥图尔博士，来华调查教育，审查中国社会之需要，与人民所缺乏，深感中国高等教育有振

① 韦卓民：《韦卓民学术论著选》，华中师范大学出版社1997年版，第363—364页。

② 韦卓民：《韦卓民学术论著选》，华中师范大学出版社1997年版，第362页。

③ 《大学院公报》第1年第9期。

④ 徐以骅：《教会大学与神学教育》，福建教育出版社1999年版，第180页。

⑤ 顾学稼等：《中国教会大学史论丛》，电子科技大学出版社1994年版，第3页。

兴创办之必要。[①] 1922 年《新教育》所载《基督教教育之宗旨与精神》一文指出："基督教教育对于中国教会全部事业上之特殊贡献为能应用教育方法，以实现传教之目的；……并以创造基督教的社会秩序……"[②]

胡适在为司徒雷登回忆录撰写的序言中对这批教育家传教士作出了极高的评价，称之为"给中国带来逐渐的觉醒"[③]。国立东南大学校长郭秉文曾写信给中华全国教育协进社，认为"从全国范围来评论，有些教会大学已处于中国最好与最有效率的大学之列。而且由于他们兴办得早，所以他们就有更大的影响与更多的优势"[④]。

吕达在《近代教会学校课程的特点及其评价》文中指出："教会毕竟不完全等同于该国政府，并不是所有传教士办教会学校在主观上都是为了侵略，他们中确有一些系具有真才实学又真心诚意到中国来帮助我们的教育工作者，只是在当时的历史条件下，不自觉地充当了帝国主义对华文化侵略的工具。"[⑤] 王立新也认为，在评价教会大学的历史地位时，有一点必须看到："像西方对中国发生影响的许多事例一样，教会大学的建立是出于西方人的需要，而不是中国人的需要。"无论传教士如何标榜基督教教育"以全力增进中国人民的幸福为宗旨"，潜藏的则是"以培植一个强健的基督教社会为具体目标"，即促使中国文明西方化。王立新在《美国教会在华高等教育事业的考察》文中指出，世界传教运动的目标从福音化转变为传播西方基督教文明后，教会学校的传教目标逐渐让位于教育准则，传播福音不再是学校的主要目的。耶稣布道会宣布："基督精神的表现应当通过服务而不是通过灌输教义。"[⑥] 上海大学陶飞亚教授和香港中文大学吴梓明教授合著的《基督教大学与国学研究》一书中考察了早期传教士、教会大学究竟是如何对待中国文化的，探讨了各教会大学在中华

---

① 图沫：《辅仁大学的过去现在与将来》，李楚材：《帝国主义侵华教育史资料——教会教育》，教育科学出版社 1987 年版，第 178 页。

② 《新教育》，第 5 卷，第 1.2 期合刊，1922 年 8 月。

③ ［美］约翰·司徒雷登：《在华五十年——司徒雷登回忆录》，北京出版社 1982 年版，序言 XII—XIII。

④ 章开沅：《文化传播与教会大学》，湖北教育出版社 1996 年版，第 25 页。

⑤ 吕达：《近代教会学校课程的特点及其评价》，《教育评论》1990 年第 3 期。

⑥ 王立新：《美国教会在华高等教育事业的考察》，《上海社会科学院学术季刊》1991 年第 3 期。

国学研究方面所开展的活动，讨论了教会大学适应中国社会的努力。提出“各个大学都把中国文化当作大学教育一个不可或缺的部分，在有条件的情况下，都开展研究。金陵、齐鲁、岭南、华西、福建协和、华中等在哈佛燕京社的支持下，改良师资、增购图书、编印刊物，为促进学术研究的持续发展奠定基础”①。

陶飞亚教授与美国学者包德威合作，对齐鲁大学医学院毕业生做了一定的计量分析和问卷调查后指出：“齐鲁医学院存在的几十年中，培养了近70名医科毕业生。这些人早年求学目的从个人来说是借以在社会上立足谋生，从社会角度来说也反映当时的青年人希望用科学来解救人民的疾苦，来促进国家的进步。他们受到教会学校的培养，但在求学动机中将振兴中华民族的希望放到重要的位置上，宗教因素反而很少被强调。”② 周洪宇在对陶行知与教会教育的关系作了具体分析之后，提出了“接纳与排拒”的命题，认为陶行知在他早年接受教会大学教育的过程中，从爱国救亡的基点出发，立足本位文化，放眼人类文明，既不固步自封、盲目排外，又不数典忘祖、醉心西化，比较妥善地解决了文化交流和传播中接纳与排拒的关系，为我们今天正确对待全人类精神财富之一的西方先进文化，树立了一个楷模。③

第二节　中西文化碰撞的必然选择

一　信仰问题：儒家文化与基督教的碰撞

泰斐尔提出，思想意识诞生的文化环境决定了不同人群的意识在内容上有所不同。④ 中国教会大学起初的办学目的是为培训传教人员，是为信徒装备圣经、神学知识，以便他们能协助传教士进行有关的宣教工作，培

---

① 陶飞亚、吴梓明：《基督教大学与国学研究》，福建教育出版社1998年版，第333页。

② 陶飞亚：《齐鲁大学医学院毕业生的历史分析》，见顾学稼《中国教会大学史论丛》，电子科技大学出版社1994年版，第250—267页。

③ 周洪宇：《近代知识分子与教会教育》，见章开沅、林蔚《中西文化与教会大学》，湖北教育出版社1991年版，第358—402页。

④ Tajfel，H. *Human Groups & Social Categories*：*Studies in Social Psychology*. London：Cambridge University Press，1981：140.

育信徒子女，提供所谓正确的宗教思想，以免信徒子女受“异教文化”的熏陶，使学生成为基督徒，成为西方传教士的助手和接班人，培养足以控制中国社会和前途的人。在面对中国社会抵触时，教会大学办学目的发生了细微变化，开始迎合中国社会对西方现代知识的要求，教会学校课程设置开始有所改变，在保留宗教课和各种宗教活动的同时，大部分学校增加了英文课和西学课程，包括数理化基础知识和一般科学常识。学校课程的变化迎合了不少官绅人士的口味，他们纷纷出重金送子弟入学，学生来源的扩大，进一步促进教会学校更新课程内容，提高教育水平，教会学校的层次和办学规格不断提高。美国北长老会传教士狄考文在 1890 年的大会上强调：“我们必须培养受过基督教和科学教育的人，使他们能够胜过中国的旧式士大夫。任何一个精通西方科学，同时又熟谙中国文化的人，在中国任何一个阶层都将成为有影响的人。”① 此后，教会学校的办学目标已不仅仅是单纯的传教，而是想通过较高层次的知识传授，造就较高层次人才。“真正的教会学校，其作用并不单在传教，使学生受洗入教。他们看得更远，他们要进而给入教的学生以智慧和道德的训练，使学生能成为社会上和教会里有势力的人物，成为一般人民的先生和领袖。”但是，有一些人却反对这项规定，认为它“不仅与教授自由和信仰自由的原则不合，且与基督教设学原旨冲突；而障碍他们贡献于中国教育上的特殊需要”②。虽然说“信仰自由”，但是在上海圣约翰大学校长卜舫济看来，如果学生不想信仰基督教，他们就没有必要进到这所教会学校读书。詹姆斯·艾迪生和赫瑞斯·格雷在 1910 年致卜舫济的信中指出：“当学校扩大时，它不可避免地走向世俗化，即失去它占中心地位而统辖一切的传教活动。学术的目标越广泛，系科的数目越多，教师越忙于应付日益增多的专业职责，保持积极的传教热情也就越困难。”③ 因而，基督教学校需要通过培养学生的基督化人格，而不是粗浅的宗教教义灌输来实现宗教教育的实际效果，也不是被动地执行宗教仪式，“稍变其希望各人做基督徒之宗旨，而为使人有于基督环境中，受教育之机会。………直将仪式上入教的

① ［美］狄考文：《如何使教育工作最有效地在中国推进基督教事业》，见陈学恂《中国近代教育史教学参考资料》下册，人民教育出版社 1987 年版，第 15 页。

② 《中华基督教教育界宣言》，《教育季刊》第 1 卷第 2 期，1925 年，第 6 页。

③ 何晓夏：《教会教育与中国教育近代化》，山东教育出版社 1996 年版，第 23 页。

条件撇开，而注重人格的养成，其宗旨更显纯正光大矣”[①]。新中国成立以后，吴贻芳在《金女大四十年》文中谈到金陵女子大学的办学宗旨，“她们第一次在中国办女子大学，竭力想把这个学校办得符合大学的要求和教会的宗旨。她们所能做的就是按照英美大学的标准办学……”[②]，言外之意，吴贻芳认同的是教会宗旨，但也希望教会大学不拘泥于传教，要充分效仿英美大学的标准，以培养出适应世界潮流的人才。

德国社会学家、哲学家乔治·齐美尔（George Simmel）认为，冲突是情感上觉醒的结果。华人校长个人著述以及他们在各个场合的演讲等，都可以清晰地看到华人校长十分看重他们的基督人格——爱、奉献、牺牲和服务精神。1943 年，吴贻芳在一次演讲中谈到自己信奉基督教的一个重要原因，就是“受基督徒的活动感动，看到基督徒自发地、有意识地把基督教训实践在生活里，相比之下，中国的儒家学说传遍中国，但人们没有把当中的理论付诸施行”[③]。黄洁珍说：“吴贻芳的关怀更是广阔，她所强调的办学目的并不是在宣教的作用，她在金女大推动的基督教教育较为着重爱国的层面，是基督教教育中国化，而不是中国基督化。”[④] 解放初期，与吴贻芳共过事的新闻界人士石西民曾问吴贻芳：“你为什么信仰宗教？你真的认为上帝存在？”吴贻芳回答说：“一到礼拜堂，参加一些活动，觉得感情有所寄托，道德精神也高尚起来，渐渐地也就成了习惯，这与迷信无关。”[⑤] 可见，吴贻芳的信仰基督，其实是信仰基督精神，未必是相信世间有上帝，是人类纯真而简单的精神寄托，这些感想来源于她在教会大学办学过程中实实在在地看到了她的基督徒伙伴在服务人类社会。

历史事实显示，基督教发源于耶路撒冷，跨越不同大陆，远渡重洋，在全球各地，在中国广泛开展教育、医疗和社会服务工作。当中国遭遇日本入侵的蹂躏时，无数个传教士以国际红十字会的名义，帮助贫民逃离战火，为他们医治伤痛，甚至一些宣教士甘愿冒着生命危险去保护不相识的

---

① 李天禄：《基督教教育之我见》，《教育季刊》1926 年第 2 卷第 3 期。

② 吴贻芳：《金女大四十年》，《吴贻芳纪念集》，江苏教育出版社 1987 年版，第 102 页。

③ Wu Yi-fang: *Archives of the United Board for Christian Higher Education in Asia*: *Record Group No.* 11. New Haven: Yale Divinity School Library, Box148Folder2923.

④ 黄洁珍：《从吴贻芳与金陵女子大学看基督教教育理念的实践》，哲学硕士学位论文，香港中文大学研究院，1996 年。

⑤ 金女大校友会：《吴贻芳纪念集》，江苏教育出版社 1987 年版，第 142 页。

人。说他们的仁爱之举是黑暗中散发的真光，实不为过。恰如林语堂先生所说，中国人信教是被基督教人格感化所致。[①] 相比教会大学创办的初衷是传教，教会大学实际的教育职能发挥着明显的作用。基督教在欧洲大陆的发展，形成了强大的宗教世界，也有了政府与宗教等非政府组织推动社会的两股力量。西方基督宗教通过数代传教士艰苦卓绝的努力建立起了被广泛认可的国际性网络，他们强调基层服务，去感化基层民众。早在明代，以利玛窦为代表的耶稣会士在华宣教，便引起中国官府和社会缙绅的疑忌，各地的反基督教风潮时有发生。利玛窦去世前，曾对守护其旁的修士们说："我给你们打开了一扇大门，从这扇门进去，可以建立许多大的功劳，当然你们要煞费苦心，也有许多的危险。"[②]

顾卫民教授指出，在所有攻讦基督教的立论中，以其教主张在上帝面前人人平等，普世为兄弟姊妹的教义而被贬斥为邪教者，最具有说服人心的力量。按照基督教崇拜唯一尊神的思想，君臣父子、兄弟姊妹，凡奉教者皆为上帝之赤子，无任何阶级、尊卑、性别和贵贱之分，与南宋以来理学崇尚的"纲常伦理"之说全然相背。[③] 天主教的宗教秩序打破了占中国社会主导地位的孔孟儒学到宋理学社会秩序，引起了统治阶层的警觉。顾卫民教授说："孔子是中国传统小农社会的精神象征，在两千多年的历史里，儒学与皇权结合而政治化，皇权因儒学结合而伦理化。在这个过程中，贬抑皇权者代有人出，正面非孔者绝少；皇权不断更迭，而孔子的权威从未动摇。他由诸子百家之一而定于一尊，又由一尊而被奉为大成至圣先师，其思想、言论和学说被奉为'万世之至论'。不仅支配着民族意识和社会行为，而且溶化浸淫到民众的价值信仰、感情态度和风俗习惯之中，与民间生活浑然一体，无所不在。"[④] 徐以骅教授也指出，传教士的活动，在讲求"夷夏之辩"的中国封建士大夫中受到的阻力，与日本中上阶层最初对基督教的热烈反应形成对照，"中国官府与绥绅等对于基督教最好而值得一提的态度，就是他们对基督教不持反对态度而已"[⑤]。

---

① 徐以骅：《教育与宗教：作为传教媒介的圣约翰大学》，珠海出版社 1999 年版，第 193 页。

② 云先、克鲁宁：《西泰子来华记》，香港公教真理会 1967 年版，第 241 页。

③ 顾卫民：《基督教与近代中国社会》，上海人民出版社 2010 年版，第 50 页。

④ 顾卫民：《基督教与近代中国社会》，上海人民出版社 2010 年版，第 56 页。

⑤ 徐以骅：《基督教在华高等教育初探》，《复旦学报》（社会科学版）1986 年第 5 期。

关于宗教与教育的关系，上海徐家汇天主堂司铎徐宗泽曾经撰文说："盖完备之教育，当德育智育体育三者兼全，宗教者，德育之根本也。"[①] 大学起源于西欧，其精神实质是秉承古希腊"知识即目的"的理性追求和中世纪的宗教信仰。教育家、宗教哲学家约翰·亨利·纽曼在《大学的理想》中提到"把理性交给教育""把道德交给宗教"。宗教固然有迷信的概念，但是教会大学在华百年，其宗教神秘色彩早已不在，基督精神的教育思想使得教会大学拥趸者众，也实实在在地为中国培养大批人才。约翰·布鲁贝克说："在政府和实业界的道德标准都降低到从未有过的水平的时候，大学必须发挥新领导的作用。"[②] 布鲁贝克作为教育哲学大师，对政府和实业届的道德标准颇有微词，认为教育需要高举道德的大旗，大学则被寄托了很高的道德期望。周洪宇谈到华中大学校长韦卓民教育思想时强调了大学教育的宗旨是训练新中国领导人才，大学教育应该致力于综合东西文化。[③] 从文化上改造社会是大学的重要使命。

二 立场问题：中国人归属与教会人归属的碰撞

根据社会认同理论，个体往往从社会类别和组群成员关系来定义自己的存在意义。反过来，社会分类被认为是分割、归类和定位社会环境秩序的认知工具。社会群体或类群和成员身份往往关联积极的或消极的价值含义。[④] 这批华人校长大多数是 19 世纪末出生的，1927 年南京国民政府要求教会大学立案时，他们基本在 30 岁左右，完成了大学、研究生学习，也基本形成了个人价值观体系。他们从本质上已经是教会的人，因为他们的教育经历和生活范围主要在教会活动区域进行。如果说到他们的中国归属，称他们为"爱国的基督徒教育家"会更合适。国民政府基于收回教育权、控制教会大学的目的赋予了他们教育行政领导角色，但是他们不同于其他国立大学校长，没有官衔，也不卷入政治纷争。程斯辉在给近代中

---

① 《圣教杂志》，1930 年第 19 卷。

② ［美］约翰·S. 布鲁贝克：《高等教育哲学》，郑继伟等选译，浙江教育出版社 1987 年版，第 134 页。

③ 周洪宇：《卓越的基督徒教育家——韦卓民教育思想初探》，《华中师范大学学报》1994 年第 6 期。

④ Tajfel, H. & Turner, J. C.: An Integrative Theory of Intergroup Conflict. In *The Social Psychology of Intergroup Relations*. W. G. Austin & S. Worchel, Monterrey, CA: Brooks/Cole. 1979: 40.

国大学校长分类时，其中一类是从文化背景和专业知识角度，分为“东方文化主导型”“西方文化主导型”和“中西文化兼容型”，提出“还有一部分大学校长的文化知识和学科专业背景属于西方文化主导型，他们早年即使在中国接受教育，也主要是在教会学习，而且以习英文和西方自然科技乃至宗教课程为主，及长他们留学欧美，经过西方世界较长时间的教育，获得学士学位，或者硕士、博士学位。这些属于西方文化主导型的校长以近代教会大学的校长为主”①。

19 世纪的中国是外来列强入侵（鸦片战争、甲午战争等）与内部暴力（太平天国运动和义和团运动等）交替发生的黑暗时代。到了 20 世纪初，各种思潮、理想、主义，给中国提供了多种选择，教会大学华人校长由于经历的特殊性，他们选择了基督教，但是他们没有放弃爱国，他们希望教育救国，与中国历朝历代的暴力推翻前朝，建立下一个专制制度的思想有所不同，他们的中国人归属是广义的民族情感归属，而不是世俗的官民依附关系归属；他们的教会人归属主要指他们的思想和文化认同，而不是狭隘的地域归属。根据马克思、恩格斯的世界历史理论，当历史发展到了世界历史的新阶段，地域性的个人就转变成了具有世界历史性的个人。地域性个人向世界历史性个人的发展，与历史向世界历史发展一样是一个必然的趋势。②

三　价值观问题：基督教人格与组织教化的碰撞

基督教传教士在中国兴办教育，是中西文化关系特别是中美文化关系研究中的一个十分重要的课题。美国传教士在华办学时间早、所办学校数量多、涵盖面广、社会影响大。并且这些学校所在地域的分布极其广泛，延伸到了除西藏等少数民族区域外的全国绝大多数省区，对旧中国的文化影响可见一斑。基督教传教士们在中国兴办现代教育，其出发点是为教会传教培养人才，以扩大基督教在中国社会的影响，并试图以基督精神改造中国，最终把中国转变成为一个信仰上帝的国家。这与基督宗教在其历史

---

① 程斯辉：《中国近代大学校长研究》，博士学位论文，华中师范大学，2007 年。

② 刘文明：《全球史理论与文明互动研究》，中国社会科学出版社 2015 年版，第 36 页。

发展中的上帝信念的“排他性”形式和内容息息相关。[①] 由于清政府和中国社会的抵制，传教士在最初的传教中，采取的是救助基层平民，开办乡村小学，免费赠送书籍等，但是他们深知中国是一个政府主导的国家，要达到中国的基督化，就要通过培养领袖人物，未来掌握国家主导权力。因此，到了20世纪初，传教士们开始把原有的学校逐步升格为高等院校，为争夺日后在华传教的有利地位奠定人才储备。一方面，13所教会大学在华分属不同的教派，新教团体与美国和英国方面的关系程度不同，也决定了他们的宗教色彩存在差异。如圣约翰大学隶属奉行主教制的圣公会，宗教纪律就比较严格，圣约翰校园的教育活动也十分注重学生教徒的个人品质修养，面对来自国民政府立案的政治压力，圣约翰大学所属的美国圣公会华东区主教的宗教权力和意见占据着主导地位，一度传出了郭裴蔚主教“宁可关校，也不妥协”的强硬声音。长老会则相对宽松，如广州的岭南大学和杭州的之江大学。另一方面，教会大学的首任传教士校长的影响力也决定了教会大学的特性和发展倾向。比如燕京大学的司徒雷登、金陵女子文理学院的德本康夫人等，他们的民生意识比较强，强调教会的服务意识，而不拘泥于宗教戒律。在立案之后，校园参与的宗教活动一直没有停止过，每年美国董事会方面都会就宗教活动预算。1940年10月29日，华中大学的韦卓民校长在写给葛思德的信中说：“我很高兴地获悉一位杰出的宗教领袖将在1941—1942学年到中国教会大学访问、演讲。……我无法推荐具体人选，但是像伦敦学院经济系的托尼（Tawny）教授和伦敦大学学院的约翰·麦克默瑞（John MacMurray）教授是最好的选择，但是这类人相当得少。如果能请到一位杰出的科学家，同时又是个热忱的基督徒，有足够多的基督教知识，应该会更加鼓舞人心。”[②] 1943年12月10日，纽约的中国基督教高等教育联合董事会给张凌高和罗伯逊的通报信函中对西迁成都的5所教会大学宗教活动如此评价：“董事会普遍认可，也非常感激有关宗教活动的精彩报告。同样，大家对所倡议的新

---

① ［英］约翰·亨利·纽曼：《大学的理想》，徐辉等译，浙江教育出版社2001年版，第14页。

② Presidents of Christian Colleges in China, Letters to: *Archives of the United Board for Christian Higher Education in Asia*: *Record Group No.* 11. New Haven: Yale Divinity School Library, Box20 Folder495.

社区教堂兴趣盎然。”①

在当时推翻清朝帝制，消灭封建王权，追求西式民主的社会大环境下，以政治权力来统治公民的信仰对于这些长期接受西方教育的华人校长而言是很难接受的。反过来，华人校长的有些行事风格与政府的期待也存在很大的差距。一方面，教会与他们这些“传人”或“代理人”有一定的默契度；另一方面，华人校长的“中国化”努力赢得本国政府的认可。根据组织社会学的新制度主义，“一个组织领域的出现和结构化是一系列组织活动的结果；而且，一旦一个领域稳定地建立了，这些组织就会趋于相似”②。华人校长角色的特殊性在于，他们大多数情况下是介于教会组织和国民政府组织之间，是前者的代理人，也履行后者赋予的教育行政角色，他们的心理受到宗教人格价值观和官方政治价值观的双重影响，不得不主动去适应这种组织制度环境，在保留个人价值观和意识认知的同时，也表现出与教会组织和官方组织的趋同性。对于新建立的国民政府和外来的基督教会而言，他们的相互关系既受到当时的中外国际冲突和组织团体的政治目的等外在因素影响，同时，也是由基督教“宗教性”和政府权力性的内在因素决定的。华人校长角色在教会、政府和自我等多方力量的博弈中，有组织的冲突，也有事业的合作；有信仰的坚持，也有制度的妥协。

《中华基督教会年鉴》记载：“各高等及大学校，当有学术湛深之教员，庶足养成高中学校之教习、且备教授专门学科之用。……应注重培植教员、使确有基督徒之人格、与各项领袖之才。庶令学生有所观感，籍知人生高尚之品诣，为人服役之要义。”③ 圣约翰大学校长涂羽卿在 1947 年 10 月 18 日世界女子大学会议上做了题为《世界基督教运动与政治社会的关系》的演讲，称“我等对于世界上错综复杂的问题，必须抱定不偏不倚之观点，来寻求解决，在目前的世界情势中，联合国急欲建立和平，削减武力，但我等仍希望与努力不为危险所包围，必须抱定基督的牺牲精神

---

① Dsang, Lincoln (Lin Gao): *Archives of the United Board for Christian Higher Education in Asia*: *Record Group No*. 11. Yale Divinity School Library, Box286 Folder4489.

② 李峰：《国际宗教非政府组织的组织结构及影响因素：新制度主义视角》，《甘肃社会科学》2010 年第 5 期。

③ 《中华基督教会年鉴》，商务印书馆 1914 年版，第 66—67 页。

与合作精神，和平精神，和平的目的才能达到”①。涂羽卿从全球人类和平角度呼吁大学要坚持基督教的爱与和平理念，并为之牺牲。从基督教义的字面理解，教会大学高等教育的一个重要核心是“人格”，这也是能够立足异国的法宝，吴贻芳、杨永清等校长都在自己的论著或者演讲中提到对基督人格的崇敬。因为大学以育人为第一目的，而人格则是人成长与发展的基本内容。北京大学钱理群教授曾尖锐地批评大学在培养“精致的利己主义者”，抨击大学只顾本身利益和功利，而道德品质教育滑坡。虽然华人校长身上存在旧时代文人的印记，对教会有很强的依赖性，但是他们依照自己的理性价值观和“人格”行事。

第三节　双重办学主体下华人校长经济独立性的缺位

立案之后，国民政府加强了对教会大学的管控。教会大学校长有了两个婆婆，一个是原创办教会的董事会，另一个是国民党中央政府。为了学校的发展，华人校长需要向教会方和政府方寻求经费支持，同时要考虑到对资助方负责。

一　华人校长对教会组织的财政依赖

教会大学作为特殊的私立大学来自欧美等西方国家，他们之所以能够在华独立运转，并发展壮大，经济原因是根本要素。各教会大学章程中对创立教会提出明确的筹款、人力资源的要求。如金陵大学章程的第二条关于教会差会的合作基础条款，明确提出了经济要求：“合作差会董事会应当履行以下条件：提供一万金为机构花费和设备费用；提供一名教员；每年拨款用于当前花费不少于六百金。”② 各外国教会差会一方面靠自身的地产租金等收入积累了大量资金，为本会的教育文化事业服务；另一方面主要依靠募捐的传统筹款方式资助教会大学的发展。燕京大学外籍校长司徒雷登凭借与美国赫尔基金会的良好关系为燕京大学和哈佛燕京学社的建设筹集了大笔资金。1928 年，赫尔基金会出资 1400 万美元作为美国国外教育

① 《正报》（杭州）1947 年 10 月 18 日。

② *Constitution of Ginling College*, *Nanking China*, 1915. 上海市档案馆资料，档案号：U124-0-19。

捐款。在中国的基督教大学得到捐款的有：燕京大学 100 万美元，岭南大学 70 万美元，金陵大学 30 万美元，华西协合大学 20 万美元，齐鲁大学 15 万美元及福建协和大学 5 万美元。[①] 1929 年 3 月 29 日，刘湛恩赴美向浸会信众当面陈述学校发展需要，5 月 30—31 日，沪江大学设立人会在弗吉尼亚州里士满开会决议，接受并建议两个出资差会总部，作为理想的大学师资份额，每个差会各派出 12 名传教士，并批准了沪江大学建筑方案，包括教师寓所 10 套，3 万元，教堂及大会堂 10 万元，男生宿舍 7 万元，男生食堂 2 万元，女生体操馆和食堂 3 万元等。[②]

缺乏财权，是华人校长角色行为中的软肋。西方教会组织是依靠教友捐款，惟传教为目的的活动方可以持续获得资金支持。1929 年燕京大学正式向中国政府教育部立案，吴雷川荣聘为第一任华人校长，但是他 1933 年即辞职。因为吴雷川急于要把燕大变为一个中国人的学校，但是，只要燕大必得向美国托事部伸手拿钱，此事就难办到。吴雷川了解到这一层，势必辞职。[③] 中国文化长期形成的政治极权特征，使华人校长这样的社会组织长官对政府和政治存在畏惧感，而教会大学最初也是对政府具有排斥倾向的，因此，西方基督教会为了保持大学的宗教传统，不轻易放权给华人校长。1927 年以后，国民政府调动有限的资源为战争服务，教会学校很难在华获得资助渠道。学校的收入除了一部分靠学生学费，很大程度要依赖美方教会的募集。如岭南大学设在中国广州，而董事会则在美国纽约，本校监督必须不时往返两地，以联络及解决许多重大难题。华南女子文理学院在立案之后，美以美布道会仍然将捐款直接寄给当时任学院庶务长的华惠德，因此，华南女子文理学院的经济命脉，依然相当依赖差会。即便是中国国内的募捐也离不开外籍干事的主导。《申报》1947 年 3 月 17 日主题报道："十三教会大学发动联合募款目标百亿下月开始。燕京、东吴、沪江、圣约翰、之江等十三教会大学，为响应美国援助，曾发动国内募款，筹措经费，业经成立中国基督教大学联合募捐运动委员会。目标为国内国币一百亿元，国外一千五百万美元。记者顷悉，教会大学总

① 燕大文史资料编委会：《燕大文史资料》，北京大学出版社 1990 年版，第 19 页。

② ［美］海波士：《沪江大学》，王立诚译，珠海出版社 2005 年版，第 105 页。

③ 燕京大学校友校史编写委员会：《燕京大学校长司徒雷登》，燕京大学校友会内部资料，2004 年版，第 29 页。

干事芳·卫礼（芳·威廉）在一二日内即可由美飞沪，芳氏抵沪后，并将举行全国基督教大学联合募捐委员会大会，同时产生募捐总干事。募捐事宜将于四月开始。同时，国民政府也积极参与了十三教会大学的经济支持。"《申报》1947 年 9 月 28 日报道："全国十三教会大学发动募捐一百五十亿，教部允补助六十亿。各教会大学校长发起之全国基督教十三大学联合募捐委员会，业已正式成立，现在开始发动募捐，目标定为国币一百五十亿元，教育部并允补助六十亿元，其他九十亿由各校分别成立劝募委员会，进行筹募事宜。款项另组保管委员会，齐后统筹分配。该联合募捐委员会主席为吴贻芳，副主席陆志韦，凌宪扬，执行干事涂羽卿、杨永清、李培恩，保管委员会为李培恩、涂羽卿等。按十三教会大学经费除原有各校基金外，并以募集捐款作为补助。此十三校之分布，为上海圣约翰大学，沪江大学，北平燕京大学，成都华西协合大学，南京金陵大学，及金陵女子文理学院，福建协和大学，广州岭南大学，济南齐鲁大学，苏州东吴大学，杭州之江文理学院，及福州之华南文理学院。"①

中国教会大学对西方传教士尤其美国董事会在经济上存在严重的依赖，教师工资、培训经费都要伸手去讨要。1933 年 1 月 16 日，张凌高在新泽西德鲁（Drew）大学学习期间（张凌高赴美学习期间，由方叔轩代理华西协合大学的校长，但是像财务经费这样重要的事务仍然由校长张凌高负责），要到纽约联合董事会行政秘书葛思德先生那里拿注册费用。信中这样说："明后两天，又到了下个学期的注册日期。请您在方便的时候，签一份 120 美元的支票为我支付注册费。非常感谢您为此付出的辛苦。"② 张凌高请葛思德博士为他开具下个学期的 120 美元注册费用，张凌高于 1 月 20 号收到纽约寄来的支票。接下来的 3 月 13 日，张凌高又写信给葛思德："毕业论文需要在 4 月中旬交稿，因为担心届时不能做好，我的首席教授建议我雇佣一个同班同学为我的论文英文纠正并整理论文格式以达到要求。那意味着要额外花费大约 30 美元。由于银行关门的缘故，我不知道你怎样可以给我支票？如果需要，我可以周末到纽约来拿。还有，银行结算系统问题影响到你办公室工作吗？如何转账给华西协合大

---

① 苏州大学图书馆《申报》数据库。

② Dsang, Lincoln (Lin Gao): *Archives of the United Board for Christian Higher Education in Asia*: *Record Group No.* 11. New Haven: Yale Divinity School Library, Box286 Folder4485.

学?”3月16日，葛思德先生回信邮寄30美元支票，并告知张凌高，麦德逊街区的银行已经重新开门营业，他可以兑付现金。3月20日，张凌高在收到用于支付毕业论文语言校对的30美元后又写信说：“我上周六刚得到通知，我需要毕业登记并在4月1日之前付25美元的毕业证书费用……”3月26日，张凌高写信提到他的论文打印装订大约30—35美元，租用博士袍、帽子等15美元。[①]

二战时期，美国经济大萧条，市场凋敝，人心惶惶，远在美洲大陆的教会组织亦是自顾不暇。而中国教会大学华人校长每一笔开支几乎都要从教会纽约总部获取，他们在经济上对教会的依赖程度是何等严重。1943年3月23日，张凌高向纽约汇报成都联合办学成效，提及财务方面的内容，“我们非常感谢联董，正是他们在这么糟糕的时局下，成功筹措到继续开展大学事业的资金”。12月10日，纽约联合董事会给张凌高和罗伯逊的信中就财务困境作了通报：“要特别注意1943—1944学年中国教会大学过高的预算数字。我们清楚地认识到，如果中国的条件继续保持当前的状态，则必须在这些大学内部作出调整。显然，我们很难在这样的条件下从美国筹措到任何资金去满足中国的形势。”1944年3月2日，联合董事会的财务部副主任埃文斯（C. A. Evans）先生发函给张凌高，再次挑明了财务困境：“我们在美国这里面临更大的筹款问题以应对中国的通货膨胀。就目前看，几乎是一个没有希望的任务。我们参与会议、写信，花费大量的时间打电话，所有的目的是获取额外的资金以满足当前的需求。……我们不妨坦率地接受，之前做的1944—45预算无法完成。”[②]1945年3月30日，华西协合大学五校联合派梅博士（Dr. Mei）到美国纽约参加中国教会大学联合董事会年会，并带去1945—1946年的预算计划，“我们正在作出努力来维持目前的工作。这段时期经济极其困难，对我们的院校和教员个人都很难捱，唯一公平公正的方法是把所有的院校置于同一基础上，按比例均分中华联合救援物资或者英国援华基金，以满足每个院校的需要”。在预算资金吃紧的情况下，因战争迁徙到华西的五家教会

① Dsang, Lincoln (Lin Gao): *Archives of the United Board for Christian Higher Education in Asia*: *Record Group No.* 11. New Haven: Yale Divinity School Library, Box286 Folder4485.

② Dsang, Lincoln (Lin Gao): *Archives of the United Board for Christian Higher Education in Asia*: *Record Group No.* 11. New Haven: Yale Divinity School Library, Box286 Folder4489.

大学燕京大学、齐鲁大学、金陵大学、金陵女子文理学院加上原有的华西协合大学，从教学运行到教职员工个人都陷入经济困境。

战争结束，教会大学百废待兴，甚至很多建造校舍的物资也由美国教众捐赠，然后远渡太平洋运送到中国。1946 年抗日战争胜利后，美国差会写给齐鲁大学校长吴克明的信中提到，日军投降后，斯特拉瑟斯博士（Struthers）到齐鲁大学接管校产，并向美国董事会要求援助："他提出需要 400 张床、床垫和 30 万英尺的木料，以满足学校复校，但是购买进度不是很顺利。我们正在讨论太平洋海岸的提议，那样或许能让所有大学获得木材条件更便利…… 跨太平洋的海运设施匮乏，中国对于运输的破坏等都是我们忧虑的原因。我们一直希望条件能有所改善，但是没有任何迹象显示，近期有我们希望的进步。"① 信里明确提出了需要 400 张床、床垫和 30 万英尺木料以应对教会大学的需求。在太平洋彼岸，教会在想办法筹划木材购买，但是，中国的交通运输设施的破坏使他们一筹莫展。

在抗日战争结束后，各大学复校对财力需求巨大，教会大学联合董事会在美奔走募捐，筹措资金，全力支持教会大学，解决华人校长的困境。1947 年 2 月 13 日，美国信息服务处执行主任约翰・卡尔德维尔（John C. Caldwell）给圣约翰大学校长涂羽卿博士的信中提到："美国信息服务处得到国务院通知，批准 4000 美元的帮助款，支持贵校的修复工作。你们学校要求的一个供给设备、材料清单将通过中国教会大学纽约联合会董事会提交。"②

除了校园校舍建设、聘用教师薪水等基础投资，美国教会方面还花费巨大精力去筹措资金，为中国教会大学师资培训、进修提供帮助。抗战结束，教会大学纷纷向美国的校董联合会（Associated Boards for Christian Colleges in China）报告学校重建事宜。

1946 年 8 月 6 日，杨永清校长在位于纽约市洛克菲勒广场 30 号的中华新闻社写信给美国的校董联合会财务副部长埃文斯先生，请求获得东吴大学战后重建的资金支持，特别提出了物理系建设的设备之需。"我们已

① Wu，Ke-ming：*Archives of the United Board for Christian Higher Education in Asia*：*Record Group No*. 11. New Haven：Yale Divinity School Library，Box76 Folder2053.

② Tu，Y. C.：*Archives of the United Board for Christian Higher Education in Asia*：*Record Group No*. 11. New Haven：Yale Divinity School Library，Box71 Folder1913.

经发送一份请求，希望校董联合会为苏州东吴大学的复建提供帮助，筹集设备等费用”[①]。8 月 9 日，董事会秘书查尔斯·戈贝特（Charles H. Gorbett）代表财务部埃文斯先生回信给杨永清，解释了之前在 5 月 27 日，美联的财务委员会拨付过 1 万美元用于苏州东吴大学的物理设备费用，这笔经费没有算在之前的 2.8 万美元拨款内。1947 年 1 月 3 日，杨永清又写信给埃文斯先生：“随信附上我刚收到的苏州东吴大学所需财务清单。我相信您会仔细阅读，并请求您特别注意一下第 3 页码标记部分，我们红色标注的账户需求是中国币 1 亿元，美元 45541.24。请允许我代表苏州东吴大学请求校董联合会解决这一财务赤字。”[②]

像杨永清这样的教会大学华人校长难免会对教会组织筹资办教育的善行产生崇敬之情，说他们是为了传教目的，或许有些狭隘，至少华人校长与教会组织的信件中反映出他们献身教育的宗教服务功能。他们的初衷是传教，但是他们用教育事业诠释了他们的教义。杨永清博士在《中国文化之宗教遗产》中，表达了他对宗教的倾慕和忠诚。尽管杨永清曾经就职于外交部法制司，他对官场之民主缺失深恶痛绝，而教会大学成就了他教育救国的理想。

杨永清在 1947 年 2 月 11 日写信给美联董事会执行秘书长罗伯特·麦克姆伦博士，希望为其子杨仪昌（Yang Yih-chang）完成应用机械博士学习寻求学费支持，杨永清说：“尽管他还没有服务过任何一所中国教会大学，但是我相信他学成回国后将成为基督教高等教育的重要财富。”[③] 1947 年 2 月 14 日，麦克姆伦博士回复了杨永清的请求并提出合理的帮助建议：“联合董事会的学术奖学金是为那些在我们的中国大学中服务的团队成员设立的，不适用于我们的毕业生以及那些将在中国从事其他行业工作的人。我们希望通过仔细地选择那些我们寄托很大希望的人，给他们提供到美国或者英国深造的机会，培养他们成为我们大学的最好师资力量。您的儿子非常适合到我们在上海的联合大学担任工程系教授职位。第一个

① Yang, Y. C.: *Archives of the United Board for Christian Higher Education in Asia*: *Record Group No*. 11. New Haven: Yale Divinity School Library, Box77 Folder2100.

② Yang, Y. C.: *Archives of the United Board for Christian Higher Education in Asia*: *Record Group No*. 11. New Haven: Yale Divinity School Library, Box77 Folder2100.

③ Yang, Y. C.: *Archives of the United Board for Christian Higher Education in Asia*: *Record Group No*. 11. New Haven: Yale Divinity School Library, Box77 Folder2100.

步骤是，他要作出决定愿意成为我们工程系的一员，致力于在基督教大学从教；第二个步骤是，他与联合大学负责的部门取得联系，将他纳入未来的教授名单；第三步骤是，上海学校方面推荐他在这个国家深造。”杨永清的儿子在弗吉尼亚理工学院和麻省理工学院完成本科和硕士学习，获得航空学学士和硕士学位。罗伯特·麦克姆伦博士建议他可以让儿子进入上海的教会联合大学（由于抗日战争时期，时局艰难，杭州的之江大学、苏州的东吴大学和上海的圣约翰大学等三校暂时联合办学，共享校园设施、师资和部分课程资源）。1947 年 2 月 25 日，财务部副主任埃文斯先生回信给杨永清，“根据东吴大学提交的要求，一笔 $ 11676. 64 的拨款已经批准。另外有 $ 25000 额外的款项用于学校的修葺，还有 $ 20000 储备用于充实设备和未来发展之需”。埃文斯先生告诉杨永清校长贝尔·芳博士近期会回到上海着手此事。

在之江大学校长李培恩与中国教会大学联合董事会执行秘书罗伯特·麦克姆伦的通信中也常常提及学校资金、教员薪金等财务问题。1946 年 12 月 27 日，罗伯特·麦克姆伦致函李培恩，提到富尔顿博士（Dr. Fulton）和埃利奥特博士（Dr. Elliot）对之江大学和上海圣约翰大学的联合办学等考察事宜，指出他二人的意见对长老会董事会（之江大学宗教归属主要是基督教南长老会，the Southern Presbyterian Mission）的决策很有分量，尤其埃利奥特博士的身份是他们教区最富有的教堂牧师，具有很强的筹款能力。并且，两位博士都十分重视教会大学教育问题，在他们看来，推进基督教品质教育是至关重要的。务必清醒地面对这个问题，并且坦诚地与他们交代清楚。之后，李培恩于 1947 年 2 月 5 日回信，对罗伯特·麦克姆伦 12 月 7 日发给他的那封长信表达了感谢，并且告诉对方自己满怀兴趣地读了好几遍。富尔顿和埃利奥特两位博士的意见是，南长老会提供资金修缮杭州之江大学校园损毁的教学楼和宿舍楼，这样，原来支持杭州基督教大学的教徒们不至于会放弃支持。[①] 1949 年 6 月 1 日，罗伯特·麦克姆伦给李培恩的信中再次强调了纽约联合董事会给予之江大学支持的前提是“教会大学要保持充分的宗教和学术自由，履行好基督教大

① Baen E. Lee. *Archives of the United Board for Christian Higher Education in Asia*: *Record Group No*. 11. New Haven: Yale Divinity School Library, Box51 Folder1327.

学的功能，在教员和学生中延续基督教精神”①。

在教会大学华人校长与美国纽约基督教亚洲联合董事会的来往通信中，财务问题是这些华人校长与美国教会的主要业务内容。一方面，当时中国深陷外来侵略、内部混战和政府腐败，基本民生都难以维系，对高等教育的支持杯水车薪，即便是国立中央大学、北平大学等这样的直属高校，也曾多次面临校长无力获得办学资金而被迫辞职或拒绝就职的危机；另一方面，教会方面普遍反对教会大学接受政府资助，以保持教会大学的独立性，教会大学的运行基本处于教会的财务控制以内。

二　华人校长对政府机构的补贴依赖

西方教会为了保持本组织的独立性和纯洁性，一开始都不希望华人校长从中国政府那里获得资金，以免教会大学过多遭受非基督教元素的影响。建校初期，清政府对教会大学采取的是不立案也不补贴的做法，反倒是给了教会大学独立运营的空间。

教会大学立案前后，经济危机下的美国社会大萧条已然显现，单独依赖教会的资金很难满足教会大学发展的需要，政府在立案过程中对教会大学伸手扶持在所难免。华人校长是虔诚的基督徒，但是又是爱国教育家，他们作为校长，考虑的是社会对教会大学的实际需求，在“私立大学”遭遇“公众需求”的时候，华人校长不再刻板地去保持“私”的地位。同时代其他类型的私立大学也面临同样的问题，如私立大夏大学校长王伯群、南开大学校长张伯苓、复旦大学代理校长吴南轩等迫于校财政困难万状，请求国民政府教育部扶持资助，被以“商改国立”，可见政府试图通过经费拨付实现对大学控制的意图。② 抗战开始，西方传教士迫于形势陆续回国，美国教徒的募捐已经很困难，导致原本依靠的外来财务资金远远供给不足，教会大学校长不得不求助于国民政府，但是，国民党政府惨淡的财政收入连军费都捉襟见肘，很难满足教会大学的要求。陈裕光多次给财政部、教育部等部门去函求助。1934 年 5 月 23 日，陈写信给国民政府教育部表示，“北平燕大、广东岭南等教会私立大学被迫解散，同人闻之

① Baen E. Lee. *Archives of the United Board for Christian Higher Education in Asia*: *Record Group No.* 11. New Haven: Yale Divinity School Library, Box51 Folder1328.

② 肖卫兵:《中国近代国立大学校长角色分析》，福建教育出版社 2013 年版，第 215 页。

不胜愤慨。昨有中华全国基督教高等教育总干事，美籍克莱希君面称燕京、岭南两校员生均有西奔流难在道者，请职校等设法救济”[①]。1938 年 5 月 14 日，陈裕光写信给教育部次长顾毓秀表示，“自迁蓉后，幸赖公私团体之协助，除一部分校舍系向华西大学借用外，另建教室及宿舍各一所，暂时供给员生作息；目前最感棘手者，即为自战区返校之学生约七十余人，经济来源断绝，生活无法维持。该生等近有因营养不足，而致疾病等。前曾代该生等向大部申请贷金，以资救济，但久未奉覆，至为焦灼。……倘能提前将敝校战区学生所请之贷金，全数汇下，则感激之处，不僅一人已也”[②]。1940 年 12 月 18 日，他又与高秉坊（时任财政部司长）通信求助，“春如（高秉坊的字）司长学兄勋鉴，行政院四九四次会议，内有救济私立大中学校一案，提一百万元交由教育部会同大部妥拟分配。……惟校中经济拮据，本年尤甚，……企分配时，鼎力一谋”[③]。

1947 年 6 月 25 日，福建协和大学文学院院长檀仁梅教授写信给吴贻芳校长表示，“接华西协合大学方叔轩校长来函略称，‘本日与张前院长岳军晤谈得悉新阁成立后首先必办者即为下年度之国家预算。依照宪章，此项预算案内教育经费必须占百分之十五，现既新立预算在即，我等私立大学似应趁此请求（一）增加补助费（二）提高教职员底薪（三）国立大学公费特多应请对私立大学增设奖学金俾能救济清寒学子。以上各点尚望商请基督教高等教育会议常委会向教育部及行政院呈请于新预算中分别列入以维将来’云云窃念”[④]。

三 华人校长对社会个人的捐赠依赖

与国立大学、省立大学不同，教会大学作为特殊的私立大学，对社会捐赠的需求大，这也决定了服务为民是教会大学的生存基础。《第一次中国教育年鉴》记载了民国二十年（1931 年已经是华人校长执掌教会大学）各教会大学收到的捐赠款及在总收入款的占比，平均高达 66.30%。

---

① 中国第二历史档案馆：《金陵大学与教育部往来函件》，全宗号：六四九，案卷号：365。

② 中国第二历史档案馆：《金陵大学与教育部往来函件》，全宗号：六四九，案卷号：365。

③ 中国第二历史档案馆：《金陵大学与教育部往来函件》，全宗号：六四九，案卷号：365。

④ 中国第二历史档案馆：《华东基督教教育协会给金陵女子文理学院的函件》，全宗号：六六八，案卷号：7。

表 5-1　　1931 年中国教会大学收入与捐赠一览

教会大学	时任校长	捐赠	收入总款额	占比
东吴大学	杨永清	36.816	208.734	17.63%
华中大学	韦卓民	179.085	201.403	88.91%
金陵大学	陈裕光	111.894	689.254	16.23%
辅仁大学	陈垣	300.648	495.823	60.63%
沪江大学	刘湛恩	112.977	318.064	35.52%
震旦大学	胡文耀	363.810	393.810	92.38%
岭南大学	钟荣光	564.942	872.940	64.71%
齐鲁大学	林济青（代）	310.250	401.511	77.27%
燕京大学	吴雷川	553.091	1025.660	53.92%
之江文理学院	李培恩	179.372	270.947	66.20%
金陵女子文理学院	吴贻芳	55.715	128.553	43.34%
合计（平均）		2768.6	5006.699	55.30%

资料来源：民国教育部：《第一次中国教育年鉴 丙编》，上海开明书店 1934 年版，第 96—139 页。

华人校长掌校时期，适逢国内战争不断，国民政府的财政多用于战争开支，加上官僚腐败、贪污盛行，对教会大学的补助金也多停留在国民参政会的预算上，多难以兑现。金陵大学和金陵女子文理学院地处国民政府首都南京，之后搬迁到四川成都与华西协合联合办学，利用与政府距离较近的优势，常常可以讨要到补助金，大多数学校捉襟见肘，难以为继。二战导致国际经济萧条，美国教会自身筹集资金都很难，加上 40 年代后太平洋战争封锁了运输通道，纽约联合董事会对中国教会大学的资助很难到达。面对经济的致命缺陷，华人校长为了维系教会大学的生存，不得不广撒网，多筹粮，向全社会募捐。他们联合媒体、社会团体，组织大规模的募捐活动，联络培养校友感情，希望学校校友们能形成支持母校的优良传统。一方面，华人校长利用教会大学几代人积累的校友人脉和教徒团体资源，成立校友会、同学会和教友会等组织，常年向他们募集办学经费，寻求社会支持；另一方面，华人校长出面聘请企业家、商人和官僚世家等社会名流加入校董会，以期带来资金援助。齐鲁大学曾两次邀请孔祥熙为齐鲁大学校董事会会长和校长，获得时任国民政府财政部长的大力支持。钟荣光在岭南大学任校长，大部分时间都在南北美洲游说海外华侨和岭南大学校友，为岭南带来了丰厚的资助。刘湛恩在就任沪江大学校长之后，便积极开展国内募捐，为沪江的发展筹措资金。1928年，沪江大学图书馆的建造经费4万元中有一半是由沪江自行募集的，学校董事会、各地的同学会和教职员工，以及沪江大学的学生们热情参与，为图书馆购买了大批图书资料。之后，刘湛恩校长又通过当地的募款扩建了沪东公社，并依靠上海工商界的捐助开办了城中区商学院，还通过募捐建立了清寒学生助学基金。到1933年时，刘湛恩在国内的募款数已超过10万元，使得沪江非但没有因美国方面的经费减少而破产，反而各项事业都取得较大的发展。[①] 为支持更多学生完成学业，天津工商大学于1935年3月1日成立校友会，发起校友募捐；聘请社会名流加入校董事会，如开滦煤矿总经理孙多钰等为学校带来大笔捐资。[②]

教会大学华人校长在掌校过程中，由于办学资金的缺乏，对外部财源的严重依赖，使华人校长在制定学校规划和实施教育行为时不可避免地受到来自各方的影响、干扰和施压。

本章小结

本章从社会制度变迁原因、组织文化原因、经济制约原因和个体心理认知原因等方面分析了华人校长角色冲突的根源。本研究对大量的教会大学史料进行分析之后，发现民国时期教会大学华人校长角色呈现出冲突现象是由多层原因导致的。

首先，华人校长角色的形成存在理性教育家身份与多重代理人身份的冲突性，他们在执掌校务时，对待教会办学理念和国民政府教育宗旨都有坚持，也有妥协，但是，这不足以彻底改变他们的代理人身份，他们在不同场合，对待不同问题，表现出差异化态度和立场。19世纪以来中国社会在西学东渐和向西方开放过程中遭遇到中西社会制度和文化冲突，清末“中学为体、西学为用”和国民政府“以党治国”的社会制度设计者和主导者对西方基督教所带来的多元化思想和大学制度持抵制和排斥态度，国民政府凭借政治强权对教会大学施加控制，与西方文化宽容对待大学自

① 吴梓明：《基督教大学华人校长研究》，福建教育出版社2001年版，第28页。

② 阎玉田：《踞桥津之阳——天津工商大学》，人民出版社2010年版，第11页。

治、民主管理和学术自由等多元化规则存在鲜明的冲突。华人校长在执掌教会大学之后，一方面延续教会的文化风格和教育理念，另一方面不得不遵照政府教育法规推进教会大学的中国化。但是，华人校长对西方教育制度的自我理性认知与社会认同，导致他们对基督教教会团体的组织、情感归属，同时，作为知识精英对社会责任的特殊认识，使他们在追求理性办教育、多元文化构建和人性自由归属等方面存在着心理和情感的冲突。

其次，华人校长角色冲突源于中西方文化冲突与价值观碰撞的选择。华人校长的早年学业与基督教渊源颇深，也因此养成了基督人格和宗教价值观，但是在儒家传统的忠君爱国思想环境中，在中国人身份和外国教会人身份之间，在官方价值观和基督价值观之间，他们这个群体难免陷入亲疏选择的窘境。西方价值观体系中，个体的主动性比较宽松，他们在宗教信仰与价值认同上有很大的选择余地，但是，像中国这样的东方国家，则更重视集体价值观。华人校长身为大学的掌门人，却不得不考虑学校的价值方向，既传播来自西方的基督教信仰，又忌惮政府的思想控制；既充当国际交流的使者，又担起民族主义的责任。

最后，举办大学需要大笔的资金投入，以建造校舍，购买教学设备，保障教师薪水。尽管华人校长由教会选聘，也得到国民政府的认可，但是他们并不具备主导经济资源的能力和权力，也间接地导致他们在校务管理、人才模式和思想意识等方面少有话语权。耶鲁大学神学院保存的华人校长信函中，有大量关于经费诉求和账目来往的内容，除了向教会、政府和社会寻求资金支持，他们的选择并不多。华人校长在教会和政府双重办学主体下经济独立性缺位、对外部财务依赖决定了华人校长角色的被动性质。

华人校长角色的形成过程与国内外利益各方的博弈是密不可分的。自洋务学堂和维新变法开始，大学作为来自西学的新生事物，普通民众似乎并没有太多的选择余地。最初，清政府设置大学堂主要是培养统治人才，为朝廷所用，通过价值引导来控制国民的思想，树立其政治集团的权威。西方的教会组织则需要通过教育这个文化平台传播其宗教思想，拓展教会事业。普通民众希望自家的子弟们读了大学堂可以讨个好差事，社会地位向上流动，改变家族命运。在国内、国外各方社群对教会大学华人校长职务的不同期待中，在权力、资源、利益等要素的交锋和共振中，华人校长角色冲突贯穿于教会大学发展过程的后半期。

第六章

华人校长角色交融特征及其历史价值分析

教育家陶行知曾经说过："校长是一个学校的灵魂，要想评定一个学校，先要评定该校的校长。"蔡元培、竺可桢、梅贻琦这些大师的名字同时也代表了民国时期大学的高度。教会大学经历了近代中国高等教育的启蒙和发展，凭借传教士教育家和接替他们的华人校长群体几代人对教会大学教育事业的执着，在中国内地建立起一幢幢别致的教学楼，培养出一批批学贯东西的高等专业人才。华人校长承担历史赋予他们的使命，也呈现给时代卓越的校长角色行为。面对来自各方对教会大学校长角色的期待所引发的角色冲突，他们理性应对，在掌校过程中积极推动"中学为体，西学为用"对立性教育制度向中西制度的融合转化，竭力缓和了国民政府一元政治生态对西方基督宗教思想的排斥，以教育家的理性调和各方冲突，建立社会认同。

第一节　华人校长多重角色交融的特征

一　"中学为体，西学为用"理念的交融

华人校长角色的形成是近代中国高等教育制度演进中的特殊现象，是国民政府关于私立学校立案法令推动下的产物，也是近代中国对外开放过程中中外势力对峙、妥协和融合的产物。华人校长的角色冲突与近代中国社会发生的一系列重大事件有着必然的联系，中英鸦片战争、太平天国运动、义和拳运动、维新变法、中外不平等条约、洋务运动、新文化运动、反基督教运动、收回教育权运动等从政治、经济、文化、制度各个方面影响教会大学的兴立与发展，形成错综复杂的内外部关系。华人校长角色作

为整个中国教会大学史的一部分，其角色冲突与中国教会大学的发展历程有着紧密的联系。谢竹艳博士在《中国近代基督教大学外籍校长办学活动研究 1892—1947》导论中提到："教会大学在古老帝国出现以后，国人对它的态度，始终是很矛盾的，行为上也是半推半就的。……教会大学所承载的西学，以及它本身的教育模式，又在很大程度上切合了这样一个特殊历史时期中国社会的需要。"① 1840 年，鸦片战争打开了古老中华帝国的大门，西方传教士在一系列不平等条约的庇护下在华开辟了中国教会大学的历史局面，虽难辞侵略原罪，但社会效益还是可观的。从外部的世界大环境看，欧洲工业革命、新教崛起、启蒙运动带来的大规模西学东渐，是教会大学得以在华发展的时代要素。从内部环境看，魏源、张之洞等一批清政府开明的学者、官员和思想家提出的"师夷长技以制夷""中体西用"等改良思想对西学的宽容、暧昧甚至推崇，为教会大学在华立足提供了理论和思想意识的基础。但是，"中体西用"的指导思想从另一方面理解是要抵制"西体"，因此，基督教作为"西体"的象征使传教士和他们的教会大学从一开始便成为官方排拒的对象。国民因为他们子弟就学的需要在社会心理上对教会大学有较大的宽容，但是随着国内形势的变化，民族主义思潮的泛滥，他们对教会大学表现出敌对态度。在当时，尽管是被迫的"对外开放"，但是"效仿西学""向西看"逐步被清政府和中国社会所接受。1906 年，清政府学部颁布的《咨各省督抚为外人设学无庸立案文》，从形式上看，外来的教会学校被清政府排除在中国的教育体制之外，但实际效果是教会学校非但没有被扼杀，反而获得了自主设学、独立开展教学和传播基督教的宽松环境。官方虽然没有为教会大学颁发办学的许可证，但是，教会大学的事实办学得到了默认。在这股西学之风的影响下，蔡元培、胡适、李煜瀛等一批新式人才留洋归国后，也带来了西方高等教育思想，以蔡元培开创"兼容并包，思想自由"的"北大之风"为代表，多元思想意识形态对整个中国学界、政界影响巨大，给刚刚门户大开的社会制度带来了强力的挑战。中国传统的官权社会制度也表现出对这股多元思想萌芽的激烈抵触和压制。一度出现蔡元培辞职风波和郭秉文被免除校长职位事件，反映了近代社会制度、新旧思想的较量。华人校长与

---

① 谢竹艳：《中国近代基督教大学外籍校长办学活动研究 1892—1947》，博士学位论文，苏州大学，2013 年。

教会大学遭遇中西教育理念的剧烈冲突亦在所难免。

德国社会学家拉尔夫·达伦多夫（Ralf G. Dahrendorf）提出的辩证冲突论认为，制度化过程中，强制性协调组合或者权威是任何可想象的组织活动中处理关系的常见手段，如国家、教会、企业、贸易联合会、政党等，但是这种强制性的调节往往导致利益冲突，继而形成群组间冲突与对峙。[①] 教会大学华人校长群体的出现，恰恰是新旧制度转换背景下的产物。以杨永清、陆志韦、陈裕光、吴贻芳、张凌高、林景润、钟荣光等为代表的教会大学华人校长群体的出现，本身就代表了教会大学的中国化和制度化，他们有基督教道德性的一面，也养成了现代大学制度理性的一面。同时，西方教会组织、政府政治组织在权力方面的排他性，使华人校长在执掌教会大学过程中很难实现大学自治和他们身份的独立性，他们被动地去履行来自他们的教会母会、中国政府和中国社会等利益相关各方对他们校长角色的期待。即便是艰难生存，华人校长还是积极从当时中国社会的实际需要出发，把清末洋务运动以来形成的“中学为体，西学为用”教育理念相互结合起来，在执掌教会大学期间，逐步把教会的纯粹基督宗教教育与中国国情融合，获得理念路径的内在一致。虽然这些努力在后来的教会大学变局中灰飞烟灭，但伴随华人校长角色诞生、发展的一系列教育制度改革，不失为近代中国高等教育理念发展的重要财富。

二　一元政治生态与多元思想制度的共存

中国几千年来的专制主义，养成了思想上定于一尊的传统。[②] 本书中的一元政治生态指的是 1927 年之后，南京国民政府的一党专政和党化教育，多元思想则指代清末以来西方民主思想及基督教信仰带来的多元共存文化制度。蔡元培在 1912 年 2 月 11 日发表《对于新教育之意见》，文中说：“教育有二大别：曰隶属于政治者，曰超轶乎政治者。专制时代，教育循政府之方针以标准教育，常为纯粹之隶属政治者。共和时代，教育家得立于人民之地位以定标准，乃得有超轶政治之教育。”[③] 道格拉斯·C.

---

① Ralf G. Dahrendorf：*Class and Class Conflict in Industrial Society*，Stanford University Press1959：168-169。

② 何兆武：《中西文化交流史论》，湖北人民出版社 2007 年版，第 136 页。

③ 高平叔：《蔡元培全集》（第二卷），中华书局 1984 年版，第 130—135 页。

诺斯认为："制度是一个社会的游戏规则，更规范地说，它们是决定人们的相互关系而人为设定的一些制约。"① 华人校长所处的社会、政治、文化、教育制度环境，在外部思想意识和制度文化冲击下，引发了相应的社会制度变迁，借此带来了价值观念、社会心理、文化传播等多方面的影响，是多种因素相互作用的结果。同时，这种重大的社会变迁也强有力地推动新社会制度的萌芽。在新的制度建设过程中，社会冲突普遍出现，权力、资源、利益始终捆绑在一起，形成了不同群体共生共存的游戏规则，决定了群际、人际的关系形态。教会的利益是保持教会大学的基督教属性，政府的利益是抑制异端思想，维护政权稳定，而受西方民主影响至深的华人校长，认为在政治纷争中，教育者是中立群体，是批判群体。如沪江大学校长凌宪扬曾直言："教育必须超脱于政治，不能成为政治或政党斗争的工具；学生必须勤于学业，充实自己，日后才能为祖国服务，为人民谋福利。"② 教育独立的思想在当时青年学生中也植根颇深，国民政府建制南京之后，国立大学多次发生学生驱逐校长事件，并且对政府任命提出质疑。1931 年 5 月 28 日，清华大学教授、学生掀起反对校长吴南轩"风潮"，指责吴"大权独揽，不求发展校事"，要求吴立即离校，并请教育部另简贤能主持校务。29 日，全体学生召开大会决议驱逐吴南轩，由学生会电教育部请改任周诒春为校长，新校长未到任前暂由教授会维持校务。③ 1932 年 1 月 18 日，国民政府任命桂崇基为中央大学校长，中央大学学生发起拒桂运动，南京中央大学学生举行全体大会，确定校长人选标准：（1）纯粹学者；（2）办理高等教育有成绩者；（3）绝无政治色彩者。并推举竺可桢、翁文灏、任鸿隽三人，呈请国民政府择一任命。④ 6 月 10 日，蒋梦麟电教育部报告清华大学学潮原因，谓除党与非党派之争外，原校长罗家伦离开该校后，教育部对该校学生会呈请的四位校长人选均不采纳，亦是导致风潮之原因。⑤

国民政府掌握政权之后，在各级学校开设党义课程和军事课程，把教会大学从单一的基督人格教育转化为政府政治驯化特色的教育场所。宗教

① ［美］道格拉斯 C. 诺斯：《经济史中的结构与变迁》，三联书店 1994 年版，第 180 页。

② 章华明：《沪江大学最后一任基督徒校长凌宪扬》，《天风》2011 年第 3 期。

③ 韩信夫、姜克夫：《中华民国大事记》第三册，中国文史出版社 1997 年版，第 193 页。

④ 韩信夫、姜克夫：《中华民国大事记》第三册，中国文史出版社 1997 年版，第 307 页。

⑤ 韩信夫、姜克夫：《中华民国大事记》第三册，中国文史出版社 1997 年版，第 200 页。

讲究的是教化，而不是驯化，通过理性认知和实际行为去感化人。华人校长是经过洗礼的基督徒，作为高级知识分子，他们有自己的是非价值判断，他们自愿加入教会组织，至少说明他们认同自己所属教会的理念，因此也会珍惜自己的教徒身份。事实上，西学和基督教的慈善形象带给了国人思想上的焕然一新，社会反响鲜明。“于中国文化，不无贡献。此后益当认定目的，黾勉图功。目的惟何，即光明与真理之探求及传布，并为教会及国家培养有用之人才是也”[①]。张之洞在《劝学篇》“愚民辩”一节中虽然是驳斥“帝王政治愚民”的言论，但是反过来倒是反映了当时国人控诉旧的文化制度、崇尚新式西学的情况。张之洞说：“三年以来，外强中弱之形大著。海滨人士，稍阅《万国公报》，读沪局译书，接西国教士，渐有悟华民之智不若西人者，则归咎于中国历代帝王之愚其民，此大谬矣。”[②] 张之洞之所以针对一些觉悟国人把“智不如西人”归咎帝王愚民政策的思想大加批评，纯粹是因为他本人的立场站在了清政府统治阶层，代表了既得利益群体。但是，之后张之洞捐资教会学校，把自家子弟送到教会大学读书，并且把自家在南京的花园出借给教会开办学院，表明他在西学和中体之间的主导价值是有过迟疑和矛盾的，这种思想也正反映了当时的政界、学界和文化界集体向西看的趋势日渐形成。立案之后，华人校长成为教会大学在华教育事业的代理人，他们的办学必然受到西方思想的影响，同时他们要面对中国制度的挑战，这也是华人校长角色冲突的制度根源。随着制度变迁的加剧，华人校长领导的教会大学之后的命运却令人叹息。尽管华人校长积极带领教会大学去适应中国社会形势的变化，主动或被动地进行办学策略调整，尤其在宗教性方面的改变。然而，鉴于西方大学同中国社会制度的差异性，中国社会制度对西方文化的警惕和排斥，华人校长面对的角色冲突是一个长期的、复杂的过程。

面对国民政府在教会大学强势推行党义课程的一元政治制度与西方基督教会带来的多元制度冲突，华人校长立足中国国情，改良宗教影响，积极推动教会大学的中国化，从整体上符合国民政府的教育方针，从个体上辟出文化制度差异化的空间，切实保障教会大学的正常运行。华人校长在学校内部开展了一系列教学改革，尤其对宗教课程设置和宗教活动参与方

---

① 《教育季刊》第1卷第2期，1925年6月，第162页。

② 张之洞：《劝学篇》，广西师范大学出版社2008年版，第68页。

式等作出务实的调整，实现多元制度在交汇中融合，为教会大学的后期发展清除了制度障碍。

三 华人校长个体心理与社会认同的契合

教会大学的属性对华人校长的身份有着不可或缺的意义。华人校长究竟是外国大学的校长，还是中国大学的校长？华人校长在教会和政府这两大组织的夹缝中行走，既要履行基督教的办学思想，又须按照政府的法令去改造教会大学的性质。在当时中外民族冲突的大背景下，教育制度等社会大变动往往被置于民族利益的尺度考量。国民政府与西方教会在争夺民族思想的控制权上针锋相对，目的是要占据未来国家、民族意识形态影响的制高点，从而支配这个民族。他们的最终目的是要征服这个民族，办教育只是一条他们认为合情合理、事半功倍的路径。

社会认同理论认为，个体有一种获得自尊的基本动机，这种动机的满足是通过在群际背景下、在那些内群有积极表现的维度上，将内外群之间的差异最大化而实现的。① 亨利·泰斐尔把社会认同归为“自我认知”，认为其是个体对自己所属特定社会群体的会员身份及附加在此会员身份上价值和情感的认知。② 当组织树立的认同度足以吸引个体对组织的归属感和统一感，其组织文化将影响个体的行为，个体趋同而形成凝聚的组织文化。③

根据社会身份理论，人们往往会把他们自己和其他人划分成各种不同的社会类别，例如组织成员、宗教隶属、性别以及年龄群体。④ 个体通常会把他（或者她）所认同的组织特性内化为自身的品质。阿尔伯特和怀顿（Albert and Whetten）认为：一个组织具有一种在它的成员中共享的核心的、特有的、持久的本质。这种组织身份反映在所有人的价值观和信仰，反映在他们的使命、结构和过程，以及组织氛围，等等。该组织的特

---

① ［澳］迈克尔. A. 豪格、［英］多米尼克. 阿布拉姆斯：《社会认同过程》，高明华译，中国人民大学出版 2011 年版，第 30 页。

② Tajfel H.：*Differentiation between Social Groups*：*Studies in The Social Psychology of Intergroup Relations*. London：Academic Press，1978：63.

③ 杨习超、周川：《论高校章程建设中的社会多元监督》，《学术探索》2016 年第 6 期。

④ Tajfel，H. & Turner，J. C. The Social Identity Theory of Intergroup Behavior. In S. Worchel & W. G. Austin：*Psychology of Intergroup Relations*. Chicago：Nelson-Hall. 1985：7-24.

征越突出、越稳定、越内在一致，内化力就越强。①

基督教作为一个国际的宗教组织在中国乃至全球传播力度空前，影响力深远，但是教会大学在中国的事业不仅仅是形式上的传教，根据华人校长的掌校历程，他们很好地把基督教理念融入到近代中国的高等教育中来，基督教高等教育事业在近代中国的贡献，今天依然被后人所铭记。他们不仅带来了医学等自然科学，而且也带来了新颖的近代人文社会思想和法制伦理，很大程度上唤醒了中华民族几千年的封建帝国，推动中国社会从封建专制向近代民主共和转型。在当时，我们与西方在科学研究、民主思想以及高等教育等方面还是存在很大差距的。华人校长群体形成了一股新的组织特性，他们独立的心理认知使他们这个群体具有两面性，一方面与教会和政府有人身依附关系，另一方面又区别于西方教会和国民政府，他们崇尚基督教义的“爱”与“奉献”，并且现实地执行这一理想化的信仰，兢兢业业地维护着自己的学校和事业，倾力于为创伤难愈的中国培养有“灵魂”的新式高等人才。作为新的组织，华人校长群体有着与教会不同的特征，与政治也保持清晰的距离，很大程度上，华人校长在逐步构建起属于他们自己的新的组织文化，形成了新的利益群体。李韦在《徘徊在世界主义与爱国主义之间的吴雷川》文中说：“在对自己身份认同问题进行思考和对非基运动进行回应的过程中，吴雷川等基督徒知识分子开始了其徘徊于世界主义和爱国主义之间的思想旅程，他们的不同思考路向也是其对于基督教本色化思考的选择。”② 受到基督教的永恒价值和当时新文化运动极力推崇的西方科学、民主等思想的影响，教会大学华人校长在其内心深处形成了对基督教价值观的认同和对自己教育救国使命的认同。

达伦多夫指出：“领袖人物、统一的意识形态、结社自由和成员间的沟通与团结，以及向上流动的心理预期和对既得利益的权衡，都是形成冲突性利益群体的不可或缺的必要条件。”③ 达伦多夫从权力的分配入手奠定了冲突论的理论基础，他认为一个社会其权力资源是有限的，而对权力

---

① Blake E. Ashforth & Fred Mael. Social Identity Theory and the Organization. *The Academy of Management Review*, 1989, 14 (1): 20-39.

② 李韦:《徘徊于世界主义与爱国主义之间的吴雷川》,《基督宗教研究》2012 年第 00 期。

③ 叶克林、蒋影明:《现代社会冲突论: 从米尔斯到达伦多夫和科瑟尔——三论美国发展社会学的主要理论流派》,《江苏社会科学》1998 年第 2 期。

的争夺却是无限的，于是对有限资源的无限争夺就构成了一个社会内部固有的、普遍的、经常的冲突现象。[①] 清政府的“师夷长技”，也强调的是“长技”而“自强”，学习工具性的西文和欧洲的科学技术，并不想把中国变为“一个文明的基督教国家”。虽然请了丁韪良主持同文馆，但却不允许他们传教，“一涉此弊，立即辞回”；开办大学堂要培养的不是“公民”，而是作为传统意义上效忠朝廷的士大夫。相反，西人传教士的目的不是教授科学知识，毕竟他们是基督教运动的组织，他们的主要使命是传播他们的福音，不是为了传播西方的现代科学和文化艺术，因此，他们最初不会花费太多的时间去翻译西书和从事教育活动。美国浸礼会传教士阿什莫尔（Rev. W. Ashmore）早在19世纪末到中国汕头传教时说：“我们的学堂必须跟着教堂走。”[②] 不可否认，教会办学是诱人入教、扩大基督教影响和发展他们的宗教组织的手段。要使基督教的信仰和伦理观渗透到整个社会结构中去，就必须通过教育提高基督徒在社会中的地位和影响力，因为“教育在中国是晋升到上等阶层的最佳途径”，传教士应当利用他们在科学知识方面的优势，通过办学使基督徒跻身中国社会的上层，从而实现中国的基督教化。[③] 司徒雷登在回忆录中提到，截至1937年，燕京的捐赠已经达到250万元（美国货币）。他谈到建立梦想的燕京大学，要做好四个方面：基督化的目的、学术水准和职业课程、中华环境与国际理解的美好意愿、财务资源与物资设备。要通过制造一种基督教气氛，而不是通过宣传运动，不应该有强迫的学生信教和宗教参与仪式。学生毕业时能成为教徒固然好，但即使没有接受洗礼，也能对教会有好评，对母校有感情。[④] 卜舫济博士对上海圣约翰大学医学科事业的开创是这样介绍的：“这个学校是由于得到费城的伊丽莎白·茨罗得夫人（Mrs. Elizabeth

---

① 许和隆：《冲突与互动：转型社会政治发展中的制度与文化》，博士学位论文，苏州大学，2006年。

② Ashmore，W.：*The Baptist Missionary Magazine. Baptist Missionary Magazine*（1873—1909）. 1879，59（8）：294-295.

③ 朱有瓛、高时良：《中国近代学制史料》（第四辑），华东师范大学出版社1993年版，第84—94页。

④ ［美］约翰·司徒雷登：《在华五十年——司徒雷登回忆录》，中央编译出版社2011年版，第66—67页。

Shields of Philadelphia）给 E. H. 汤森牧师的一百五十元金币的捐赠而开办的。”[①] 金陵大学首任校长福开森去世多年后，其女儿遵照他的遗嘱专程来到南京大学捐赠福开森收藏的珍贵文献书籍等，证明了福开森这样的教会大学开拓者对他毕生事业的金陵大学抱有深厚的感情。金陵大学外籍校长鲍文博士曾经在 1919 年 9 月 1 日的院务会议上发表讲话：“我相信中国在发展中将开辟新的纪元，大众意识的觉醒，中国新兴力量的组织：如学生会、归国学生联合会，以及许多商会，将会尽可能地使政府强大兴盛起来。……我们关心的问题永远是：我们怎样以积极的服务方式去接触民众的生活。作为教员个人，在这个问题上，应当奉献，而非索取；作为教义的原则，我们生存着应当给予，而非得到；在个人的生活工作及大学的合作中，我们愈是将这种精神贯彻到我们的实践之中，我们也就愈彻底地为这个时代服务着，也就愈加深入地在人们中间宣扬了天国。前途从来不是一片光明，但无论从哪个角度看，我们却充满无限希望、勇气和忠诚。”[②] 鲍文博士这番讲话的关键词“开辟新纪元”意味着中国需要推翻旧体制，而教会组织参与到这场改革是通过教育的手段和知识的力量；教会大学把基督教的“服务、奉献”等理念运用到中国的高等教育中，培养具有“奉献精神”的“代理人”。欧洲文艺复兴以来，世界文化思想领域的论战、冲突成为推动人类文明的主要动力，世界秩序纷乱重组，资本主义的全球扩张，马克思主义的诞生和社会主义在亚洲的胜利，社会变化令人眼花缭乱，基督新教经历了与欧洲天主教封建专制的决裂，以其创新性的“新教伦理和资本主义精神”在经济变革和科技创新方面取得了骄人成绩，在文化方面形成了强大的文化自信和普遍的社会认同，同时，基督新教的各个教派开启了海外传教事业之路。中国教会大学作为东西方文化、制度交汇的舞台，一方面为中国社会带来了积极的新式高等教育，另一方面又必然地引发思想、信仰和主义之争。胡适主张“多研究些问题，少谈些主义”[③]。教会大学在青年学生中推介其基督教宗教信仰的做法与其他推行“主义”和传播“思想”的政治团体、思想团体发生了激烈的冲突。

---

① 朱有瓛、高时良：《中国近代学制史料》第四辑，华东师范大学出版社 1993 年版，第 431 页。

② 金陵大学校董会：《学校会议备忘录 1919 年 9 月 1 日（外文档案）》，《金陵大学史料辑》，南京大学出版社 1989 年版，第 20 页。

③ 胡适：《胡适文集》（第二册），北京大学出版社 2013 年版，第 249—250 页。

华人校长作为基督教高等教育在华事业的成果，一只脚已然踏入了教会组织的大门，但他们同时具有中国人的身份，承载了中国社会对精英的期待，华人校长的角色身份受到多种因素合力下的影响，角色冲突的背后反映了各种力量的争夺。教会办学的初衷是宣传他们的基督教，以司徒雷登为代表的前任校长兢兢业业、历尽艰难，从大洋彼岸的基督教徒那里筹措了大量的资金，在中国办学，为大批中国人带来了高等教育，赢得了这批人对他们基督教的认同。抗战爆发，国际国内通胀压力很大，1937 年 2 月，华南女子文理学院校长王世静亲自出南海筹措办学资金，先后到香港、广东、马尼拉、爪哇等地，与早年来到当地发展的福建华南女子大学校友以及当地的华侨商会沟通交流，为学院发展筹集赞助资金。这批人里面就有华南女子文理学院 1923 年入学的学生玛格雷特·翁（Margarate Wong）等校友。1937 年 8 月，王世静回到福州，对本次筹款发表感言："我代表学院，由衷地感谢我们毕业生对学院的爱与忠诚，也感谢她们的丈夫为我们解决财务问题慷慨解囊。我们已收到 31286.70 美元。另外还有 2340 美元的承诺捐款。我的心很是震撼，也很感激海外校友们的友情。"①。在当时亚洲基本沦陷于战乱的背景下，远在海外的教会大学新生代校友能够如此慷慨解囊，可见这个组织的认同度是很高的。华人校长角色的经济基础很大程度在于他们的学业历程，他们的教育过程和事业成长经历对西方教会的财力支持有着非常紧密的依赖关系。在那个战乱纷起、国家破败的年代，如果没有教会方面的出资办学，在他们毕业之后又资助他们出国留学，杨永清、陆志韦、陈裕光、王世静、吴贻芳、韦卓民们又如何能顺利获得华盛顿大学、芝加哥大学等世界名校的硕士或博士学位？教会的慷慨奉献为他们日后的教育救国奠定了基础，这也是他们角色塑造过程中稳定的物质基础。

国民党在教会大学强力推行三民主义党义课程，他们靠的是国家公权力迫使教会大学就范，与教会的主动付出博取"同情"有天壤之别，不仅没有形成组织认同，反而从此改变了教会大学的氛围。之前并不存在的学生挑战教师，因为组织认同的分裂，学生之间冲突迭起。新制度主义经济学家道格拉斯·诺斯认为，社会的变迁就是"制度的创立、变更及随着

① L. Ethel Wallace: *Hwa Nan College: the Women's College of South China*, New York: United Board for Christian Colleges in China, 1956: 73.

时间的变化而被打破的方式”。[①] 马克斯·韦伯提出，任何组织都必须以某种形式的权力为基础，但是作为理想组织体系基础的权力应该是理性和合法的权力。资源即权力，教会大学凭借优势知识资源和文化资源，俘获了近代中国的这部分知识分子，他们尊奉基督精神，并且在高等教育舞台上传播这种精神。徐志摩曾撰文指出：“你可以得到不少的自由。正如在中世纪教皇治下，你也得到不少的自由；但你的唯一的自由——思想的自由——不再是你的了。”[②] 中国传统的儒家思想从孔孟到董仲舒独尊儒术，保持了效忠君王的本质，经各封建朝代不断强化，形成了儒家“大一统”的思想及其价值观。费正清教授在评价南京国民政府教育部政绩时指出：“从 1928 年起，南京政府的即期目标是表现新上升的中国民族主义，并开展‘恢复教育权’运动，即要求一切外国设立的教会学校在教育部登记，以及所有这些院校中的领导人必须是中国国民。一个结果是维护国家在教会学校中反对强制性宗教教育的权威——这一目标既体现了自由主义西方的科学理性主义，也表现了现在掌权的国民党独裁制唯恐丧失的民族主义。……它不仅涉及外国对中国的政治控制问题，而且在更深层次上涉及世俗的价值观或宗教福音的价值观究竟谁应居于支配地位的问题。”[③]

教育史学家舒新城指出：“教育不是一种独立的社会活动，故教育思想也不能独立。支配着它的势力首推政治思想，……教育是直接受政治支配的：政体改革固然可以使教育思想发生大变动，就是政体不变而政策有更改，亦可以使教育思想起变化。”[④] 教会大学恰恰是近代中国高等教育经历了社会发展过程的制度确立、更新的产物，其中首要原因是政治原因。废除科举取士制度，引入西式学堂，是清政府为自保而不得已的“壮士断腕”，因为西学的普及必然会带来西式制度，清政府曾明确禁止私立学校开设法政等课程，防范关于法度、政体的讨论。华人校长的诞生本身是个新制度的确立，但是当制度环境不足以支撑新制度，冲突就会产生。1931 年 10 月 15 日，基督教长老会的内部刊物 *The Presbyterian* 刊登了乔

① ［美］道格拉斯·诺斯：《经济史中的结构域变迁》，陈郁、罗华平等译，上海三联书店 1994 年版，第 225 页。

② 徐志摩：《关于党化教育的讨论》，《晨报》1926 年 9 月 18 日。

③ ［美］费正清：《剑桥中华民国史 1912—1949 年》（下卷），中国社会科学出版社 1994 年版，第 384—385 页。

④ 舒新城：《近代中国教育思想史》，福建教育出版社 2007 年版，第 10 页。

治·斯科特（George T. Scott）博士的文章《中国政府法规与基督教学校》（*Chinese Government Regulations and Christian Schools*），文中对国民党政府压制宗教教育表达了不满："我们教会学校的精神基调和效果整体上非常值得赞扬，基督事工和宗教教育始终朝气蓬勃，充满活力，并且积极助人……如果教会学校不再具有基督教的目标、品质和影响，那么教会将毫无疑问关闭它们。"文章强调中华基督教全国委员会在四月份提出的意见意义重大："如果宗教自由得到保障，政府就要对国民保证宗教团体在私立学校传授他们信仰的权利，无论政府执行任何规章。"① 从根本上讲，宗教信仰是人类崇尚美好的一种精神表现。

中国自古以来重视大一统思想，从秦始皇统一六国，到"焚书坑儒"再到汉武帝"罢黜百家、独尊儒术"，开启了知识分子思想从属于政治统治思想的社会文化制度。辛亥革命和新文化运动对传统君权提出了挑战，教育界也开始强调独立性格的培养。1922 年 3 月，蔡元培发表《教育独立议》一文，指出"教育事业当完全交由教育家，保有独立的资格，毫不受各派政党或各派教会的影响。教育是要个性与群性平均发达的。政党是要制造一种特别的群性，抹杀个性。例如，鼓励人民亲善某国，仇视某国。或用甲民族的文化去同化乙民族。今日的政党，往往有此等政策，若参与教育，便是大害。教育是求远效的；而政党的政策是求近功的。……教育事业不可不超然于各派政党以外"②。文中，蔡元培同时从各国宪法规定信仰自由的层面指出，"若是把教育权交于教会，便恐不能绝对自由。所以，教育事业不可不超然于各派教会以外"③。

费正清博士对近代中国历史透视说："假如我们看一看中国的思想和意识形态领域，就会发现儒家学说的信条曾使北京的帝国统治和农村的家庭家长制合法化。"④ 在欧洲盛极一时的基督教在中世纪之前也受教皇为代表的封建专制所节制，抵制新思想，奉行神权一统。16 世纪，马丁·路德和加尔文等领导了宗教改革运动，结束了罗马天主教对欧洲的封建神

---

① Registration with Chinese Government: *Archives of the United Board for Christian Higher Education in Asia*: *Record Group No* 11. New Haven: Yale Divinity School Library, Box22 Folder523.

② 高平叔：《蔡元培全集》（第四卷），中华书局 1984 年版，第 177 页。

③ 高平叔：《蔡元培全集》（第四卷），中华书局 1984 年版，第 178 页。

④ ［美］费正清：《剑桥中华民国史 1912—1949 年》（下卷），中国社会科学出版社 1994 年版，第 3 页。

权统治，并带领基督新教开创了更开明的信仰模式，宗教的民族化、个性化和人文化引领了中世纪以来的思想解放和个性自由，马克斯·韦伯盛赞“新教伦理”对当时资本主义发展的积极性作用。从教育方面说，西方的“公”“私”办学相得益彰，在美国私立大学实力甚至超过公立大学，如哈佛大学、耶鲁大学、斯坦福大学等在今天国际高等教育界的地位得到公认，都是屈指可数的。民国政府定都南京后，颁布法令要求“宗教课程”退出、“党义课程”入驻，在当时曾引起包括诸位教会大学华人校长在内的知识界人士的批评。鲁迅在“无声的中国”演讲中说：“青年们先可以将中国变成一个有声的中国。大胆地说话，勇敢地进行，忘掉了一切利害，推开了古人，将自己的真心的话发表出来。”①

随着西方强势文化的源源渗入，引发国人文化上的忧患意识，特别是有系统、有组织地传播基督宗教和西方文化的教会事业，一直被国人看成是一种挑战而存排拒之心。庚子后在华基督教进一步扩张，教会教育如雨后春笋蓬勃发展，形成对国人世俗教育的明显优势，更加深了这种危机感。② 历史证明，先进文化的发展，往往不是靠陡峭式传播，而是逐步进行生活式渗透的。章开沅教授提出要以“文化交流和传播”的视角去认识西方传教士在华活动。通过办教育、开医院的慈善方式进入中国是教会的成功策略，也正是因为这种善意渗透的制度文化，使得华人校长形成了对传教士教育家的社会认同感。英国传教士李提摩太说：“因为我在灾民中发放赈款，对于广大民众是一个可以使他们信服的证据，证明我传的宗教是好的。”③ 早在一个世纪之前，法国诗人哲学家顾友（Marie Jean Guyau，1854—1888）就提出真理是多样性的。他说：“我们不必害怕各种意见的不同，而是相反地应该鼓励它；人道的整体就是需要有千百万只眼睛和千百万只耳朵。”④ 19世纪早期来华的德国人厄内斯特·法贝尔（Ernst Faber），美国人司徒雷登的夫人艾琳（Aline Rodd Staurt），震旦学院医学院的法国人薛培礼⑤（Dr. Siberil）博士等外国人为了他们的传教事

---

① 鲁迅：《三闲集》，上海北新书局1932年版，第13页。

② 陶飞亚：《“文化侵略”源流考》，《文史哲》2003年第5期。

③ 顾卫民：《基督教与近代社会》，上海人民出版社1996年版，第243页。

④ 何兆武：《中西文化交流史论》，湖北人民出版社2007年版，第138页。

⑤ 薛培礼博士于1916年来到震旦医学院从事解剖学教学服务，1931年殉职。见私立震旦大学一览第三编医学院概况第91页。

业积劳成疾，病逝于中国，更多的是为了信仰，而不是侵略。

美国多尔特学院文化学教授范·德尔沃莱特谈到全球化背景下的基督教高等教育时说："今天，没有几种文化是在孤立中发展的。全球化表明了西方的科学、技术、政治和经济在全世界扩散。因此，这是一个多方面的过程，本质上不仅仅是经济方面。此外，许多民族在社会、知识、道德、宗教和文化生活方面发生转化。"① 在世界大学史上，自诞生时起就产生了与政府的冲突。中世纪时期，欧洲的牛津大学、巴黎大学都曾与王权抗争，最后取得学术独立资格。中国古代的官办太学，可以认为相当于高等教育，主要是培养官宦子弟成为后继统治者的机构。1898 年清政府建立的京师大学堂在创办之初，很大程度上只是清政府达官贵人子弟们的休养所，这些纨绔帝胄、贵族在这里游手好闲、养尊处优，混得一纸文凭然后到官府出任要职，继承封建专制制度的衣钵。直至蔡元培掌管北京大学，效仿欧美高等教育理念，提出"大学乃研究高深学问之场所"，树立思想解放，学术自由，整顿腐朽之风，开创近代中国大学的新局面。教育独立的思想是欧洲大学经历几个世纪斗争的结果。以蔡元培、李煜瀛为代表的留欧学者谙熟西方大学历史制度，敢于提出教育独立。1922 年 2 月 12 日，全国教育独立运动会在北京高等师范召开成立大会。20 日发表独立宣言，宣言内容包括：一、教育经费应急谋独立，脱离政治藩篱，明定预算，指明拨款项，由教育界直接取用，共同保管，政府无权取用。二、教育基金应急谋指定。三、教育制度应急谋独立。李煜瀛在会上发表演讲："余以为教育之独立，当以学制独立及思想独立二者为最要。"② 李煜瀛是晚清重臣李鸿藻之子，早年留学法国，深受法国人权平等思想影响，反对政府专权，主张教育思想独立。

近代中国高等教育虽然诞生于封建君权和官僚军阀执政期间，但是，在西方启蒙主义影响下，大学从一开始便坚持学术自由和大学独立的理念。蔡元培、李煜瀛、胡适等留学欧美归国之后，受北洋政府和国民政府委托先后被任命为北京大学校长，也算是官面儿上的重要人物，但是他们极力效仿法、德、美等国家的教育制度，秉承大学学术化、自治化，摒弃

---

① B. J. van der Walt：*How to explain and evaluate cultural differences from a Reformational-Christian perspective. Christian Higher Education in the Global Context*，Iowa：Dordt College Press，2008：34.

② 韩信夫等：《中华民国史大事记》（第一册），中华书局 2011 年版，第 859 页。

官僚化，不能不说，西化倾向在当时中国高等教育和文化圈得到了广泛的认同，岭南大学华人校长陈序经甚至引发了全盘西化的论战。封建社会的科举制度，是皇权主导考试的内容、价值观，知识分子需要迎合科举的导向才能取得功名，思想的权杖自然有政府主导。教会大学由于特殊的历史因缘，清政府濒临崩塌，军阀忙于抢地盘，相对于政府而独立，经历了长期的宗教思想教育，形成了认同基础。1923 年，《新教育》刊登了近代中国留洋第一人孟禄所著的《教会教育与国家政策》，原文刊于 1922 年的国际传教报（International Review of Missions），燕京大学校长陆志韦博士给予述意，"近二百年来，有两种政治势力在社会上活动，一是民治主义，一是国家主义。而尤以国家主义更为有力，更为普遍"[①]。中国社会习惯了国家主义及中央集权的治理，个人、组织的自由度受到了限制。宗教作为人类历史上具有强大影响力、渗透力的文化现象，其传播与接受是一个长期的、连续的过程。近代基督教来华传播之初，便遭遇了清政府的严厉禁止，1805 年，伦敦会决定派遣传教士到中国传教，苏格兰长老会的罗伯特·莫里森（Robert Morrison）[②] 应征，并于 1807 年 9 月 7 日抵达中国广东。1809 年，马礼逊作为东印度公司的翻译雇员身份获得在广东的居住身份，作为先遣传教士在澳门、广东沿海等地零星活动。鸦片战争之后，迫于英、法、美、意等西方列强的船坚炮利，清政府给予外国传教士及其创办的学校、教堂治外法权，也滋长了一些基督教团体和传教士个人在文化上的优越感和傲慢态度。如 1925 年 2 月 24 日，圣约翰大学代校长美国人葛若然，对学生有意寻衅，学生群起反抗。葛若然对学生动武，美国教员用尖刀刺伤 8 名学生。全校学生决定全体退学，以示反抗，同时，通电全国各教会学校学生，请求一致退学，并致电北京政府教育部，要求政府收回教育权。[③] 基督教的外来身份，在与中国民众深度接触中，虽获取同情，终究无法逾越社会制度的现实。

阎玉田教授在其著作《踞柝津之阳——天津工商大学》中提到，南京国民政府成立后，为表示"继承孙中山遗志""顺应民意"收回教育主

---

① International Review of Missions，1922. 上海图书馆近代史阅览室资料。

② 罗伯特·莫里森被称为新教中国差会之父，见 Rev. S. C. Barletts，D. D.：*Bartletts' Sketches：Missions in China*，Boston：The Board，1878.

③ 韩信夫等：《中华民国大事记》（第二册），中国文史出版社 1997 年版，第 298 页。

权，效法北京政府颁布法令，要求国内所有私立学校必须在国民政府教育部注册立案，并接受指导。[1] 民国的重要进步是推翻了封建君权，解放了民权。并且民国《宪法》也专门颁布了宗教信仰自由的条文。从民族感情上，外来宗教对民族事务和国家治理会有文化上的冲击，不可否认的是，西学确实给当时的中国社会带来了积极的改变。根据教会大学的文献证据，每年有大批学生加入基督教，在赴海外留学的青年学生中也是普遍的。大学的理性是，强制入教和强制不入教，强制加入任何一种信仰都是不明智的，都是不可取的。一个组织，要想获得民众的认同，凭借的是组织的闪光点。教会不惜巨资办教育的"善行"打动青年入教是完全可以理解的。教会大学的"传帮带"继承精神是非常惊人的。笔者在美国宾夕法尼亚州匹兹堡市访问到了吉尔（Jill）女士，她的外祖父欧文·雷·邓拉普（Irving Ray Dunlap）和外祖母 1909 年 7 月 21 日在宾夕法尼亚州约克郡结婚后，8 月 31 日便远渡重洋来到中国，前后在湖南长沙服务了 24 年，邓拉普夫人（Mrs. I. R. Dunlap）在醴陵负责一个女童日校和女子学校的工作，吉尔女士的父亲就出生于教会创办的湘雅医学院。她为自己的家族前辈曾经为上帝服务、为湘雅医学院服务而自豪。[2] 中国教会大学史研究的国际知名学者卢茨教授的经典著作《中国教会大学史》不仅仅是对中国教会大学历史成就的赞歌，也是对她父亲曾经来华服务多年的致敬、献礼。她的父亲亚瑟·格雷戈里（Arthur W. Gregory）在 20 世纪初离开自己在北卡罗来纳州的故乡来到中国，有感于传教士在中国的事业，卢茨教授后来在康奈尔大学的博士学位论文是《1928 年之前教会大学在现代中国的角色》（*The Role of the Christian Colleges in Modern China Before 1928*），从那之后，传教士在华的教育事业成为她终身的研究。

英国哲学家、教育家怀特海说："文化是思想活动，是对美和人类情感的接受。信息碎片则于此无干。一个人仅仅拥有很多知识，对于这个上帝创造的世界而言，只是一个枯燥乏味的个体。"[3] 怀特海认为宗教信仰是教育的重要部分，因为宗教是道德的指引，一个人即便有再充足的知识

---

① 阎玉田：《踞析津之阳——天津工商大学》，人民出版社 2010 年版，第 72 页。

② J. D. Shortess, A. D. Gramley, & W. E. Peffley: *History Central Pennsylvania Conference of the Evangelical Church* 1839-1939. Harrisburg, PA: Evangelical Press, 1992: 69.

③ Alfred North Whitehead: *The Aims of Education: and Other Essays*. New York: The New American Library, 1929: 1.

积累，其人性和思想必然是空洞的。华人校长普遍与政治保持距离，恪守大学使命，即便是曾经在国民政府中任过要职的杨永清、朱经农和钟荣光，他们对待自己的大学也忠诚有余，他们非常珍惜自己的教育家身份，竭力维护大学自治、学术独立，尊重自己的思想选择。

中国教会大学由西方传教士所办，可以说是西方在华传教事业的一个附属品，也深深地打上了西方在华特权的烙印。“培植代理人”和“未来领袖”，多数学者理解为“侵略”，显然是狭隘的。一方面，基督教为英、美、法、德等大多数西方国家所广泛接受，甚至很多荣膺诺贝尔奖的世界顶级科学家也皈依他们的上帝，足以说明基督教是具有进步性的宗教；另一方面，学者们需要客观地去研究教会大学的历史，认识教会大学的教育职能与传教职能之间的辩证关系。卢茨教授在接受香港浸会大学黄文江博士（Timothy Man-kong Wong）采访时说，中国教会大学是践行基督教理想的典范，在传播爱与宽恕，慈善和对个体尊严的尊重等三个方面都做得很好。……这批到中国来办学的新教传教士担当起了中西文化传递者的角色，中国教会大学为中国的现代化作出了贡献。[①] 深受基督教理念感染的华人校长遭遇的角色冲突，在于基督精神的本质理解与形式表象的矛盾。在教会大学的华人校长看来，基督教义的“爱与奉献、慈善”其实就是人格的道德内化教育，是这种精神和价值观激励着他们主动加入到这个组织中来，也甘心为这个组织的信仰去工作。但是，从 19 世纪末到 20 世纪 20 年代，近代中国先后有“维新主义”“三民主义”和“基督主义”等多种意识形态出现，也分别从不同的立场，以不同的方式影响着中国民众的思想，虽然褒贬不一，但是都表达了对教育的重视。其中，梁启超等维新派虽然是保皇派，也提出要“兴学校，育人才，开民智”，推动社会从封建专权向现代民权的进步，也相互之间冲突对抗。在那样的军阀混战、革命纷争的年代，政治权力交错，黑白难辨，而教会大学可谓是“教书育人”的“康乐园”，传教士们几代人扎根中华，建校办教育，这些大学虽说最初是传教机构，但是他们却实在地赢取了这批华人校长的忠诚“信奉”，他们在青年求学时期受基督教义熏陶，养成了对该组织认同。1924 年的第二次“反基督教运动”形成了声势浩大的“收回教育权运动”，而

① Timothy Man-kong Wong：An interview with Jessie Gregory Lutz：Historian of Chinese Christianity. *International Bulletin of Missionary Research*，2006，30（1）：38-41.

作为基督教教育干事的刘湛恩，一针见血地指出，与早先的非基督教运动不同，这场运动针对的不是一般的宗教，其之所以针对基督教教育，是因为它被视为“帝国主义的工具”[①]。从牛津、剑桥到耶鲁、康奈尔等有教会背景的大学历史，基督教在全球办教育有其历史的根源和实际的社会意义。《中华基督教教育季刊》在其发刊词上称“贯彻基督教教育之中国化，发挥基督教化教育之真精神”。[②] 高等教育是人才基地，人才决定未来世界的方向。基督教会在华创办大学，通过来自美国加拿大等地教众募集捐款，建造校园，聘请教师，为自己的信仰服务，本无可厚非。

司徒雷登在他的自传中如是表达他对中国及中国人的态度：“我在华50年是中国有史以来最颠沛动荡的50年。当我第一次听说那些无异于奇耻大辱的中西不平等条约，看到外国人在中国张牙舞爪不可一世的丑态时，我深深地同情中国人民，并唤醒了自己心中的民主自由理想。……中华民族的自由和中华文明的传承，对推进全人类进步事业至关重要。”[③]

怀特海提出：“宗教性的教育是这样一种教育：它谆谆教导受教育者要有责任感和崇敬感。”[④] 在耶鲁大学存档的教会大学华人校长信件中，记载了他们为自己的理想所付出的不为人知的艰辛与努力。抗日战争时期，大批高校西迁，我们熟知的国立北京大学、私立南开大学和清华大学组建的西南联大，与此同时，教会大学也大规模西迁，坚持他们的事业。韦卓民博士在与教会联合董事会信函中，陈述了华中大学搬迁到遥远的云南大理喜洲，在那样艰苦的环境中与远在大洋彼岸的美国教会方面讨论办学事宜。韦卓民校长说：“我们期待下一年可以有更优秀、更强大的教师队伍，如果一切顺利，我们会在这个安静、和平的喜洲小镇继续发展我们的事业。很难说得好会有多大的一个班级规模，这取决于国内和整个远东的形势。”[⑤] 他们本身已经形成了中华基督教，在他们掌校之初，固然难以脱离西方教会的掌控，但是他们提倡虔诚奉献作为新一代青年须具备的

---

① 刘湛恩：《公民与民治》，青年会协会书局1926年版，第27—30页。

② 程湘帆：《本刊宣言》，《中华基督教教育季刊》1925年第1卷第1期。

③ ［美］约翰·司徒雷登：《在华五十年——司徒雷登回忆录》，中央编译出版社2011年版，第71—74页。

④ ［英］怀特海：《教育的目的》，徐汝舟译，三联出版社2002年版，第24、26页。

⑤ Wei，Francis C. M.：*Archives of the United Board for Christian Higher Education in Asia*：*Record Group No*. 11. New Haven：Yale Divinity School Library，Box170 Folder3140.

精神，他们的教育强调人格、理性教育。大学是青年成长的关键时期，是个人角色塑造的时代，华人校长角色深受他们所处的基督教教育环境影响。

19世纪，欧洲工业革命带来的世界现代智能发展，使得我们这个依然沉浸在帝王将相思维的东方大国猛然觉醒。首先提出社会制度改良的不是统治阶层，而是一部分留学西洋的思想者和与西方列强交锋的改革者。但是，中国近代社会、思想改革依然是由权力或者政治主导的，教会大学华人校长作为第一代新知识分子，也积极参与到改造中国社会的新文化运动中来。但是他们自身的教会学校成长经历、教育经历使他们对基督教形成了认同、亲近，并甘心为之去奉献。清帝退位之后，中国告别了两千多年的封建集权统治，但是，新诞生的国民党政党政治从一开始便对社会组织和思想文化实施控制，与教会大学华人校长倡导的文化开放与包容形成了价值观的冲突。

第二节　多重制约因素下华人校长角色交融的行为价值

中国教会大学由于出身问题在华百年饱受非议，从开办伊始就在中西势力之间、私立机构与中央政府之间，以及与经济破败又矛盾丛生的中国社会之间等复杂关系中蹒跚前行，各种力量相互依存，又冲突不断。华人校长取代他们的前任外籍校长执掌中国教会大学，是历史的必然，也是中国社会变迁过程中封建制度、宗教势力、社会期望等各方妥协与矛盾的产物，华人校长的掌校过程也遭遇了诸多因素的制约。

一　教会特色保持与国家政策之间的融合

民族、国家和宗教组织特征制约着这些教会大学华人校长的身份角色。一方面，他们在教会的呵护下，从战火纷飞、生活凋敝的旧中国脱颖而出，成长为时代精英，他们是接受基督教会洗礼的信徒，享有教会学校提供的品质教育和优越的生活条件，他们在多年的读圣经、做礼拜和向上帝祷告中完成了人格的基督化，他们出于对教会在华的教育和服务事业的价值认同，成为了教会组织的人，继承教会精神、服务教会事业、接受教会支配。另一方面，他们无法抹去自己中华民族的身份印记，他们是备受民众瞩目的社会精英，他们见证了中国社会由封建极权制度向现代民主制度转型的阵痛，他们和中国历代有良知、有责任感的知识分子一样，自觉地背负起时代、社会和民众的期待，他们需要为这个民族的未来去奉献自己的智慧和热情。

事实上，东西方社会文化制度、政治制度和教育制度等差异制约着华人校长的职务角色和角色行为。由隋、唐年间开始的科举取士制度破除了世袭分封，打开了阶层向上流动的通道，推动了社会政治的进步，也激励了教育的发展。但同时又加强了中央集权对文化的控制。塞缪尔·亨廷顿提出，“文明是对人最高的文化归类，是人们文化认同的最广范围，人类以此与其他动物相区别。文明既根据一些共同的客观因素来界定，如语言、历史、宗教、习俗、体制，也根据人们主观的自我认同来界定”①。教会大学办学是为了传播基督教和培养教会人才，是抢夺中华的青年学子，但是他们建立的现代大学确实为中华民族培养了现代人才，建立了现代学科，开创了独特的人格内省教育。直至今天，我们仍然敬仰这批华人校长教育家，因为他们出淤泥而不染，在教育实践中没有蛊惑神鬼，而是在思想上坚持基督教人格教育，在学科建设上把西式教育与中国社会实际相结合，引导教会大学中国化，开辟了大学服务社会的新路径。

随着人类知识、认识的不断进步，世界交流和融合是大势所趋，没有哪个国家可以阻止人类的多元化趋势。针对外来的新思潮高调倡导民权，反对君权，张之洞说：“知君臣之纲，则民权之说不可行也。”② 反映了清末上层官僚在引入西式教育的同时，对封建旧制度的不舍。卓新平在《基督教与中国文化》导读中说，基督教与中国文化“二者的相遇和对话乃‘双雄’之会，即为两种历史悠久而伟大的文化之遇，其中自然也就有这两种都为强势文化的碰撞与较量”③。教会大学立案和收回教育权运动正是那个特定时代中西社会、文化制度冲突的表现。教会大学华人校长角色也是在此时代背景下诞生的，他们选择了因教育而成长，依教育而安身，凭教育而救国，既坚持了他们认同的基督人格教育，又维护了民族的教育事业。当冲突出现时，他们固守教育“神坛”，在西学过程中，他们引导

---

① ［美］塞缪尔·亨廷顿：《文明的冲突与世界秩序的重建》，周琪等译，新华出版社 2010 年版，第 20 页。

② 张之洞：《劝学篇》，广西师范大学出版社 1898 年版，第 25 页。

③ 吴雷川：《基督教与中国文化》，上海古籍出版社 2008 年版，第 1—2 页。

教会大学中国化，也遭遇教会化、中国化概念的干扰，在教会化与中国化之间艰难选择。对比维新变法，笔者认为教会大学在中国的发展可以与近代中国的改革开放联系起来，“清政府的对外开放”，尽管有被迫的无奈，但是，西学确实为清政府所期待。1898 年，北京大学前身京师同文馆的成立便是新政的主要成果，其最初的目的便是培养贯通中西的翻译人才。之后，蔡元培、胡适、李煜瀛等一批有识之士走上北大的历史舞台，在放眼望世界的行动中选择文化救国、思想救国。蔡元培更是开创了“兼容并包，思想自由”的“北大风气”，其开明、多元和包容主旨鲜明，对整个中国学界、政界影响巨大。

教会大学是近代中国高等教育史上无法被遗忘的现象，西方基督教会在鸦片战争之后到 20 世纪 50 年代的一百年里，先后在华北、华西、华东、华南建立起 13 所新教大学和 3 所天主教大学，展示了他们强大的组织和文化影响力。抛开西方列强的政治、经济、军事等因素，这批传教士们远渡重洋到中国来大举兴办大学的活动，是有利于中国近代高等教育的启蒙和发展的。与血腥的战争和暴力相比，教会大学致力于办教育、养人才、启民智，是积极的、有益的。

近代中国高等教育以西学为师，不仅限于学习某个科目、某项技术，重要的是学习他们的方法和理念。与中国传统科举制度的人才选拔机制相比较，教会大学带来了人才培育的新舞台，宗教教育曾倍受国人诟病，但是，宗教在今天的社会生活中越来越被广泛接受。在世界大学历史上，如英国的牛津大学、剑桥大学，法国的巴黎大学，意大利的博洛尼亚大学等，大学最初的角色是学者自由论道的行会组织，大学履行知识的传递、保存和发展的职能，大学的学者们思考人性的完善和社会的改良。历史上，西方基督宗教有迷信的色彩，甚至有反动的一面，也曾发生过罗马教廷迫害哥白尼、伽利略等自然科学家，固守封建社会的宗教神学集权统治，抵制新科学新思想。但是，宗教教义中也有非常重要的道德的一面，大学因为思想的开放性而理性，宗教因为信仰的排他性而非理性，但是，大学更容易吸收人类文明中最真、善、美的部分。杨永清、陆志韦、陈裕光、吴贻芳、钟荣光等教会大学华人校长，代表了中国教会大学的中国化价值，他们接受了基督教道德的一面，传承了大学理性的一面。同时，教会、政治的霸道和排他性，使他们在掌校教会大学的过程中很难“独善其身”，他们须承担来自各方对他们的角色期待。一方面，他们秉承中华民族历史以来文人的报国责任感，坚持教育为先的务实作风；另一方面，他们表现出文人的感恩情怀，与西方教会保持着良好的关系，在矛盾丛生的逆境中守卫着象牙塔；他们沿袭了西方教会禁止学生参与非校园活动的政治活动的习惯，但是他们支持和同情民族独立和救国热情；他们不希望青年学生过早参与政治纷争性质的社会活动，但是他们积极鼓励学生参与教育、农业、医学推广等社会服务。

二　华人校长掌权与教会约权之间的平衡

近代中国基督教高等教育在这一时期取得了蓬勃发展，呈现出典型的特征。从自主办学到联合办学，整体办学水平得到了提升，教会与华人校长、与国民党政府之间有冲突，也有合作。政府要求华人校长掌权，而教会为了自身利益采取了对华人校长的约权措施。但是，为了教会大学在中国办学能顺利进展下去，双方妥协达成一致成了决定因素。由此，校长掌权与教会约权之间需要保持一定的平衡关系。

随着教会大学的学校教师数量和招生人数的增多，学校的组织机构日益健全。19 世纪初兴起的欧美基督教海外宣教运动中，大多数西方基督教教派都组建了国外差会，并设置了托事会，主要负责联系和捐款等事务。创办中国教会大学的长老会、监理会和圣公会等教会不仅有设在美国的托事部，还在中国国内设置了各教会大学的董事会或者理事会，聘请校长掌管校内的各级校务行政管理。“托管会”或者“托事部”的称谓，体现了教会大学对创建人地位的尊重，因此，华人校长在教会大学所处的地位和他们掌权的方式都反映了委托代理的本质，华人校长需要在教会的约权之下执掌教会大学。20 世纪上半期，美国新教团体在中国创办的教会大学中，有些是差会自办，有些是多教派联合举办。其中，美国监理公会独立开办了苏州的东吴大学，美国浸信会独立开办了上海的沪江大学，美国圣公会独立开办了上海的圣约翰大学，美国长老会独立开办了杭州的之江大学，美国美以美会独立开办了福州的华南女子文理学院。而属于几个差会联合开办的教会大学有燕京大学、金陵大学、齐鲁大学、金陵女子文理学院、福建协和大学、华中大学和华西协合大学。托事部代表教会差会组织对在华所办的教会大学的控制和影响虽然在不同的教会大学形式上不尽相同，程度也有所区别，但他们凭借西方势力的地位，影响力是持续的，特别是那些由单一教会差会举办的教会大学，如圣约翰大学，这种影响非常明显。

民国时期大学董事会的组成人员通常选用了政府、社会的经济、文化界等名人，他们因为自身所处行业的不同，对大学的决策和管理仅仅限于提提建议和投票表决。立案之后虽然聘请了华人校长来负责教会大学的校务管理，然而，教会大学的教育方针、教育决策主要由校董事会表决，董事会成员的意见直接决定了教会大学的大政方针和政策走向。在教会大学开办早期，校董事会成员基本上是清一色的外国人，并且都有很深的教会渊源。总部在国外欧美各地的教会机构意见主要通过校董会的声音传达到在华的教会大学。尽管是中国的教会大学，但是基本上是外国人主导的校务管理格局。1926 年，国民政府颁布的《私立学校校董会设立规程》规定外国人在私立学校董事会所占席位最多不得超过 1/3，私立学校的校长须由中国人来担任，教会大学校董会的人员结构随之发生了变化。同时校董会在履行其职责中，与中国政府的沟通也非常重要，特别是在 20 年代末 30 年代初，教会大学在注册立案的过程中，校董会成员的活动能力及社会影响力常常起着举足轻重的作用。① 教会大学外部的托事部制度、董事会制度与内部的校长、教务长、校务长等组织系统，对教会大学的平稳、有序运行形成了系统保障。另外，教会大学内部的外籍教会人士构成，前外籍校长的隐形权威，对华人校长的掌权与教会的约权之间的平衡起着相当的影响作用。

三　华人校长治学理念与办学效益的统一

欧洲工业革命和资本主义制度的巨大成功，对传统的封建集权制度是一个彻底的颠覆。在亚洲，日本政府率先发动明治维新，引进西方科学技术和社会制度，西学东渐势不可挡。洋务运动之后，京师大学堂、天津中西学堂和南洋公学等一批高等学堂的建立，标志着中国有了现代意义上的高等教育。伴随着中国高等教育制度的演进和中西文化的冲突，教会大学不断发展壮大，也遭遇挑战。华人校长受命于民族复兴之际，他们在冲突的背景下接任校长职位，直面诸多困难，他们以高度的敬业精神，担负起了“他们的教会大学”之教育事业与使命。

① 何晓夏、史静寰：《教会学校与中国教育近代化》，广东教育出版社 1996 年版，第 188 页。

华人校长在思想和组织文化上树立起了宗教道德伦理，吸收了西方优秀的文化传承。教会大学在近代中国内忧外患、风雨飘摇中能发展壮大，不仅得益于教会的资助、教育家的尽职，更重要的是学生层面形成的良好素养。在华人校长的带领下，教会大学的学生们虽受宗教的耳濡目染，但并没有成为偏执的神论者，而是把宗教的爱与奉献精神转化为自身的素质。在 20 世纪 30 年代的抗日战争期间，无数个教会大学学生投笔从戎，即便是在腐败的国民政府任职，他们也严于律己，出淤泥而不染。教会大学的多位华人校长与国民政府有过很深的交集，如岭南大学钟荣光是孙中山的亲密战友，东吴大学校长杨永清曾就职于民国政府外交部，朱经农任齐鲁大学校长兼湖南省教育厅厅长，金陵女子大学校长吴贻芳多次受邀任教育部长，但他们保持了知识分子的朴实、淡泊名利。

华人校长是现代高等教育制度的开创者和实践者。在中国两千年的封建社会，“学而优则仕”是知识分子的理想归属。蔡元培、胡适、傅斯年、李煜瀛等为代表的海归精英在北京大学发动了大学独立思想革命，主张兼容并包，开启了中国教育领域新制度的建设。13 所新教的教会大学华人校长在与教会“宗主”的博弈中，逐步把自身培育成一代“制度教育家”，他们在教会和政府权力之争中，走出了一条信仰学术、崇尚理性的教育家治校之路。在他们漫长的掌校历程中，华人校长很好地汲取基督教“爱、奉献和服务”思想价值观和西方现代大学独立的教育思想，反对学生盲目卷入政治纷争，很好地把西式教育与中国社会现实有机结合起来，超越了宗教传教事业的狭隘，有效履行了现代大学的教学、研究、社会服务和道德功能，开创了以院校自主、学术自由、思想自由为代表的，理性、多元和责任的大学理念。

高等教育是争夺民心的阵地，也是塑造民心的场所。毕业生代表着大学的成果，了解中国教会大学的毕业生对评价教会大学的社会价值具有重要意义。从首批在教会资助下留学海外的容闳、黄宽等马礼逊学堂毕业生，到邹韬奋、林语堂等近代社会名流，以及杨永清、陆志韦、吴贻芳等教会大学培养的华人校长，他们的知识能力和人格品质代表了教会大学的成绩，他们在动荡时局中直面冲突，坚守教育阵地，培育民族进步迫切需要的新青年、新思维、新文化，为中国教育、社会和文化制度的近代化作出了不可磨灭的贡献。第一代华人校长无疑是民国时期高等教育领域一道独特的风景线。即便西方传教士基督教教育在中国化过程中有强迫的因素，但他们对教会大学的发展是负责任的，他们慎重地选择具有基督人格的华人学者来担任校长。实践证明，这些校长在使基督教教育更中国化、更世俗化的过程中起到了重要的作用。

第三节　多重制约因素下华人校长角色交融的制度价值

规则的制定是在资源、利益及关系的相互作用下产生的。自 12 世纪大学诞生于意大利、法国、英国以来，这种利益的争夺始终存在并延续着。近代中国高等教育的诞生是西学东渐的产物，以京师大学堂为代表的官办大学兴建伊始，制度上引用了西方学科、学制和师资、学生管理，但是思想上依旧没有摆脱经学桎梏，不得触碰政治集团的利益。因此，从根本上讲，近代高等教育制度是政治制度的延伸。从清政府颁布一系列关于教育制度的法规、规章，张之洞、张百熙等发表的一系列讲话和文章，到民国初年南京国民政府强制推行的党义教育，与西方教会的宗教集团产生摩擦，反映了规则、制度是由资源要素所决定的。教会大学华人校长角色的妥协性和冲突性，受到中国历史、文化和制度的局限。但是，华人校长在实践中摒弃了纯粹传教的办学目的，把宗教向善的理念转化为人文教育思想，他们的教育方针融合了国家的实际需要，保留了现代理性和独立精神，发挥校长职位功能，务实报国，为民族发展奉献自身的价值。

一　教会大学治权的法律制度基础

从 19 世纪末至 20 世纪 30 年代，是中国社会极度动荡的一段历史时期。政治上，清朝灭亡、民国建立、军阀割据；经济上，近代工商业与传统小农经济并存；文化教育上，中国传统教育、西方科学教育和教会宗教教育相互交织。伴随着西方炮舰政策而兴起的教会学校教育逐步向高等教育发展，对现代中国高等教育的发展产生重要影响。在这一历史时期，基督教高等教育经历了迅速发展、短暂消沉、全面调整和重新发展几个阶段，其中“立案”是一个标志性的转折点。教会大学享有事实上的“教育治外法权”，教会大学依照自身的章程和输出国相关法律开展办学活动和宗教事务。他们认为上帝赋予的思想与言论自由权等属于天赋人权，清政府也以“怀柔外夷之中、仍不失天朝体制”[①] 之名妥协于治外法权。但是，教会大学最初是在西方列强的政治庇护下享有的治外法权，包含了明显的武力元素，是强行攫取的，是单向的治外法权。

本来，外国人在内地自由设立学校并无条约依据，1906 年，清政府专门颁布了《咨各省督抚为外人设学无庸立案文》，认可教会学校免于在中国政府立案，事实上从法令制度上和政治思维上为教会学校的设立和教育教学行为提供了制度上的保障。西方宗教组织在中国的土地上可以自由地设学招生，并可不受中国政府的任何管辖，对于中国政府有关教育方面的任何要求，教会学校都可以不予理睬，滋长了外国教会在华的势力，对中国法规之蔑视成为常态。咨文的“所有学生，概不给予奖励”，虽反映了清政府对外人学校的排斥，或者说封堵了这批学校毕业生入仕做官的资格，但都无法遏制教会学校的思想传播和社会影响。教会大学凭借“教育治外法权”成了中国领土上的外国学校，华人校长在掌校之后的身份也无法撇清。教会大学基本上是按照西方的办学模式经营，学校在课程设置、行政管理等方面都与中国的学校不同。

20 世纪 20 年代的中国，时值第一次国内革命战争，中国社会经历着极为动荡的历史时期，新文化运动、非基督教运动和收回教育权运动等民族主义风潮云涌风起。1925 年爆发的“五卅运动”，1926—1927 年间的国民革命军北伐战争，对于这些被中国社会诟病的外来教会学校产生了前所未有的冲击。从民族对立发展到人类罪恶的杀戮行为，一些在华从事教育的传教士在这场人为灾难中失去了生命，教会大学陷入了莫名恐慌。1922 年开始的反基督教运动从北京、上海等地蔓延至全国，对已经步入兴盛期的教会大学产生了较大的影响。虽然说这场反基督教运动最初的性质是反对宗教，斗争的矛头也不是基督教会创办的学校。但是，1924 年“收回教育权运动”使得这场运动的本质发生了变化，不仅教会大学的宗教性受到质疑，而且针对教会大学的主权问题提出了强烈批评，要求收回外国势力在中国开办教育的权力。运动给教会大学带来了剧烈的冲击，教会大学的生存与发展环境恶化，传教士对在华基督教教育的前景表露出惶恐和不安。不允许在学校内从事任何传教活动作为最强烈的议题，反映了在民族危亡的紧要关头，中国教育者意识到教育对挽救国家、民族危亡的

① 故宫博物院编：《清代外交史料》（道光朝第三册），1932 年版，第 51 页。

重要作用，强烈主张教育应由国家统一规划、办理，并应脱离宗教而独立，建立起中国自己的学制体系和教育管理制度，将各种类型、各种层次的教育机构都纳入到国家统一的管理范围内，尤其对外国教会在中国所设学校，应严格控制，坚决收回教育主权。立案时期的华人校长处在教会大学向着更中国化、更世俗化的过渡时期，承担着繁重的义务和巨大的社会压力：既要协调外国教会与本国政府之间的不同要求，还要处理好校内外涉及中外师生的各种矛盾和冲突；既要切实履行好学校赋予的管理职能，又要维护特殊时期的民族尊严。[①]

在华教会大学大部分沿用了西方的董事会制度，因此教会大学章程里对于校长职位的规定内容比较简单，例如金陵大学章程第七章“President”有以下条款：1. “The President should be elected by the Board of Control（董事会选任），subject to the approval of the Trustees”（受托人会批准）；2. 职责：“Ex-officio chairman of the Board of Control without vote”，（董事会当然委员，但没有投票权）；3. 执行委员会和教职工委员会的当然主席；4. 监管大学各系部的利益以及财产和事务；5. 大学的官方代表；6. 任命教职员工；7. 向董事会提交年度汇报。[②] 圣约翰大学的组织架构中圣公会主教的位置特殊，而关于校长的权力相对模糊。在《圣约翰大学组织章程》的第三条“校长之任期及职务”，规定“校长综理全校行政事宜，监管全校人事员工。负责实施校务会各项决议”。同时，第四条特别规定了驻校代表，“由校董事会聘任，为设立人会与校董会之间者。会同校长商决行政计划，在校长缺席时，代表人得代行职权”[③]。根据两所大学章程的受托人会、董事会和校长的相关条款规定，教会大学的主要决策权力在董事会和受托人会或者设立人会，那就是说，谁出的钱，谁建的校，决定了谁负责，校长的角色更多是“职业经理人”的身份。

二 教会大学治权的社会制度基础

教会大学华人校长登上历史舞台是中国近代社会变迁过程中一个重要现象，他们这批人从个体的教育经历、成长经历到他们的校长角色形成，

① 吴梓明：《基督教大学华人校长研究》，福建教育出版社 2001 年版，第 153 页。

② Constitution of Ginling College. 上海市档案馆档案，档案号：U124-0-19。

③ Constitution of St. John's University. 上海市档案馆档案，档案号：Q243-1-377-43。

再到角色冲突，有深层次的社会决定因素。其中，资源的力量甚是重要，既包括当时教会大学特有的高等教育学术资源，也包括教会大学不可忽视的社会权力资源。教会拥有先进的人力资源，同时，教会大学又保存了大学的历史资源——来自西方的大学行会传统。大学这个机构发源于12世纪的欧洲，起初的功能是学者行会，来自世界各地的学者、教师共同分享研究成果，宗教进入校园在当时的欧洲大多数国家也是大学的常态，有不赞同者完全可以选择非宗教课程或者去就读非教会性质的大学。尽管有世俗王权与教会权力之争，整体上社会的包容性比较宽松，这种由传统、习俗和惯例等构成的非正式制度要素是教会大学治权的社会制度基础。

从本质上说，教会大学是教会传教的工具，是宗教事业的世俗平台。传教士以上帝的名义传播福音，也获得了广大信徒的社会支持，也帮助他们在经济上能够合理筹措办学经费，保障学校的发展。1927年之后，根据国民政府的私立学校立案要求，中国教会大学陆续向国民政府教育部注册、立案，原外籍校长让位于华人校长。但是，由于国民政府忙于国内战争，经济上捉襟见肘，根本无力扶持大学。教会大学依然在西方基督教会的主导下运行，大学的财政来源掌握在西方传教士手里。虽然说华人校长没有实权，但是从他们掌校之后的教会大学文献资料记载，华人校长与美国教会方面接洽时采取的有理、有据、有节和有情细节，使得他们获得了校董事会以及西方教会组织的信任，也使得远在美国等地的教会差会方面情愿为中国的教会大学筹款、聘请教师，并支持优秀学生赴美留学，保障了教会大学的正常运行。

教会大学在校友会建设方面也有着特殊的优势。校友会也从单纯的经济资助教会大学的发展，转向主导、影响学校办学政策的趋向。如宗教性强、保守倾向重的上海圣约翰大学的权力中枢校董会就由来自美国董事会、上海教区会、校友会和校务委员会等成员组成。由于创办教会美国圣公会对宗教性的严格把关，圣约翰大学校友会的构成也非常重视教徒身份，甚至社会形象，他们一方面以宗教的意志与学校董事会和校长推进圣约翰大学的发展，另一方面，他们也会对华人校长的治学给予监督。当中国基督教代表人物赵紫宸、刘廷芳等提出在华基督教“三自”发展的目标，圣约翰大学的校友会也加快了督促本校中国化转向，尤其在中文教学和中国文史知识传授方面，有了明显的进步。沪江大学、岭南大学等同学会也积极参与到母校立案、资金筹措和文化建设。

三 教会大学治权的经济制度基础

从经济规律讲，谁投资谁说话。谁参与到教会大学的筹资办学，就意味着他在教会大学的发展事宜上拥有一定的话语权。除了来自西方教会的经费和政府的拨款之外，教会大学的财政支持还有相当部分来自于社会的捐赠。从早年来自欧美国家的基督教徒，到后来培养的中国基督教徒，他们用捐赠教育、献身服务的形式表达对上帝的爱，对他人的爱，他们在经济上的支持是基督教得以传播的物质基础。但是，不得不承认，一些西方国家的商人是为了获得客观的经济利益而捐赠教会大学的。一位英国经济学博士在为教会募集捐款时，对英国总商会的人说，将几分钟的广告费用节省下来，就可以在中国——这个世界上最大的市场办几所教会大学，教育中国人。他指出，相比广告不能说话的微小效力，办学校可以使中国学生读英国书，说英国话，认识英国的事物，才是最好的广告，而且不仅在校的学生可做广告，学生的家族、朋友都可成为很好的广告。①

在中国国内，对教会大学的捐赠也逐渐增多起来。最初，国内主要是一些贫民积极参加基督教会以获得物质的救助和精神的安慰，到了民国初年，越来越多的政界要人、商贾大佬和社会名流参加教会，并慷慨捐助教会大学，他们要比一般的民众更能深刻体会到教会大学带来的新式人才优势，因此也更乐意把他们的子女送入教会学校读书，也愿意捐赠以支持教会学校的发展。在耶鲁大学神学院所保存的华人校长与教会方面的信件中，很大比例的内容涉及财务问题。在华人校长的不懈争取下，美国教会方面为中国教会大学提供了大量的办学资金，分别用于教学材料和实验设备的购买，教师酬金的发放，以及师资培训资助和校园建设支持等。

1943 年 2 月 23 日，纽约联合董事会查尔斯·科贝特（Charles H. Corbett）先生把执委会 2 月 15 日会议记录邮寄给华西协合大学张凌高，随邮件附信说明，“为了节约邮资，我们这次仅邮递一份邮件，并且请你把会议记录和这封信拿与成都校园的其他校长分享阅读”②。当时，中国

① 觉悟：《外国在华办学之真因》，见李楚材《帝国主义侵华教育史资料：教会教育》，教育科学出版社 1987 年版，第 579 页。

② Dsang，Lincoln（Lin Gao）：*Archives of the United Board for Christian Higher Education in Asia*：*Record Group No.* 11. New Haven：Yale Divinity School Library，Box286 Folder4489.

正深陷抗日战争的灾难，美国社会尚未从30年代的大萧条恢复起来。但是，教会大学的工作并没有因此而停止，多所教会大学为了躲避战火被迫西迁四川，美国教会方面为了节省邮资，只邮寄一份给张凌高，再由张凌高与其他在蓉各教会大学校长（当时在成都的教会大学有燕京大学、金陵大学、齐鲁大学、金陵女子文理学院等）共享邮件。在那个特殊的时代，一大批狂热的传教士，在信仰的驱动下，投入巨大的人力、物力、财力和情感，培育出一批大学校长，在世界近现代高等教育史上树立起了不可磨灭的角色形象。儒家经典《论语》有云："夫仁者，己欲立而立人，己欲达而达人。"[①] 在这样的角色塑造年代，华人校长对这些外来文化传播者有何等的角色期待？在来自纽约源源不断的"糖衣炮弹"面前，他们很难固守民族嫌隙，为教育而倾倒于异域宗教实乃情属有缘。华西协合大学的张凌高校长在给中国基督教大学纽约理事会回信中这样说："1942年，我们的教学运转没有太多因日军的空袭而紊乱，很感激。六月份，我们为四所教会大学获得学位的学生举办了一场联合毕业典礼。由于九月份燕京大学的加入，我们现在的周会议有五位校长参加。一年来，我们共同讨论各个学校的问题，五校的合作程度大大提高。但是，我们非常担心的是秋季以来的物价飞涨，我们需要每个月调整薪水水平。"[②] 当时，燕京大学、齐鲁大学、金陵大学、华西协合大学和金陵女子文理学院共用华西协合大学在四川成都的校区，教职员工冒着日军的野蛮空袭，忍着无米下锅的窘迫，仍然在坚持着教会大学的教育事业。

抗日战争胜利之后，教会大学迅速开始恢复重建，各教会大学华人校长与纽约中国教会大学联合董事会的通信显示，向国外教会组织申请筹款是主要途径。1947年3月10日，麦克姆伦告诉李培恩，戴维森学院（Davidson College）的师生捐款5500美元，由豪恩先生（Hoarn）带来之江大学，强调这笔钱的捐款者希望主要用来支持教师、学生的补助、宗教事务以及图书馆的资料购置。[③] 教会大学早年所购买土地和建筑物基本来自基督教国外托事部筹集的款项，虽然这些教会大学陆续在国民政府教育

① 《论语·雍也》，见高占祥《四书五经》（第一卷），线装书局2006年版，第61页。

② Dsang，Lincoln（Lin Gao）：*Archives of the United Board for Christian Higher Education in Asia*：*Record Group No.* 11. New Haven：Yale Divinity School Library，Box286 Folder4489.

③ Baen E. Lee：*Archives of the United Board for Christian Higher Education in Asia*：*Record Group No.* 11. New Haven：Yale Divinity School Library，Box51 Folder1327.

部立案，但是并没有把学校无偿捐献给中国政府，况且国民政府不顾国计民生，忙于国内战事，国立大学经费都捉襟见肘，先后有清华大学校长罗家伦、南京中央大学校长任鸿隽、北平大学校长李煜瀛和沈尹默等因经费无着而不得不向国民政府请辞。[①] 同时代的中国教会大学显然要幸运许多，纽约联合董事会顶着二战时期大萧条的压力，在经济上持续给予中国教会大学支持，华人校长和中方管理层得以维系学校的正常运行。

第四节 多重因素制约下华人校长角色交融的认同价值

教会大学华人校长角色在东西方政治、文化、思想、制度对话交流与冲突妥协中诞生。西方的基督宗教信仰、传教士的捐赠善行、教会大学的学科优势等对国人原本脆弱的民族自尊形成了强烈的心理冲击，追求“西学”，又固守“中体”，爱恨交织，抉择纠结。民国建立之后的教育政策法规有政治干预的强势，也赋予了华人校长角色法律凭证和历史使命。今天，我们回溯华人校长的角色冲突，了解到基督教文化对中华传统文化的影响，发现华人校长角色代表着新生代中国人在社会制度变迁过程中的选择与彷徨，他们这个群体先一步接受西方现代知识、制度和价值观，并形成了自身理性的价值体系，在与内外各方的角色、价值冲突中，在中华民族从封建极权向民主共和的转型中，以自身特有的使命感引领教会大学中国化。

一 华人校长掌校与教会大学法治治校

行为的有效与否却取决于其是否符合规则的规范。教会大学处于特殊的历史时期，华人校长职位的运转则在两个规范下进行，一是教会的独立性和法外治权性，二是国民政府的政令、法令规范。从世界惯例出发，教会办学有历史的正当性，而从中国的历史现实讲，强调国家法度的控制。因此，教会大学的运行是在合法性和正当性之间徘徊。虽说政治的母题是强制与服从，但正如卢梭所说：“即使最强者也不能总是强大得足以永远做主人，除非他把权力转化为权利以及把服从转化为义务。这一转化的过

① 韩信夫等：《中华民国史大事记》（第二册），中华书局 2011 年版，第 977、1026 页。

程不是别的，就是政治权力正当化的过程。”[①]

教会大学华人校长的双重身份，也决定了他们的行为双重规范性和矛盾性，他们思想上强烈的基督教文化认同推动着他们行为上的基督教化。但是，大学的社会公共性又使得他们不得不依法顺从政府。尽管在组织文化上心有所属，但是华人校长在制度文化上遵循法治治校。按照教会大学的董事会章程、组织大纲等纲领性文件，校长是董事会会议的当然委员，列席董事会但没有表决权。华人校长在董事会上的主要任务是向董事会汇报学校的重大事项，由与会委员评议。董事会委员的选任依据《董事会章程》执行。

以杭州的之江大学为例。1929 年，《私立之江文理学院组织大纲》第四条规定：本学院设校董会，照下列分配组织之。其组织及职权详见校董会组织大纲：（1）设立人选派三人；（2）北差会选派三人；（3）苏杭宁绍及嘉兴区会各选代表一人；（4）南差会选派三人；（5）同学会选派三人；（6）校董会每年自选社会名人二人；（7）院长及教务主任为当然委员（无表决权）。[②] 1933 年之江文理学院年刊介绍本院的行政组织：本院原为美国教会所设，复校后移交国人办理，由校董会聘请院长一人总理院务，其下设校务主任一人，襄助院长处理院务，又设教务事务二处，各设主任一人，商承院长处理各该事务。[③]

虽然教会具有组织封闭性和宗教排他性特征，但是，自 16 世纪马丁·路德宗教改革之后，新教与中世纪罗马天主教会把持的封建极权制度开始决裂，开启了基督教民主、平等理念，加速了文艺复兴以来的宗教思想解放。马克斯·韦伯把新教伦理和资本主义精神相关联，认为新教改革为新兴资产阶级带来了革命的、解放的思想武器，并高度赞扬了基督新教在文化上和制度上的先进性。从这一角度来看，以新教团体为主要创办者的中国教会大学，能够在华取得空前的发展，除了传教士的宗教热情，更重要的是源于新教伦理下的大学治理制度和文化交流价值。华人校长的教会教育经历，收获的不是读圣经、拜上帝，而是新教伦理指引下的新制度、新理念。近代中国制度变革中文化、政治和思想构成的因果联系，正

---

① 周濂：《正当性与合法性之辩》，《读书》2014 年第 5 期。

② 《私立之江文理学院一览》，《之江校史》1929 年，第 114 页。

③ 陆皋义：《本院一瞥》，《之江年刊》1933 年，第 35 页。

是教会大学运行的法治环境。

二 大学学术自治与教会利益关系调适

在资源与关系的影响下，利益决定了行为。传教始终是教会的第一利益，他们需要在世界各地树立起他们这个集团的文化和组织系统。但是，从华人校长的职位角色出发，大学的自身利益在于教育的理性、自由和独立思想，尤关乎政治和任何集团的利益，大学治理需从教育的本质出发，也就是育人。在多重角色交汇中，基督教会和各政治集团都会成为一部分学生的组织追求，华人校长也主动地参与教会活动和政治活动。因此，大学应当坚持兼容并包的精神，教会和党派、政府都不应该凭借自身的资源优势和霸道权力强制大学去依附、去顺从，那样将对青年一代形成赢者通吃的误导，长此以往，也会损害教会、政党和政府的公信力。不可否认的是，源自欧美各国的基督教教会在华创办教育事业，也必然牵涉到各国在华的影响力之争。事实上，哪个国家的教会组织在中国教育领域占据着主导地位，该国未来在中国拥有的文化、政治影响力，甚至经济利益都将处于优势地位。原因在于：一国在华办教育，其所用物品、器具、机械、方法都具有该国的特色，其教授的学生长成之后，无论从事何种职业，或官或商，交往贸易，自然倾向该国；生活起居、思维方式也会与该国相似；如有缓急相需之处，必舍他国而求助于该国之人，因此，该国的商业、财政、威望三者都是直接或间接得利益者。[①] 在英国、美国等援助中国的款项中，就有专门分配给教会大学的份额。1943 年春，时值抗日战争期间，英国政府批准给蒋夫人的援华基金首期，经过和英国大使协商，120000 英镑中 25000 分配给基督教大学。[②] 支持基督教大学的经费占去这笔援华资金首款总额的 20.83%。1907 年，在华传教士大会呼吁：“要在那必将到来的更大的机会来到前，就做好准备，训练我们的青年人，使他们将来在担任政府职务时能够胜任。”[③]

美国退还庚子赔款时，伊利诺大学校长詹姆士致函总统罗斯福指出：

---

① 甘作霖译：《英德在中国兴学之比较》，见舒新城《中国近代教育史资料》（下册），人民教育出版社 1981 年版，第 1069—1070 页。

② 《教会大学 Bulletin》，上海市档案馆档案，档案号：U124-0-19-55。

③ 李楚材：《帝国主义侵华教育史资料：教会教育》，教育科学出版社 1987 年版，第 5 页。

“哪个国家能在教育这一代中国青年的事上成功，哪个国家就会因付出一定的努力，在道德、知识和影响取回最大可能之收获。”① 清政府对外来办学的“无庸立案”态度，为西方教会大学开放了中国市场。1908 年，《日本外交时报》刊出《论各国以国际竞争争夺中国教育权》一文，直指英、法、德、美等来华办学或提供奖学金给华人留学生，名为传授教育，实则是在政治影响上的竞争，日本如若在办学传教上落后，则肯定日后在华势力要落后于英、美、德。正是由于意识到教育与政治、经济的诸多关系，英美众多商业资本家在传教士募集资金拟设学于中华时，都不惜巨资，积极支持。齐鲁大学的创设就是针对德国在青岛广兴教育，英美联合以对抗其竞争实力的典型例证。②

在新成立的国民政府要求私立大学立案之后，中国教会大学华人校长集体走上了近代中国高等教育的历史舞台，但是，身份的特殊性使他们很多时候只是名义上的校长，或者是掌握大学权力一方所期待的代理人。他们在经济上缺乏独立性，受制于西方教会的财务控制，在文化上对西方基督教会形成了深度的认同，在组织上则不由自主地依附教会，并积极维护教会的宗教利益。但是，他们在政治上必须要向政府妥协，同时又有着强烈的民族意识和教育救国的愿望，这些主客观因素的牵引，使他们陷入与教会、政府的冲突，作为理性的新知识精英和学者教育家，他们的个体认知要求他们在各方之间取得平衡，以保障教会大学的健康发展。为了获得自身更大的自主权和学校的发展，华人校长积极开拓资源，募集资金，特别是当美国在 20 世纪 30 年代之后陷入经济萧条的困境，美国教会对海外投资办学热情逐渐消退，教会大学维系资金日渐萎缩时，华人校长积极调整政策，在校内厉行节约、国内谋求捐款和政府补助，力保教会大学的教育和学术发展。

三　人格养成理念与教会大学文化导向

中国历史自秦统一六国以来，集权和集中思想成为文化主流，个人的

---

① ［美］明恩溥（A. H. Smith）：China America Today，见李楚材《帝国主义侵华教育史资料：教会教育》，教育科学出版社 1987 年版第，5—6 页。

② 陈俶达译：《欧美人在中国之教育的设施 1921》，见舒新城《中国近代教育史资料》（下册），人民教育出版社 1981 年版，第 1085 页。

选择余地极小，独立之精神、自由之思想成为“文人”的理想。“自我”的概念涉及个体内在的、私密的世界，个体在“人”的观念中表现了其本质或内核。[①] 追求基督人格教育、大学自治、学术自由，是教会大学华人校长角色特征的核心内容。原本，在华办学的欧美教会为保证学校的西式特征和宗教性，一般不接受任何来自政府机构的捐款。但是，当教会大学向中国政府立案后，为解决经费短缺问题并获得更多的支持，华人校长都积极谋求经济独立。沪江大学校长刘湛恩说：“我们教会学校，应即谋自救，实行经济独立。”[②] 一方面，他在校内提倡精打细算，节约办学；另一方面，积极开展向国内募款，并首开先例接受中国政府的资助。其他华人校长也与政府和中国社会有了纵深的接触。但是，华人校长力争把经济资助与大学治理分隔开来，建立起独立性和学术性的大学制度。华人校长作为虔诚的基督教徒，他们把基督教思想与中国实际需求结合起来，在执掌教会大学过程中，把基督人格转化为品质教育的内容，在师生中提倡基督化人格修养培育，把教会形式上的宗教灌输融为无形的基督教影响，在潜移默化中，学生塑造起基督化的品格。既保证了宗教教育的效果，又避免了强制基督宗教教育的嫌疑。他主张在学校营造浓厚的基督教氛围，让教师赋予宗教教育以活力，使之吸引学生，有效地引导他们皈依基督。[③]

一所大学办得成功与否，除了客观的社会环境、经费来源等因素以外，具有决定性的因素包括一批学识、品格兼优的教育者和有利于人才培育、成长的教育机制。清华大学老校长梅贻琦说：“所谓大学者，非谓有大楼之谓也，有大师之谓也。”大师之谓在于学高德优，现代大学源于中世纪西欧的古典大学，邬大光（2016）教授把这些古典大学的本质归为英国红衣主教纽曼的大学理想——博雅教育，并且批评“中国大学并没有借鉴好欧洲中世纪古典大学的精神遗志”[④]。并对“斯文”的内在精髓——“斯文人格和斯文理想”提出了时代的见解。王建华（2014）在《我们需要什么样的大学》中评价巴黎大学是奥古斯丁意义上的德性的大

---

① ［英］西蒙·冈恩：《历史学与文化理论》，北京大学出版社 2012 年版，第 166 页。

② 吴梓明：《基督教大学华人校长研究》，福建教育出版社 2001 年版，第 86 页。

③ 吴梓明：《基督教大学华人校长研究》，福建教育出版社 2001 年版，第 48 页。

④ 邬大光、马跃华：《大学与斯文》，《光明日报》2016 年 3 月 31 日第 11 版。

学，柏林大学是洪堡意义上的国家的大学，而哈佛大学则是弗莱克斯纳意义上的现代大学。并强调德性的大学所谓“好”的标准是对宗教的忠诚和对道德的坚守，国家的大学所谓“好”的标准是对国家的忠诚和对民族精神的陶铸，而现代大学所谓“好”的标准则是对科学的忠诚和对学术的不懈追求。①

从欧洲古典大学的精神，巴黎大学的宗教理性到洪堡的国家主义和弗莱克斯纳的人才培养与自由研究，体现了不同时代、不同文明对大学的理解。比较历史学者马修·梅尔科说：“文明之间潜在的敌意如果存在，那也许是源于对未知事物的恐惧。价值观上的差异可能催生一种分隔意识。”② 从燕京大学的司徒雷登、圣约翰大学的卜舫济、东吴大学的文乃史、华西协合大学的毕启、金陵女子大学的德本康夫人等外籍校长，到杨永清、陈裕光、吴贻芳、陆志韦、李培恩、林景润等华人校长，他们代表了教会大学的从西化向中国化的交接，也代表了文明之间的沟通。这批华人校长克服了对外来未知的恐惧，引导中国教会大学的文化走向，一方面积极协调欧美教会和中国新政府的不同要求，另一方面积极应对中外教职员工和师生之间的不同诉求，化解矛盾，建立校园新秩序。作为国民政府法律意义的教育行政领导，教会大学华人校长积极维护国家教育主权、民族情感和民众利益；作为西方基督教文化的信仰者和传承者，他们用新文化人的智慧和理性来处理西方教会的宗教意愿，汲取基督教文化中的优点，使之转化为中华民族迫切期待的奉献精神和爱国教育思想。

本章小结

多米尼克·什纳贝尔在他的著作《社会学的理解》一书中指出：“现代社会不是由相互层叠、边界清晰的群体构成，而是由同时具有多角色、多参照标的个体组成。根据社会条件和历史情境，他们根据自身个体或集体的以往经历来选择参照和身份认同的不同形式……现代社会建立在人们的流动之上，建立在他们忠诚或背叛的多元之上，建立在他

① 王建华：《我们需要什么样的大学》，《高等教育研究》2014 年第 2 期。

② ［美］马修·梅尔科：《文明的本质》，陈静译，中国社会科学出版社 2017 年版，第 132 页。

们身份的多元之上。”① 身份既是我们认识清楚自己的方式，也是我们呈现给他人的形象。身份植根于文化之中，但是也随时发生着变化。② 华人校长作为中国特殊时代的人群，他们所从事的教会大学教学与管理的职业，与他们对教育、对人性及对中国时局的理性认知，使这些华人校长的心理上往往经受着徘徊与植根的身份变换。

通常来看，一种组织和一个职位，除了规则相对稳定之外，资源、利益、关系及其直观的角色行为却是随着时间、地点、人物、方式、环境等历史变量的变化而变化的。民国时期教会大学华人校长群体是中华民族历史进程中的杰出人物，他们在中国高等教育史上扮演的角色和遭遇的角色冲突，是近代中国社会变迁大背景下重大的高等教育现象，也是西方资本主义革命之后，世界走向多元化之路的必然结果。本书所聚焦的民国时期教会大学华人校长的角色身份，不是脱离国内和国际社会而孤立存在的。历史证明，近代高等教育在中国社会诞生伊始，西方传教士创办的教会大学在中国社会近代化进程中显得举足重轻，而后来接掌学校的华人校长作为新一代大学校长的角色身份就尤为突出。与华人校长的角色相对应，来华传教的西方人士，中华民族变迁中的权力新贵国民政府以及满目疮痍的中国社会等，也在此新旧体制之交呈现出自身的角色，华人校长也对教会、政府及国人抱有特定的角色期待。华人校长在历史变迁、时代风潮、多方利益冲突中积极应对本身的校长角色冲突，是近代中国高等教育雏形时期的一面镜子，为研究近代中国大学与政府、社会及各外部关系提供了颇具价值的案例。

华人校长角色冲突的背景是教会大学所处的中西文化和近代中国特殊的制度生态。教会大学有严格的法律制度保障，包括组织章程，清政府和国民政府的法令、法规等，华人校长的职位功能需要在此框架之下运行。另外，作为异域舶来品，教会大学的运行受来源国度、所在地域的宗教传统、民风习俗等非正式制度的影响，有独特的社会规则和经济规律。从群际关系出发，国民政府的政治组织与西方教会的宗教团体分别利用本群组

---

① ［法］阿尔弗雷德·格罗塞：《身份认同的困境》，王鲲译，社会科学文献出版社 2010 年版，第 3 页。

② Crow G, Day C and Møller J.: Framing Research on School Principals' Identities. *International Journal of Leadership in Education*. 2017, 20 (3).

在资源、权力等方面的优势对教会大学实施影响和控制，其核心目的是为了本群组的利益。就国民政府一方而言，国民党奉行一党专治和以党治国的政治理念和制度需要得到大学组织在人才培养方面的支持和思想意识方面的拥护。广州军政府、北洋政府及南京国民政府都非常重视政府思想和“三民主义”在各个大学的传播，1928 年 5 月 28 日，中华民国大学院发表全国教育会议宣言，提出“此后中华民国的教育宗旨，就是三民主义的教育”①，“以三民主义统一青年思想”②。与此相对，西方基督教团体在华兴建教会大学主要是作为传教基地，培植本群组的优秀人才，为在华实现他们的宗教理想做好人才储备。教会大学的人才培养功能使其必然成为争夺目标，华人校长角色在此历史冲突的节点诞生，并以特殊的身份属性承接起那个时代的组织冲突。根据组织冲突的一般常识，华人校长陷入冲突之中，对教会大学将产生消极、负面的影响，也就是导致办学绩效的下降，但是，研究发现，华人校长凭借本身特有的人格魅力和教育家素养，把原本激烈的外来文化与本土文化冲突，个人角色行为与组织利益冲突控制在适度、舒缓的状态，带领教会大学克服困难，积极促进“人格”教育。某种意义上说，华人校长角色冲突推动了教会大学组织绩效的上升，民国时期教会大学在国内和国际上的声誉足以证明。

教会大学在中国历史制度变迁中诞生并取得了长足发展，但是最终以极端的方式一夜崩塌，这批理性斯文、风骨傲人的一代“教育家校长”也随之湮没于历史长河。如果说 1927 年国民政府立案法令之前的教会大学外籍校长代表了外族列强对中华民族教育权的侵犯，他们是在用基督教蛊惑国人，然而之后的教会大学校长全部更换为华人学者，他们都拥有高等学历，完全不是迷信鬼神、庸俗的神学信徒，燕京的陆志韦是心理学和语言学专家，圣约翰的涂羽卿是物理学教授，金陵的陈裕光是化学教授，东吴的杨永清是法学精英，金陵女子的吴贻芳是生物学专家，辅仁大学的陈垣是史学大家，之江大学的李培恩是经济学和管理学专家，沪江大学的凌宪扬是航空工业专家，他们或许有政治上的不成熟，但他们在教育实践过程中积极推进基督教精神的中国化，把西方教会的为上帝服务转化为教会大学的为中国学子和中国社会服务。

① 《大学院公报》第 1 年第 7 期。

② 《教育部公报》第 2 卷第 18 期。

政治、教育、宗教等作为人类文明进程中出现的重要现象，其本质是人性的精神需求，最终目的也都是为人类生存与发展服务，只是行为的路径有所不同。宗教组织凭借自身的力量去创造思想，积累资源，传播仁爱，在为服务民众的过程中赢得尊重和认同；政治则通过权力来维护信仰、管理社会、保障秩序。中国教会大学华人校长在精神追求上选择了前者，但是他们把基督教的服务理念与中国社会的时代需求结合起来，充分发挥教会大学的教育功能，实现大学的社会效益。他们在掌校过程中表现出来的角色品质和应对角色冲突的理性，对我们今天的现代大学制度建设、双一流大学建设，以及大学校长的遴选和履职，都具有珍贵的价值借鉴意义。

第七章

研究结论与展望

一　本书的核心观点

本书运用历史制度主义方法、文献分析方法和社会认同理论，梳理了民国时期教会大学华人校长群体的教育成长经历和掌校过程，以及他们在任职教会大学校长前后近代中国社会所发生的一系列重大政治、经济、军事、文化和宗教等历史事件，勾勒出中国教会大学华人校长角色诞生的社会制度和宗教文化背景，分析了华人校长的角色形成及特征，角色冲突及原因，角色交融及历史价值。

本书在宏观条件上重点思考了 19 世纪以来中国内部和外部的社会制度变革，以及中西文化冲突事件的影响，如清政府洋务派对西学的引进，中外不平等条约对西方传教士的庇护，收回教育权运动对教会大学的冲击，国民政府的立案法令等；在微观层面上着重剖析了华人校长群体自我的社会身份认同特征，社会认同在华人校长应对与政府的行政权力，与教会的宗教约束，与教会大学师生个体、内部利益发生角色冲突时所发挥的内在的决定性作用。同时，揭示了华人校长群体从角色被动转向角色主动，在角色冲突和角色交融中积极作为，引领教会大学在制度建设上和教学活动中折中、变通，主动适应中国社会的实际需要，取得了优异办学效益；在角色行为过程中，真实展现了时代赋予的理性教育家角色形象。

核心观点主要有以下几个方面：

1. 提出了华人校长角色冲突的概念，并对华人校长这个群体的典型特征作出了理论刻画，形成了本研究的核心主题。本书提出的华人校长角色是指杨永清、陆志韦、陈裕光、吴贻芳等这批在近代中国历史的偶然机会下担任中国教会大学校长职务者，他们在行使校长职权时，受到来自政府和教会组织、社会力量和个人心理等作用影响的近代中国高等教育史上特有的现象和实践活动。华人校长角色冲突源于他们的校长角色身份是在教会、政府、社会、自我等多方期待中诞生，并相应地被赋予了多重使命。基督教会的信仰培育、政府制度的规范性要求、个人的理性认知等，使华人校长既认领了中国大学行政领导者的身份，又背负了教会组织的宗教代理人身份，同时有着个人内在的理性角色身份。

2. 围绕华人校长角色冲突的主题概念，把以往研究的人物叙事嵌入近代中国的历史制度变迁之中，形成了本研究的分析线索，构建起华人校长研究的有机整体，开启了新的研究视野。华人校长角色冲突具有不同的表现形式。由于角色身份的多重性，华人校长群体在掌校过程中，与政府之间存在政治干预与独立治校、党化教育与基督教育、国家主义与公民主义等冲突；与教会之间存在职业教育与人文教育、宗教性目的与服务中国、西化方式与中国本土化、华人校长职权与外籍校务长职位等冲突；与教会大学的师生之间也存在中西文化需求、师生个人利益诉求以及学生政治活动管理等方面的冲突。

3. 整合华人校长角色冲突的内、外部关系，明确问题探究的整体框架，阐明了华人校长角色冲突现象整体的解释体系。研究发现，影响华人校长角色冲突是由多种原因引起的。（1）华人校长教育家身份与其代理人身份的冲突性决定的。华人校长作为国民政府委托下的现代大学教育行政代理人与教会选任的教会大学宗教性代理人身份存在本质的冲突性，他们时常陷入组织归属的模糊与矛盾。国民政府运用法令、政策等权力资源影响华人校长的决策和行为，教会的文化软实力是华人校长办学理念的内在支撑。（2）中西文化冲突与价值观碰撞的选择。中国近代大学建制的发展过程是不断摆脱古代官学影响而逐步引入西方现代大学模式的过程，是对大学的本质不断探索和理解不断深化的过程。华人校长在求学、执教和执掌教会大学的过程中形成了自己的价值观体系，在宗教仁爱思想影响下尝试推行新型的、独立自治的教育理念，倡导公民教育，克制官学陋习，在此过程中与中国社会、政治、文化形成抵触，引发角色冲突。（3）双重办学主体下华人校长的经济独立性缺位是冲突的经济根源。西方教会拥有的人力和财政资源是教会大学生存发展的支柱，同时也是教会利益的物质保障。

4. 揭示了华人校长群体角色交融的特征，对该群体的行为、思想演变进行了历史反思和价值评判，彰显了华人校长角色的现代借鉴意义。华人校长角色是中国传统教育制度与西方教育理念和文化认同冲突的结果。

华人校长对西方教育制度的个体认知与社会认同，决定了华人校长的角色认知和角色行为。在资源、利益和关系等要素的交织中，华人校长角色呈现冲突与交融的特征，也促进了华人校长的自我角色认知和社会认同。面对不同利益冲突，华人校长坚持“师夷长技”的西学教育，推进理性人格教育，发展惠民实利教育。身处颠沛流离的战争年代，又深陷教会治权和国民政府强权夹缝，华人校长凭借教育家的理性、智慧和基督徒的奉献精神，直面冲突源头，化解各方对抗，保障教会大学的正常教学、研究和社会服务，在国内外享有很高的声誉和地位，在历史制度演变和社会认同发展中展示了鲜明的中西文化交融的近代中国大学校长角色形象。在当今呼唤校长教育家和教育家校长的时代，我们迫切需要具备理性、智慧和独立思想的大学领导者。民国时期教会大学华人校长在角色冲突中所表露出的人文情怀、民族意识和理性人格，是中国教会大学的核心教育精神，是“养天地正气、法古今完人”道路上的原动力，他们用实际行动诠释了“华人校长”治下的教会大学教育追求和价值理念。

二　本书的主要贡献

在近代中国高等教育建制初期，杰出校长的开创性角色无可比拟，国立大学校长如蔡元培先生的声望在120年后的今天仍然经久未衰，他倡导的兼容并包的教育理念，作为一面思想革命的旗帜，鞭策着教育者去思考，去变革。本书研究的教会大学华人校长群体，作为西式教育的代表人物，在近代中国西学东渐和制度变迁过程中有着特别的意义。通过对华人校长的角色进行深入研究，管窥外来的教会大学在华的发展历史，对理解近代中国仿效欧美所做的现代大学建制的尝试，具有真实的借鉴意义。本书立足较为扎实的文献资料，运用了角色理论、历史制度主义和社会认同理论等多学科的方法，努力在华人校长群体研究领域作出创新。相对于前人关于民国时期教会大学华人校长的研究，本书在以下几个方面进行了较为深入的、有益的探索，并作出了一定独创性的贡献。

1. 研究方法与视角

首先，作者先后赴北京、南京、苏州、上海、武汉、济南、杭州等当年教会大学所在地档案馆、图书馆及中国第二历史档案馆、上海市档案馆、山东省档案馆、华中师范大学中国教会大学史研究中心和美国耶鲁大学神学院图书馆查阅、搜集中国教会大学和华人校长的文献资料，获取华人校长的个人书信、论著等大量的一手资料，梳理出文献所记载的历史重大事件、重要人物出现的背景、特征、时间序列和发生路径等要素，通过关键事件的结构化案例分析，详细考证华人校长的角色形成和职务履行情况，推断出教会大学华人校长角色与近代中国社会、政府及外来基督教会之间的逻辑关系，提出本书要研究的问题和基本思路，弥补了前人研究在文献方面的不足。

其次，本书引入社会学的角色理论和社会认同理论，对华人校长角色给予了理论梳理和概念界定，对人物研究的定位提出了新颖的思维。从校长身份出发，探讨基于多重身份和各方角色期待而塑造的华人校长人格、华人校长行为和华人校长角色。运用历史制度主义的方法，在宏观层面将华人校长角色行为放入近代中国历史变迁的大环境中进行考量，发现经济、政治、社会、文化等要素对华人校长角色形成、角色冲突及融合的影响，开启了一个审视民国后期教会大学发展的独特视角；在微观层面将华人校长角色置于社会利益、资源、制度等相互关系中进行研究，确认该群体的社会认同。

2. 理论创新与思考

本书从制度、利益、资源、关系等方面对华人校长角色的概念界定作出创新，解释了华人校长角色不仅是校长职务角色，也包括与校长职位紧密关联的身份认同及组织责任。梳理了华人校长与政府、教会、师生之间的身份冲突、职位冲突、教育理念冲突、学校管理冲突等关系。从社会制度和文化冲突，中国官学传统和现代大学独立办学理念，华人校长自我理性认知和社会认同等方面论述了冲突的原因。对华人校长群体在掌校过程中应对各种权力、利益、资源、信念冲突，合理布局西学教育、人格教育、实利教育，化解各方利益冲突，实现教会大学理性的中国化，以及卓越的办学绩效给予客观评价。提出华人校长的人文情怀、民族意识和人格特征对今天建设双一流大学，塑造中国特色的大学校长角色具有宝贵的借鉴意义。本书突出了华人校长自我认同与社会制度变迁之间的必然联系，得出了区别于以往研究的结论。从近代中国社会制度变迁与西方文化冲击出发，对华人校长群体身份、信念和价值观进行了历史思考，分析了他们与教会、政府、师生和社会存在的角色冲突，发现他们理性的自我认知和社会认同与近代中国的时代命运相结合，合理应对自身的身份归属、民族责任和历史使命，求同存异，化解冲突，教育救国，在东西方文化交融过程中，展示出教育家可贵的价值取向与人格追求。

三 未来的研究展望

民国时期教会大学华人校长是一个庞大的群体，他们来自不同的家庭，有不同的成长历程，他们所在的教会大学又分别归属不同的基督教教派，如沪江大学归属浸信会，之江大学归属长老会，东吴大学归属监理会，圣约翰大学归属圣公会等，各个教派的宗教理念和教育方针也不尽相同。研究过程中，也遭遇了诸多困难，尤其是文献资料匮乏。限于华人校长的很多文献资料在战争和政治运动中灭失，现有档案又分散在世界各地，搜集起来困难重重，因此，本书所做的华人校长群体研究，很难达到脉络细节完整。本书尽可能用第一手资料去呈现华人校长的生活轨迹和角色特征，用科学的研究方法去分析其角色冲突及其原因。在研究方法方面，本书着重于教会大学华人校长群体现象分析，对华人校长群体角色形成的影响因素及其机制进行了有益的探索和分析，对华人校长群体角色冲突的根源从历史制度、个人认知和社会认同角度进行了深入挖掘，但是对这批华人校长的个案研究没有充分展开，使本研究的个体针对性相对薄弱。在研究视角方面，本书试图从多个维度，运用跨学科的方法进行综合研究，这对于深化以往研究具有重要价值，但也容易引起不同方法及不同理论基础之间的相互影响，使研究效果与研究预期之间存在一定的差距。

因此，在本书已取得的研究基础上，未来笔者在做民国时期教会大学华人校长的后续研究时，将着重于以下几个方面。

（1）在研究资料方面，将继续搜集更为详细的华人校长文献，或者通过学术交流、资源共享等方式扩大华人校长的历史文献资料来源，使后续研究奠定在更扎实的文献基础之上，推动民国时期教会大学华人校长研究的深化、细化。以全面、深入的华人校长研究为载体，探索近代中国大学建制过程中的制度变迁与历史路径。

（2）在研究方法方面，后续研究需要将华人校长的群体研究和个案研究更细微、更有效地相互结合起来，做好华人校长典型人物个案的研究，深化历史真相的认识，使教会大学华人校长群体现象的普遍规律和校长人物的个体行为特征能够在研究中得到更有效的呈现。

（3）在研究视角方面，本书主要从教育与行政关系视角，引入社会科学的角色、冲突、融合等概念，对华人校长群体的行为、思想展开挖掘。后续研究将在跨学科研究基础上整合出综合的理论分析框架，使教会大学华人校长多维度研究的整体性得到更好的提升。可以借鉴人文学科的诠释学、叙事学，通过他们的著作挖掘他们的思想，追踪他们的成长历程，也可以思考从宗教视角和心理学视角进行拓展研究。通过实证分析，建构、验证不同因素的因果联系，确定影响程度，比较华人校长角色冲突诸原因之间的重要性，通过定量分析，深化对该人物群体的认识。

（4）在价值思考方面，将深入挖掘中国教会大学建制过程中的历史人物、事件，把握叙事的客观性，认识历史事实与价值之间的契合点，通过理据充分的解释呈现出华人校长的角色意义，找到更加贴近历史真相的价值指向。

大学一词来源于拉丁语 universitas，意思是宏达和包罗万象。大学组织也是自 12 世纪在欧洲出现以来人类社会持久存在的重要组织之一。高等教育领域的全球化扮演着不同社会制度沟通的先遣力量，中国教会大学这些曾经的“外国大学”迄今为止仍然是中国乃至世界大学史上值得研究的范例。华人校长群体因教会大学而走上中国近代史的前台，也遗憾地伴随教会大学的倾覆退出历史舞台。但他们在近代中国大学制度创设时期的功勋是卓越的，他们的历史角色值得我们深入研究。

附　　录

以下华人校长信件样本均复制于耶鲁大学神学院图书馆档案室：

Ack 5/27/47

SOOCHOW UNIVERSITY
SOOCHOW, CHINA.

May 7, 1947.

Dr. Robert J. McMullen
Associated Boards for Christian Colleges in China
150 Fifth Avenue
New York 11. N. Y.

Dear "Mac" :

In addition to the letters which Dr. Nance and Dean Hsu have written, I am writing this to you direct to back up the applications of Mr. Bang Lung and Mr. Cheng Mony-Bah for ABCCC Fellowships.

I have of course read the letter from your office concerning such application when I was still in America. I have just re-read it. After doing all this I can conscientiously say that these two candidates fit into the scheme and object for granting these fellowships, and that they are in my opinion fully qualified to be recipients of such fellowship.

They are men of demonstrated efficiency and loyalty, and so I feel confident of their future contribution to the University.

We were given permission to recommend four candidates but we are confining ourselves to two, but hope very much that these two will be chosen.

Yours sincerely,

Y. C. Yang, President

1. 东吴大学校长杨永清信件及签名

ack 3/10/47

HANGCHOW CHRISTIAN COLLEGE

SHANGHAI
6TH FLOOR, 383 NANKING ROAD
TELEPHONE 92987

HANGCHOW
EAKOW, HANGCHOW.
TELEPHONE 1438

February 26, 1947.

Dr. J. R. McMullen,
Associated Boards for Christian Colleges in China,
150 Fifth Avenue,
New York 11, N. Y.,
U. S. A.

Dear Mac,

Enclosed is a copy of a letter of February 13 from United States Information Service. I hope you can draw the money out for us and apply the amount to the purchase of books and equipment for which lists were sent to you before. I learned from your letter to Mrs. Ikenberry, secretary to Dr. Fenn, and also from Dr. Frank Price that the Davidson College raised some money for Hangchow last Christmas, I wonder whether any definite sum had been realized and received by the Associated Boards.

For this semester I am afraid that we shall be in the red heavily. Unless we can be subsidized by Associated Boards for our current expenses we would have a deficit by the end of this semester somewhere around CN$250,000,000. Now that the official rate has been changed to CN$12,000to US$1, it is hoped that our monthly appropriation may be substantially increased. The rising prices move much more rapidly than all the possibility we have for the increase of tuition. If the present situation should continue for months more I am afraid that what happened to Germany in 1923 will be seen here. We increase our tuition 50% this term but in the first two weeks of February, price jumped 5-10 times. Even rice jumped more than twice. The government took some emergency measures, but prices especially imported goods, have jumped four or five times. As a number of our supplies must be imported such as paper, ink, etc. I really feel the situation might even be worse than what we now forcast. I understand that Dr. Fenn will be back at Shanghai before March 15. It is hoped that this letter may reach you before he leaves New York, because when he returns he will find the situation this term with even the universities in the Shanghai area are much worse. But a champaign has been contemplated here in this country with an objective raising CN$10, 000,000,000 for the thirteen Christian Universities in China. Should this champaign be successful we hope to be able to tide over this year.

With personal regards,

Yours very sincerely,

Bean

Baen E. Lee
President

2. 之江大学校长李培恩信件及签名

燕京大學
YENCHING UNIVERSITY
PEIPING, CHINA

校務長辦公處

November 30, 1946

OFFICE OF THE PRESIDENT

File
As Dr. Luh wishes the matter dropped, no acknowledgement necessary CHC.

Dr. Charles H. Corbett
150 Fifth Avenue
New York City, N.Y.

Dear Dr. Corbett:

I have delayed answering your letter of October 15 with respect to the salary of the non-Mission board Western faculty members mainly because our time has been consumed with ways and means to keep body and soul together. The problem which was quite acute in late spring has dwindled in importance and seems almost a matter of the past. I am afraid to raise the question with the Chinese faculty members simply to create bad feeling which we should by all means try to avoid. My own attitude I already expressed in full, so there is no need to reiterate it.

The new Western members we have been able to recruit so far have been teachers of Freshmen and Sophomore English. While their service is fully appreciated, we wish our academic work could be enriched in the other fields also. We still hope that in the near future our Western members will share in academic leadership to the same extent as they did in the pre-war days. Quite a few of our veteran mission colleagues are due to retire in a few years.

None of our Western members is having anything like a good time. Some of them ought to be receiving much higher salaries if they were Chinese. The point involved is whether we can assure the Chinese members of just the three poor meals a day.

When and if conditions become more or less normal, this episode will have been forgotten. Meanwhile may I assure the board any new recruits who can come out to join us at this critical time is welcomed with open arms.

There is one small matter I wish to call your attention to. University paid Western members are not supposed to draw salary from our Board while on furlough if they hold renumerative positions in their home countries. For this year, for instance, we have Loehr and the Shadicks who are teaching in American universities with salary.

With best regards,

Very sincerely yours,

C. W. Luh

C. W. Luh
Chairman, Administrative Committee

3. 燕京大学校长陆志韦信件及签名

For Minutes - SEE United University file
(St.John, Hangchow, Soochow)

Ack 3/17/47

圣约翰大学

PRESIDENT'S OFFICE ST. JOHN'S UNIVERSITY SHANGHAI, CHINA

March 4, 1947

Dr. R. J. McMullen
A.B.C.C.C.
150 Fifth Avenue
New York, New York

Dear Dr. McMullen:

Since I wrote you last the Planning Board and its various Committees have met many times to discuss the Constitution of the United University, the name and the practical steps for Initial Cooperation. I am sending you a complete record of all the meetings that we have had, which will include:

(1) Minutes of the Joint Planning Committee on September 4, 1946, the only official record prior to my coming to St. John's.
(2) Memorandum prepared by Baen Li, Robert C.W. Sheng, Y.C. Tu and William F. Fenn on November 22, 1946.
(3) Minutes of the Provisional Planning Board on December 5, 1946 with the revised memorandum.
(4) Minutes of the Meeting of the Sub-Committee on Initial Cooperation on December 15, 1946 and the same on January 2, 1947.
(5) Minutes of the Meeting of the Planning Board on January 2, 1947.
(6) Minutes of the Meeting of the Committee on Initial Cooperation after the Planning Board meeting. (Jan. 2, 1947)
(7) Minutes of the same Committee on January 5, 1947, and January 23, 1947.
(8) Minutes of th Planning Board on February 8, 1947
(9) Minutes of the Planning Board on February 28, 1947.

On the development of the Constitution, I am sending you herewith the Draft originally drawn up by Dr. Robert C.W. Sheng and suggested modifications by Dr. W. W. Yen, the first revision on Dr. Sheng's draft by the Committee on Constitution and the final Draft adopted by the Planning Board.

Yours sincerely,

Y. C. Tu

Y. C. Tu

YCT/c
enc.

4. 圣约翰大学校长涂羽卿信件及签名

私立華南女子文理學院
HWA NAN COLLEGE
FOOCHOW, CHINA
中國福州

OFFICE OF THE PRESIDENT
院長辦公室

Route 1, Box 106
Carlsbad, Calif.
July 19, 1946.

Mr. C. A. Evans
150 Fifth Avenue
New York 11, N. Y.

Dear Mr. Evans:-

Your lotter of July 11th was received. I deeply appreciate what you are trying to do for Dr. Carol Chen and Miss Josephine Hwang. From the findings of the Committoe on Christian Character, Staff, and Curriculum on March 21st I understand perfectly that the candidates for the refresher scholarships should comply with the regulations set by the Committee. However, I do want you to know that we were not aware of such limitations when we received the Minutes of the Joint Meeting of the Executive and Planning Committees last fall. We in China took for granted that it would be the privilege given to worthy and valuable members of the staff. Therefore I had made all the plans for Dr. Chen and Miss Hwang to take their sabbatical years this fall. The courses in the education department have been so arranged that the majors who need to take Dr. Chen's courses could take them last term or in 1947 when she will return. As you know we can make such adjustments in a small college. Then too, Miss Ethel Wallace's furlough has been postponed until next year partly because I was making the necessary adjustment in the education department.

You will be interested to know that for the last few years Dr. Chen has not only been the head of our education department but she has also been in charge of our Social Service Center. The success of that special project of Hwa Nan is a tribute to her leadership and to the work of her committee. She has a keen mind and always has good new ideas. Then too, her deep interest in the welfare of the people, the common people, gives her added success in this work.

One of the things we want to do in our postwar plan for the college is to strengthen our Social Service Center and to carry out that project in an extending program. Being a woman's college we feel more keenly the need of Chinese women and of the homes. It would take too long a time if we depended only on our graduates going out to help the women and to improve the homes. We have made it a special aim at Hwa Nan to serve the homes in our neighbourhood through our students and faculty. Every Hwa Nan girl is required to give at least two hours a week to help in the social service project. I am expecting to have Mrs. George Wu who has her special training in social work to return to the Hwa Nan staff some day to head up this project. As you know it is always very difficult to get the right person for such a position. While we are in the period of getting some well-qualified person I want to have Dr. Chen to come to America to take whatever courses she needs to better prepare herself for this service along with her education courses. Even if we get Mrs. Wu we would still need Dr. Chen's experienced advice and assistance in that program.

Since there is such a need at Hwa Nan and since I have made my plans for the college without knowing the limitations set by the Committee on Christian Character, Staff, and Curriculum I would be most grateful if you, Dr. Van Dusen, and Dr. Fenn would give Dr. Chen's case your special consideration allowing her to come this fall. I am sure you will find pleasure in meeting and talking with Dr. Chen. As to Miss Hwang, ~~I shall be glad for~~ any decision you will make. I am sorry to give you all the trouble.

Thanking you again for your interest and your kind assistance,

Very sincerely yours,

Lucy C. Wang

Lucy C. Wang

5. 华南女子文理学院校长王世静信件及签名

四川成都齊魯大學
CHEELOO UNIVERSITY
CHENGTU, CHINA

OFFICE OF THE PRESIDENT　　-2-　　10/14/46　　TELEGRAPHIC ADDRESS: CHEELOO

Dr. R.J.McMullen
A.B.C.C.C.

This makes it difficult to raise money. We have raised some and hope to do more but conditions are not very favourable. In present conditions it is rather difficult even to have the close contact which we should like to have with the city in order to get support. For instance, the city gates are now closed at dusk and we cannot have the social intercourse in the evenings that wouldbe a help . Hoever this condition may change if the political situation improves or we may be able to make some arrangement with the officials to get in and out.

In regard to the development of the Rural Reconstruction College I wrote some time ago to Dr. Winfield but should like to report to you also what I told him. I spent ten days in Nanking on my way here in order to discuss the question . Mr. T.H.Sun was there also. Unfortunately it was not a good time to see the Minister or Vice-Minister as they had just returned from political conference in Kuling and were extra busy. We did have some good talks however with Dr. Chow. He told us frankly that the Minister is doubtful about the idea of a college of this kind. His idea seems to be that it is of too specializied a nature to be considered a department of a University. Dr. Chow seemed quite favourable to the idea however and after we had explained the plans to him he promised to put the idea before the Minister and try to persuade him to give us recognition. I should have explained that Dr.Chow is in charge of Higher Education. This means that the matter of getting the college set up may be slower than we hoped but needless to say we shall try to keep things moving as fast as possible.

As regards the religious emphasis of the University I think we are in a favourable position at present for making this really strong. We have a higher proportion of students from Christian homes than we had in Chengtu. The percentage on the enrolment we have up to date is about 40%. We have morning chapel every day except Monday and the attendance these first days is quite encouraging. On Sundays we have Chinese service in the morning and English service in the afternoon. We have organized a Religious Life Committee.

This is written very early in the semester but I hope before too long to send you further word of our progress.

With kind regards,

Yours sincerely,

K'e Ming Wu

K'e Ming Wu, President

KMW/cmm

6. 齐鲁大学校长吴克明信件及签名

學大子女陵金
GINLING COLLEGE
NANKING, CHINA

OFFICE OF THE PRESIDENT

November 15, 1928

Miss Rebecca W. Griest,
208 South Queen Street,
Lancaster, Penna.

Dear Miss Griest:

I wish I could tell you in words-how much I appreciated the cable message you sent me on my inauguration. Mrs. Thurston read it at the Founders'Day banquet and I had not seen it before, so you could imagine how deeply it impressed me and how beautiful it was for the whole family. I am enclosing a place card that we used at the banquet.

At the recent Board of Control meeting, November 1 and 2, the following action was taken in regard to your resignation:

"Voted, that we express our deep regret that family circumstances led Miss Griest to resign from the Ginling faculty. In view of the urgent need for her services in the Department of History we ask Miss Griest to give the matter further consideration and we hope that it may be possible for her to return in 1929."

I earnestly hope that your parents have improved in health and that you may be able to see your way clear to return to Ginling.

Conditions are, in general, getting back to normal and I hope it would not be such a strain on them for you to come back to China now. This year Mrs. Sun is doing fine work, yet for the continuity of the work of the Department we cannot count upon her and must, instead, depend upon people like you who are so well-qualified and so whole-heartedly devoted to Ginling and her future. We shall anxiously await your reply and hope so much that it may be favorable to us.

YFW:p
encl-1

Sincerely yours,

Y. Fang Wu

7. 金陵女子大学校长吴贻芳信件及签名

CENTRAL CHINA COLLEGE
WUCHANG

CO-OPERATING UNITS
BOONE COLLEGE
GRIFFITH JOHN COLLEGE
HUPING COLLEGE
WESLEY COLLEGE
YALE-IN-CHINA COLLEGE

OFFICE OF THE PRESIDENT

December 7, 1931.
ack. 1-5-32

Mr. B. A. Garside,
Committee for Christian Colleges in China,
150 Fifth Avenue,
New York City.

Dear Mr. Garside:

I have received your circular letter of November 9 to the Presidents of the Christian Colleges and Universities in China, and noted the contents. The minutes of the meeting of the Committee for Christian Colleges in China, held on November 2, reached me in the same mail.

You will be pleased to know that our Board of Directors met on November 21, and the following action was taken:

> VOTED that the condition laid down by a previous meeting of the Board concerning the approval of the Correlated Program of the Christian Colleges in China be removed.

This does not mean that we are not urging the Committee in New York to consider our very special circumstances and our urgent need for funds to build up the College here and to equip the different departments for adequate work in the immediate future.

I do not know where Mr. Cressy is. I am sending a duplicate copy of this letter, which please forward to him.

Yours sincerely,

Francis C. M. Wei

President.

8. 华中大学校长韦卓民信件及签名

January 9th, 1948.

Dr. Robert J. McMullen,
United Board for Christian Universities,
150, Fifth Avenue,
NEW YORK CITY, 11, U.S.A.

Dear Dr. McMullen,

Thank you very much for your letter of December 19th, informing us of the special grant of US$9,000 which has been deposited to the credit of our University account in New York. This grant has come at a time when we are very short of funds, especially for making up the amount required for the new Government salary scale. As you probably know the Government scale which we have adopted is still lower than that adopted by the National University of Szechwan, because the research grant is not included in our scale, but under the present circumstances it seems to be the best we can do.

We have just seen a copy of the Yenching Bulletin in which the Yenching University scale was published. Some of our key people also have received letters from Yenching telling them about it. The following is the general scale as adopted by Yenching: For basic salaries up to and including 100, they use a multiple of 20,000, plus a cash subsidy of $1,000,000; for basic salaries over 100, they use a multiple of 21,500 with a cash subsidy of $850,000. You will notice that this scale is much higher than the Government scale as announced for the north. It is almost four times higher. Dr. Lindsay has already written to Yenching trying to find out the reason for such a high jump; in fact, as one of our teachers told us, Yenching is even planning to make another increase in January. How is it possible for Yenching to adopt such a high salary scale which, according to our information, is even higher than salaries offered to western teachers in that institution. Is there any special reason given for it? Is Yenching the only one of the thirteen Christian Universities which is providing such high salaries for its teachers? We understand that there is good reason for offering this high salary in order to attract more able teachers to Yenching, but how can the other Universities keep their own key people if one of the group is providing such

9. 华西协合大学校长方叔轩信件及签名

INDEXED

March 23, 1933.

President Y. G. Chen ✓
Miss Elsie M. Priest
University of Nanking
Nanking, China

My dear President Chen and Miss Priest:

We enclose herewith copies of the Minutes of the Nanking Finance Committee held on March 22nd.

You will note the trend in our thinking in regard to the China Famine Funds. The Executive Committee seems to be favorably inclined toward the recommendation in FC-658. Accordingly, we will probably be presenting in due course a request to the National Savings and Trust Company to proceed along the lines indicated in this recommendation.

Yesterday afternoon I had a talk with Mr. Vernon Munroe in his office. He expressed great satisfaction with the way in which the Famine Funds have been handled during the last ten years, and stated that he heartily concurred in the plan to turn the residue of these Funds to the University of Nanking.

Very cordially yours,

B A GARSIDE

BAG:FW
Enc.

10. 纽约亚联董事会行政秘书葛思德（**B. A. Garside**）

给金陵大学校长陈裕光的信

参考文献

一　书籍资料

［法］阿尔弗雷德·格罗塞：《身份认同的困境》，王鲲译，社会科学文献出版社2010年版。

［美］艾德敷：《燕京大学》，刘天路译，珠海出版社2005年版。

［法］爱弥尔·涂尔干：《教育思想的演进》，李康译，上海人民出版社2006年版。

北京辅仁大学校友会：《北京辅仁大学校史（1925—1952）》，中国社会出版社2005年版。

［美］伯顿·克拉克：《高等教育系统——学术组织的跨国研究》，王承绪等译，杭州大学出版社1994年版。

［美］伯顿·克拉克：《高等教育新论——多学科的研究》，王承绪等译，浙江教育出版社2003年版。

蔡元培：《我在北京大学的经历：改变那个世纪的人和事》，湖北人民出版社2003年版。

［加拿大］查尔斯·泰勒：《自我的根源——现代认同的形成》，韩震等译，译林出版社2012年版。

陈国钦、袁征：《瞬逝的辉煌——岭南大学六十四年》，广东人民出版社2008年版。

陈鹤琴：《我的半生》，上海世界书局1941年版。

陈其津：《我的父亲陈序经》，广东人民出版社1999年版。

陈学恂：《中国近代教育史教学参考资料》（下册），人民教育出版社1987年版。

程斯辉：《中国近代大学校长研究》，人民教育出版社2010年版。

程斯辉、孙海英：《厚生务实　巾帼楷模：金陵女子大学校长吴贻芳》，山东教育出版社 2004 年版。

［美］道格拉斯 · C. 诺斯：《经济史中的结构与变迁》，三联书店 1994 年版。

［美］德本康夫人、蔡路得：《金陵女子大学》，杨天宏译，珠海出版社 1999 年版。

丁致聘：《中国近七十年来教育记事》，商务印书馆 1988 年版。

杜元载：《抗战前之高等教育》，中国国民党党史编辑委员会 1971 年版。

［美］芳 · 威廉：《基督教大学高等教育在变革中的中国（1880—1950）》，刘家峰译，珠海出版社 2005 年版。

［美］费正清：《剑桥中华民国史 1912—1949 年》（下卷），中国社会科学出版社 1994 年版。

丰春光：《韦卓民教育思想与实践》，华中师范大学出版社 2014 年版。

高荣贵：《经济学词源》，吉林人民出版社 1991 年版。

高平叔：《蔡元培年谱长编》（下一），人民教育出版社 1996 年版。

高平叔：《蔡元培全集》（第 4 卷），中华书局 1984 年版。

高时良：《中国教会学校史》，湖南教育出版社 1994 年版。

高占祥：《四书五经》（第一卷），线装书局 2006 年版。

共青团上海市委青年运动研究室：《上海学生运动大事记》，学林出版社 1985 年版。

顾长声：《从马礼逊到司徒雷登》，上海书店出版社 2005 年版。

顾卫民：《基督教与近代中国社会》，上海人民出版社 1996 年版。

顾学稼等：《中国教会大学史论丛》，电子科技大学出版社 1994 年版。

［美］郭查理：《齐鲁大学》，陶飞亚、鲁娜译，珠海出版社 1999 年版。

韩信夫等：《中华民国史大事记》（第一、二册），中华书局 2011 年版。

郝平：《无奈的结局——司徒雷登与中国》，北京大学出版社 2002 年版。

［美］海波士：《沪江大学》，王立诚译，珠海出版社 2005 年版。

何晓夏、史静寰：《教会学校与中国教育近代化》，广东教育出版社 1996 年版。

何兆武：《中西文化交流史论》，湖北人民出版社 2007 年版。

[美] 华惠德：《华南女子大学》，朱峰、王爱菊译，珠海出版社 2005 年版。

黄启兵：《中国高校设置变迁的制度分析》，福建教育出版社 2007 年版。

[美] 黄思礼：《华西协合大学》，秦和平、何启浩译，珠海出版社 1999 年版。

黄书光：《国家之光　人类之瑞：复旦公学校长马相伯》，山东教育出版社 2004 年版。

黄新宪：《基督教教育与中国社会变迁》，福建教育出版社 1996 年版。

[英] 怀特海：《教育的目的》，徐汝舟译，三联出版社 2002 年版。

蒋梦麟：《西潮　新潮》，中国工人出版社 2015 年版。

教育部教育年鉴编纂委员会：《第二次中国教育年鉴》第 5 编，商务印书馆 1948 年版。

[美] 杰西·格·卢茨：《中国教会大学史（1850—1950）》，曾钜生译，浙江教育出版社 1987 年版。

金一虹：《吴贻芳的教育思想与实践》，江苏人民出版社 2005 年版。

《马克思恩格斯选集》（第二卷），人民出版社 1972 年版。

[德] 康德：《单纯理性限度内的宗教》，李秋零译，中国人民大学出版社 2012 年版。

[美] 柯约翰：《华中大学》，马敏、叶桦译，珠海出版社 1999 年版。

[美] C. 赖特·米尔斯：《社会学的想象力》，陈强等译，生活·读书·新知三联书店 2001 年版。

李楚材：《帝国主义侵华教育史资料：教会教育》，教育科学出版社 1987 年版。

李良明等：《韦卓民年谱》，华中师范大学出版社 2010 年版。

李明瑞：《岭南大学》，岭南（大学）筹募发展委员会 1997 年版。

李清悚、顾岳中：《帝国主义在上海的教育侵略活动资料简编》，上海教育出版社 1982 年版。

林景润：《今日中国的教育问题》，青年协会书局 1934 年版。

林吕建：《浙江民国人物大辞典》，浙江大学出版社 2013 年版。

刘家峰、刘天路：《抗日战争时期的基督教大学》，福建教育出版社 2003 年版。

刘文明：《全球史理论与文明互动研究》，中国社会科学出版社 2015 年版。

刘湛恩：《公民与民治》，青年协会书局 1926 年版。

刘英杰：《中国教育大事典（1840—1949）》，浙江教育出版社 2011 年版。

鲁迅：《三闲集》，人民文学出版社 2006 年版。

［美］罗德里克·斯科特：《福建协和大学》，陈建明、姜源译，珠海出版社 1999 年版。

［德］马克斯·韦伯：《新教伦理与资本主义精神》，陕西师范大学出版社 2006 年版。

［美］马士：《中华帝国对外关系史》（第 2 卷）（中译本），上海书店出版社 2006 年版。

［美］马修·梅尔科：《文明的本质》，陈静译，中国社会科学出版社 2017 年版。

民国教育部：《第一次中国教育年鉴戊编教育杂录》，开明书店 1934 年版。

南京大学高教研究所：《金陵大学史料集》，南京大学出版社 1989 年版。

潘懋元：《多学科观点的高等教育研究》，上海教育出版社 2007 年版。

钱焕琦：《吴贻芳》，中国传媒大学出版社 2014 年版。

秦启文、周永康：《角色学导论》，中国社会科学出版社 2011 年版。

［美］塞缪尔·亨廷顿：《文明的冲突与世界秩序的重建》，周琪等译，新华出版社 2010 年版。

上海市文史资料工作委员会：《上海文史资料选辑》，上海人民出版社 1982 年版。

史静寰：《狄考文与司徒雷登：西方新教传教士在华教育活动研究》，珠海出版社 1999 年版。

舒新城：《近代中国教育思想史》，福建教育出版社 2007 年版。

舒新城：《近代中国教育史料》（第三册），上海中华书局 2012 年版。

舒新城：《中国近代教育史资料》（下册），人民教育出版社 1981 年版。

孙邦华：《身等国宝　志存辅仁：辅仁大学校长陈垣》，山东教育出版社 2004 年版。

孙邦华：《会友贝勒府：辅仁大学》，河北教育出版社 2004 年版。

孙培青：《中国教育史》，华东师范大学出版社 2009 年版。

陶飞亚、吴梓明：《基督教大学与国学研究》，福建教育出版社 1998 年版。

涂羽卿：《我在圣约翰大学的经历》，《上海文史资料存稿汇编科教文卫卷》，上海古籍出版社 2000 年版。

王国平：《博习天赐庄：东吴大学》，河北教育出版社 2003 年版。

王立诚：《美国文化渗透与近代中国教育：沪江大学的历史》，复旦大学出版社 2001 年版。

王铁崖：《中外旧约章汇编》（第一册），三联书店 1957 年版。

王运来：《诚真勤仁　光裕金陵：金陵大学校长陈裕光》，山东教育出版社 2004 年版。

［美］文乃史：《东吴大学》，王国平、杨木武等译，珠海出版社 1999 年版。

吴惠龄、李壑：《北京高等教育史料》（近现代部分），北京师范学院出版社 1992 年版。

吴雷川：《基督教与中国文化》，上海古籍出版社 2008 年版。

吴梓明：《基督教大学华人校长研究》，福建教育出版社 2001 年版。

吴梓明：《基督宗教与中国大学教育》，中国社会科学出版社 2003 年版。

［英］西蒙·冈恩：《历史学与文化理论》，北京大学出版社 2012 年版。

肖卫兵：《中国近代国立大学校长角色分析》，福建教育出版社 2013 年版。

熊月之、周武：《圣约翰大学史》，上海人民出版社 2007 年版。

徐传德：《南京教育史》，商务印书馆 2006 年版。

［加拿大］许美德：《中国大学 1895—1995：一个文化冲突的世纪》，教育科学出版社 2000 年版。

许浚：《和平与智慧女神——教育家吴贻芳的心理分析》，南京出版社 2012 年版。

徐以骅、韩信昌：《海上梵王渡：圣约翰大学》，河北教育出版社 2003 年版。

徐以骅：《教会大学与神学教育》，福建教育出版社 1999 年版。

徐以骅：《卜舫济自述》，上海立信会计出版社 1996 年版。

徐以骅：《教育与宗教：作为传教媒介的圣约翰大学》，珠海出版社 1999 年版。

燕大文史资料编委会：《燕大文史资料》（第三辑），北京大学出版社 1990 年版。

阎玉田：《踞柝津之阳——天津工商大学》，人民出版社 2010 年版。

杨华日：《钟荣光先生传》，岭南大学香港同学会 1967 年印。

［美］约翰. 司徒雷登：《在华五十年——司徒雷登回忆录》，北京出版社 1982 年版。

［美］约翰·司徒雷登：《在华五十年——司徒雷登回忆录》，中央编译出版社 2011 年版。

［英］约翰·亨利·纽曼：《大学的理想》，徐辉等译，浙江教育出版社 2001 年版。

［美］约翰·S. 布鲁贝克：《高等教育哲学》，王承绪等译，浙江教育出版社 2001 年版。

云先、克鲁宁：《西泰子来华记》，香港公教真理会 1967 年版。

章华明：《刘湛恩纪念集》，上海交通大学出版社 2011 年版。

章开沅：《文化传播与教会大学》，湖北教育出版社 1996 年版。

章开沅等：《中西文化与教会大学》，湖北教育出版社 1991 年版。

章开沅：《传播与植根：基督教与中西文化交流论集》，广东人民出版社 2005 年版。

张之洞：《劝学篇》，广西师范大学出版社 1898 年版。

中国第二历史档案馆：《中华民国史档案资料汇编》，江苏古籍出版社 1997 年版。

《中华基督教会年鉴》，商务印书馆 1914 年版。

中华书局编辑部：《筹办夷务始末》（同治朝）卷四十七，中华书局1979年版。

中央教育科学研究所：《中国现代教育大事记》，教育科学出版社1988年版。

周川：《中国近现代高等教育人物辞典》，福建教育出版社2012年版。

周予同：《中国现代教育史》，福建教育出版社2007年版。

朱维铮等：《马相伯传略》，复旦大学出版社2005年版。

朱有瓛、高时良：《中国近代学制史料》第四辑，华东师范大学出版社1993年版。

二 期刊论文

陈裕光：《回忆金陵大学》，《上海文史资料选辑》1982年第42期。

龚放：《对教育本质的反思与追问：高教研究的重要前沿》，《中国高教研究》2003年第6期。

何建明：《陈垣与辅仁大学的国学教育》，《华中师范大学学报》（哲社版）1996年第2期。

胡适：《今日教会教育的难关》，《教育季刊》1925年第1卷第1期。

胡卫清：《近代来华传教士与中国教育改革》，《江苏社会科学》2000年第4期。

黄春艳：《基督徒知识分子李应林的生平及思想》，《湖南大学学报》（社会科学版）2017年第5期。

黄俊伟：《中国近代教会大学的教育理念述评——以华人校长为例》，《现代大学教育》2010年第5期。

李宝朝：《李应林博士史略》，《广州文史资料》1985年第34期。

李峰：《国际宗教非政府组织的组织结构及影响因素：新制度主义视角》，《甘肃社会科学》2010年第5期。

李韦：《徘徊于世界主义与爱国主义之间的吴雷川》，《基督宗教研究》2012年第00期。

李宜华：《献身祖国教育事业的前上海圣约翰大学校长涂羽卿博士》，《炎黄春秋》1996年第9期。

刘保兄：《华人长校与基督教大学办学性质的嬗变》，《教育评论》

2010 年第 2 期。

刘保兄：《基督教大学华人校长办学思想及实践之比较》，《山西大同大学学报》2011 年第 4 期。

刘寿祺：《朱经农与湖南教育》，《湖南文史资料》1989 年第 34 辑。

吕达：《近代中国教会学校述略》，《上海师范大学学报》1987 年第 3 期。

马敏：《架设沟通中西文化的桥梁——章开沅先生与中国教会大学史研究》，《华中师范大学学报》（哲学社会科学版）1995 年第 3 期。

［巴西］马克·安东尼奥·罗德里格斯·迪亚斯、杨习超：《国际高等教育发展趋势、问题与建议——前联合国教科文组织高教处处长迪亚斯教授专访》，《苏州大学学报》（教育科学版）2015 年第 3 期。

缪秋笙：《基督教大学最近概况》，《教育季刊》1934 年第 10 卷第 4 期。

欧安年：《岭南大学首任华人校长钟荣光》，《同舟共进》2005 年第 1 期。

平欲晓、张生：《一个教会大学校长的生存状态——陈裕光治理金陵大学评述》，《江西社会科学》2006 年第 10 期。

泉水，文士：《最终走向独立自主办教会的赵振声主教》，《景县文史资料》1989 年第 2 期。

［美］Rodericle Scott：《林景润与福建协和大学》，游捷、陈德琼译，《教育评论》1991 年第 3 期。

上海中华基督教教育协会：《中华基督教教育季刊》1927 年第 3 卷第 1 期。

孙邦华：《收回教育权运动与中国教会大学的立案问题——以辅仁大学为个案的分析》，《天津师范大学学报》（社会科学版）2009 年第 1 期。

陶飞亚：《“文化侵略”源流考》，《文史哲》2003 年第 5 期。

滕亚屏：《旧中国的教会大学》，《吉林大学学报》1980 年第 2 期。

田居俭：《欲知大道，必先为史》，《求是》1994 年第 15 期。

田正平、刘保兄：《消极应对与主动调适——圣约翰大学与燕京大学发展方针之比较》，《高等教育研究》2006 年第 4 期。

王立新：《美国教会在华高等教育事业的考察》，《上海社会科学院学术季刊》1991 年第 4 期。

王伦信：《中国教育近代化的启动与基督教教育策略的调整》，《华东师范大学学报》（教育科学版）1999 年第 4 期。

［美］魏馥兰：《怎样贯彻基督教大学之中国化》，《教育季刊》1926 年第 2 期。

吴雷川：《国家主义与基督教是否有冲突》，《生命》1925 年第 4 期。

吴梓明：《全球地域化：中国教会大学史研究的新视角》，《历史研究》2007 年第 1 期。

徐辉、顾建新：《纽曼及其〈大学的理想〉》，《中国大学教学》2003 年第 4 期。

徐以骅：《基督教在华高等教育初探》，《复旦学报》（社会科学版）1986 年第 5 期。

薛晓建：《论非基督教运动对中国教育发展的影响》，《北京行政学院学报》2001 年第 3 期。

杨光斌、高卫民：《历史唯物主义与历史制度主义：范式比较》，《马克思主义与现实》2011 年第 2 期。

杨天宏：《中国非基督教运动（1922—1927）》，《历史研究》1993 年第 6 期。

杨习超：《高等教育多学科研究的基本问题探析》，《高校教育管理》2012 年第 2 期。

杨习超、陈新忠：《社会认同视域下教会大学农村公共服务研究》，《华中农业大学学报》（社会科学版）2016 年第 4 期。

叶克林、蒋影明：《现代社会冲突论：从米尔斯到达伦多夫和科瑟尔——三论美国发展社会学的主要理论流派》，《江苏社会科学》1998 年第 2 期。

意娜：《论“文化多样性”理念的中国阐释》，《同济大学学报》（社会科学版）2018 年第 3 期。

苑青松：《20 世纪初中国教会大学校长特质及其现代意义》，《江苏高教》2013 年第 4 期。

张光正：《记协和大学校长林景润二三事》，《莆田市文史资料》1987 年第 3 期。

章华明：《沪江大学最后一任基督徒校长凌宪扬》，《天风》2011 年第 3 期。

章华明：《沪江大学末任校长凌宪扬》，《档案春秋》2011年第5期。

章华明：《沪江大学的忠诚守卫者——樊正康》，《天风》2012年第3期。

周川：《刘湛恩与沪江大学》，《上海高教研究》1992年第4期。

周川：《大学校长角色初探》，《上海高教研究》1996年第6期。

周川：《中国近代大学校长与自由主义教育》，《高等教育研究》2001年第3期。

周川：《高等学校建制的组织学诠释》，《教育研究》2002年第6期。

周川：《中国近代大学建制发展分析》，《北京大学教育评论》2004年第3期。

周洪宇：《卓越的基督徒教育家——韦卓民教育思想初探》，《华中师范大学学报》1994年第6期。

周蕾：《一位赤诚的爱国者——记沪江大学校长刘湛恩》，《世界宗教文化》2005年第3期。

三　学位论文

程斯辉：《中国近代大学校长研究》，华中师范大学，2007年。

黄洁珍：《从吴贻芳与金陵女子大学看基督教教育理念的实践》，香港中文大学，1996年。

蒋超：《岭南大学华人校长研究》，暨南大学，2010年。

邵彦：《非基督教运动前后圣约翰大学与燕京大学的发展比较》，河北师范大学，2008年。

王沙灵：《试论陈序经与岭南大学（1948—1952）》，暨南大学，2006年。

谢竹艳：《中国近代基督教大学外籍校长办学活动研究（1892—1947）》，苏州大学，2013年。

杨习超：《近代中国教会大学中籍校长角色冲突研究》，苏州大学，2016年。

四　档案资料

耶鲁大学神学院图书馆档案：

Chen Yu Gwan：*Archives of the United Board for Christian Higher Education in Asia*: *Record Group No* 11. New Haven: Yale Divinity School Library, Box209 Folder3553, 3554, 3555, 3559.

Chen Yu Gwan: *Archives of the United Board for Christian Higher Education in Asia*: *Record Group No*. 11. New Haven: Yale Divinity School Library, Box210 Folder3560.

Dsang, Lincoln (Lin Gao): *Archives of the United Board for Christian Higher Education in Asia*: *Record Group No*. 11. New Haven: Yale Divinity School Library, Box 286 Folder 4484, 4485, 4489.

Lee, Baen E: *Archives of the United Board for Christian Higher Education in Asia*: *Record Group No*. 11. New Haven: Yale Divinity School Library, Box160 Folder3030.

Li Tien-lu: *Archives of the United Board for Christian Higher Education in Asia*: *Record Group No* 11. New Haven: Yale Divinity School Library, Box254 Folder4130, 4131.

Lin Ching-jun: *Archives of the United Board for Christian Higher Education in Asia*: *Record Group No*. 11. New Haven: Yale Divinity School Library, Box116 Folder 2496.

Lin Ching-jun: *Archives of the United Board for Christian Higher Education in Asia*: *Record Group No*. 11. New Haven: Yale Divinity School Library, Box115 Folder2488, 2490.

Luh, Chih - wei: *Archives of the United Board for Christian Higher Education in Asia*: *Record Group No*. 11. New Haven: Yale Divinity School Library, Box54 Folder1396.

Luh, C. W: *Archives of the United Board for Christian Higher Education in Asia*: *Record Group No*. 11. New Haven: Yale Divinity School Library, Box341 Folder5228.

Minutes: *Associated Christian Colleges in West China*, *Meetings of Presidents*: *Archives of the United Board for Christian Higher Education in Asia*: *Record Group No*. 11. New Haven: Yale Divinity School Library, Box55 Folder1446.

Presidents of Christian Colleges in China, *Letters to*: *Archives of the United Board for Christian Higher Education in Asia*: *Record Group No*. 11. New Haven:

Yale Divinity School Library, Box20 Folder494, 495.

Registration with Chinese Government: *Archives of the United Board for Christian Higher Education in Asia*: *Record Group No*. 11. New Haven: Yale Divinity School Library, Box21 Folder521.

Registration: *Archives of the United Board for Christian Higher Education in Asia*: *Record Group No*. 11. New Haven: Yale Divinity School Library, Box 22 Folder 522.

Registration with Chinese Government: *Archives of the United Board for Christian Higher Education in Asia*: *Record Group No* 11. New Haven: Yale Divinity School Library, Box22 Folder523.

Tu, Y. C. : *Archives of the United Board for Christian Higher Education in Asia*: *Record Group No*. 11. New Haven: Yale Divinity School Library, Box71 Folder1913.

Wei, Francis C. M. : *Archives of the United Board for Christian Higher Education in Asia*: *Record Group No* 11. New Haven: Yale Divinity School Library, Box170 Folder3139, 3140.

Wu, Ke-ming: *Archives of the United Board for Christian Higher Education in Asia*: *Record Group No*. 11. New Haven: Yale Divinity School Library, Box76 Folder 2053, 2054.

Wu, Yi-fang: *Archives of the United Board for Christian Higher Education in Asia*: *Record Group No* 11. New Haven: Yale Divinity School Library, Box77 Folder2077.

Wu Yi-fang: *Archives of the United Board for Christian Higher Education in Asia*: *Record Group No*. 11. New Haven: Yale Divinity School Library, Box147 Folder2896, 2897.

Yang, Y. C. : *Archives of the United Board for Christian Higher Education in Asia*: *Record Group No*. 11. New Haven: Yale Divinity School Library, Box77 Folder2100, 2101.

上海市档案馆（外滩馆）档案：

《卜舫济校长报告》，档案号：D2-0-2338。

《东吴大学苏州校本部抄送1929年教育部核准立案的训令（1937年6月）》，档案号：Q245-1-2。

《东吴大学校务会议及校务会议记录（1930 年 9 月至 1937 年 6 月）》，档案号：Q245-1-4。

《对于教会大学之管见》，《中华教育界》，第 14 卷 8 期，档案号：D2-0-1943-60。

《沪江报告》，档案号：U124-0-11-27。

《基督教与之见》，《中华教育界》第 14 卷 8 期，档案号：D2-0-1943-60。

《教育部第 2107 号令，案准教育部高等教育司》，档案号：Q249-1-8。

《教育部长朱家骅给涂羽卿的回信》（1947 年 11 月 5 日），档案号：Q243-018。

《教会大学问题》，档案号：D2-0-1943-70。

《金陵大学章程》，档案号：U124-0-19。

《齐鲁大学校刊》，档案号：U124-0-68-1。

《圣约翰大学章程（英文）（1946 年 11 月 16 日）》，档案号：Q243-1-377-43。

《生活》，1928 年 4 月 22 日第 23 期，档案号：D2-0-492-247。

《私立学校规程》，档案号：Q249-1-8。

《私立东吴大学杨永清校长递交给校董事会的辞职书》，档案号：Q245-1-112-4。

《私立学校条例》，档案号：Q249-1-8。

韦卓民：《教会大学简报》，1943 年第 29 期，档案号：U124-0-19-55。

《吴贻芳在金陵女子文理学院第 16 届毕业典礼上讲话（1934 年 6 月）》，档案号：U124-0-8。

President' Annual Report（1927 年 5 月 10），档案号：Q243-1-68。

浙江省档案馆档案：

《陈立夫给之江大学校长的信》，档案号：L052-1-22。

《送教育部审核呈文底稿（1935 年）》，档案号：L052-1-140-143。

《校务会议讨论选举常务委员》，档案号：L052-2-7。

《校董会名册及会议记录》（1927-1943），档案号：L052-1-82。

《与各大学的来往函件》（1939-1947），档案号：L052-1-24。

中国第二历史档案馆档案：

《鲍文校长为立案给教育部呈文》，全宗号：六四九，案卷号：55。

《财政部拨发金陵大学辅助经费的文书》，全宗号：六四九，案卷号：209。

《华西大学校长张凌高函送陈裕光》，全宗号：六四九，案卷号：288。

《教育部拨款辅助全国十三所基督教大学的文件》，全宗号：六四九，案卷号：1335。

《教育部督学关于齐鲁大学员生反对校长的报告及有关文件》，全宗号：六四九，案卷号：1996。

《教育部给金陵女子文理学院的训令》，全宗号：六四九，案卷号：14。

《教育部有关教育经费及学校辅助费募捐等方面给金陵大学的训令》，全宗号：六四九，案卷号：198。

《教育部令发私立学校规程》，全宗号：六四九，案卷号：77。

《金陵大学收到教育部辅助费贷金收据》，全宗号：六四九，案卷号：207。

《金陵女子文理学院组织沿革、概况、院历》，全宗号：六四九，案卷号：23。

《金陵女子文理学院报告并请补助费》，全宗号：六四九，案卷号：61。

《金陵大学校董会组织规程》，全宗号：六四九，案卷号：1657。

《金陵大学校长陈裕光被邀任职、题词、募捐、讲演、出席会议与有关方面文函》，全宗号：六四九，案卷号：303。

《金陵大学副校长贝德士（M. S. Bates）与校长陈裕光的往来函件》，全宗号：六四九，案卷号：1687。

《金陵校长陈裕光与本校教师的来往信函》，全宗号：六四九，案卷号：1697。

《金陵大学陈裕光出任国民参政会参政员有关文件》，全宗号：六四九，案卷号：293。

《十三所教会大学及华西坝四大学校长向教育部、四川省政府要求辅助费用的来往文书》，全宗号：六四九，案卷号：201。

《私立华西协合大学补助费及其经费问题函件》，全宗号：六四九，案卷号：4069。

《私立岭南大学领取各种补助费及教职员名册》，全宗号：六四九，案卷号：4039。

《私立沪江大学申请补助费有关函件》，全宗号：六四九，案卷号：4008。

《私立岭南大学领取补助文件和表格》，全宗号：六四九，案卷号：4040。

《四校教职员要求提高待遇给陈裕光等四校长的联名信》，全宗号：六四九，案卷号：292。

《中华基督教教会及华东分会给金陵大学校长陈裕光的文件材料》，全宗号：六四九，案卷号：339。

五 外文文献

Alfred North Whitehead: *The Aims of Education and Other Essays*. New York: The New American Library, 1929.

Biddle BJ: Recent Developments in Role Theory. *Annual Review of Sociology*, 1986 (12).

Blake E. Ashforth and Fred Mael: Social Identity Theory and the Organization. *The Academy of Management Review*, 1989, 14 (1).

Candace Wider: Role Conflict, Role Ambiguity and Role Overload on Boards of Directors of Nonprofit Human Service Organizations. *Nonprofit and Voluntary Sector Quarterly*, 1993, 22 (4).

Cathleen Thelen: Historical Institutionalism in Comparative Politics. *Annual Review of Political Science*, 1999 (2).

China Educational Commission: *Christian Education in China: A Study Made by an Education Commission Representing the Mission Boards and Societies Conducting Work in China*. New York: Committee of Reference and Counsel of the Foreign Missions Conference of North America, 1922.

Chen Yiyi: Peking University's Role in China's Anti-Christian Movement in 1922-1927. *Social Sciences in China*, 2010 (1).

Daniel H. Bays and Ellen Widmer: *China's Christian Colleges: Cross-cul-*

tural Connections, 1900–1950. Stanford: Stanford University Press, 2009.

Fenn P. William: *Christian Higher Education in Changing China*, 1880–1950. Grand Rapids, Michigan: William B. Eardmans Publishing Company, 1976.

Francis C. M. Wei: *Missions in This Age*. New York: Protestant Episcopal Church, Church Missions House, 1935.

Green, Donald P. & Shapiro, Ian: *Pathologies of Rational Choice Theory: A Critique of Applications in Political Science*. New Haven: Yale University Press, 1994.

Hornsey, M. J.: Social Identity Theory and Self-categorization Theory: A Historical Review. *Social and Personality Psychology Compass*, 2008, 2 (1).

International Association for the Promotion of Christian Higher Education: *Christian Higher Education in the Global Context: Implications for Curriculum, Pedagogy, and Administration*. Iowa: Dordt College Press, 2008.

Jessie G. Lutz: *China and the Christian Colleges* 1850–1950. Ithaca and London: Cornell University Press, 1971.

Jessie G. Lutz: China's View of the West, A Comparison of the Historical Geographies of Wei Yuan and Xu Jiyu. *Social Sciences and Missions*, 2012 (25).

Jeanne Jackson: Contemporary Criticisms of Role Theory. *Journal of Occupational Science*, 1998, 5 (2).

J. K. Fairbank: *The Missionary Enterprise in China and America*. Cambridge: Harvard University Press, 1974.

J. D. Shortess, A. D. Gramley, and W. E. Peffley: *History Central Pennsylvania Conference of the Evangelical Church* 1839–1939. Harrisburg, PA: Evangelical Press, 1984.

John Henry Newman: *The Idea of a University*. San Diego: Ubi Caritas Press, 2016.

Karina V. Korostelina: *Social Identity and Conflict: Structures, Dynamics, and Implications*. New York: Palgrave Macmillan, 2007.

L. Ethel Wallace: *Hwa Nan College: The Women's College of South China*. New York: United Board for Christian Colleges in China, 1956.

LLemers, N., and S. A. Haslam: *Social Identity Theory. Handbook of The-*

ories of Social Psychology, A. M. Van Lange, A. W. Kruglanski, and E. T. Higgins. Thousand Oaks, CA: Sage. 2012 (2) .

Michael A. Hogg: *Social Identity Theory. Understanding Peace and Conflict through Social Identity Theory: Contemporary Global Perspectives*. McKeown, Shelley, (Ed); Haji, Reeshma, (Ed); Ferguson, Neil, (Ed); New York: Springer, 2016.

Martha L. Smalley: *Archives of the United Board for Christian Higher Education in Asia: Record Group No*. 11. New Haven: Yale Divinity School Library, 2010.

Ralf G. Dahrendorf: *Class and Class Conflict in Industrial Society*. Stanford: Stanford University Press, 1959.

Raymond E. Brown, A. S. : *An Introduction to the New Testament*. New York: Bantam Doubleday Dell Publishing Group, Inc. , 1997.

Rees, Ronald: Soochow University. *International Review of Mission*, 1957, 46 (182) .

Scott WR: *Institutions and Organizations*. Thousand Oaks: Sage, 1995.

Sebastian Harnisch: *Role Theory: Operationalization of Key Concepts*. Heidelberg: Heidelberg University Press, 2010.

Tajfel H. : *Differentiation Between Social Groups: Studies in the Social Psychology of Intergroup Relations*. London: Academic Press, 1978.

Yang Yung - ching: *China's Religious Heritage*. New York, Nashville: Abingdon-Cokesbury Press, 1943.

后　记

我与基督教概念“初识”于20世纪90年代初。当时我在河南师范大学英语系读本科，同学间流传说我们的英语外教Chris小姐是美国基督教会派来的。1994年，我的本科毕业论文选题是沃尔特·惠特曼（Walt Whitman）的《草叶集》及其自由主义思想，在阅读《草叶集》的中文译本时，了解到该书的译者，著名翻译家、文学家赵萝蕤（1912—1998）教授就是一名基督徒。赵萝蕤老师曾经是燕京大学的名媛才女，在20多岁凭借翻译托马斯·艾略特（Thomas Eliot）的长诗《荒原》而成名文坛，新中国成立后任北京大学西语系主任，她的父亲是近代中国杰出的文化学者赵紫宸（1888—1979）先生，曾先后担任苏州东吴大学文学院教授和北平燕京大学宗教学院院长，是近代中国基督教代表人物，雷洁琼、丁光训等学者对赵紫宸有很高的赞誉。2014年11月，我在美国宾夕法尼亚州匹兹堡大学做访问学者，巧遇当年的那位Chris老师，她的全名叫Christine Ortiz，出生于美属波多黎各地区，聊起她曾经到中国做英文教师的经历，Chris老师强调自己当初是参加了教会服务，但是并没有任何宣教的任务。1998年，我在西安交通大学英语系攻读硕士研究生，系里的潘能教授德高望重，和潘老师交流时了解到他曾就读于苏州的宴成中学，该校是民国时期美国新教的公理会创办的，与同时代的东吴大学同宗同源。从潘老师那里，我对教会学校有了进一步的认识。2012年9月，我考入苏州大学教育学院，攻读高等教育学博士研究生。我之所以选择民国时期中国教会大学华人校长角色作为研究课题，一方面与我本科和硕士阶段的英语语言文化专业学习过程中形成的对中西文化交流方面的兴趣有关，另一方面也与我早期形成的对基督教在华创办的教会大学的好奇有很大的联系。苏州大学与东吴大学的渊源也增强了我的兴趣。

由于历史的原因，教会大学被贴上了外国文化侵略的标签，但是，中国近现代的文明进步，与西方新文化新制度有着必然的联系。20 世纪 30 年代，中国教会大学在华辉煌一时，为近代中国培养了一大批德才兼备的优秀人才。在那个战火纷飞，知识分子救国热情高涨，却面临左右中抉择的年代，教会大学作为西方引进的高等教育机构，克服了重重困难，在中国建立起现代高等教育，并且成绩斐然，上海的圣约翰大学一度被盛誉为“东方哈佛”，教会创办的北京协和医院、湘雅医院、华西协合大学医院和圣约翰大学医院等对今天中国医学界影响深远。外籍校长、华人校长群体历时半个多世纪，为那个时代作出了杰出贡献，他们凭借以德养人的教育理念，带领教会大学取得了巨大成功，为近代中国高等教育史增添了浓重的色彩。这批时代精英在中国近代史中悄悄而来，又风云飘逝，但是他们的家国民族抱负、理性学人风骨、人格教育思想仍然回响于中华文明之历史长河。虽然说基督教会凭借其大学资源传播福音有胁迫民意之嫌，但不可否认，教会大学所倡导的以德为先的人格教育，对近现代中国社会的道德修复和价值养成多有裨益。作为高等人才的培养机构，大学不仅要做人类智力发展的助推器，更要主动走向社会的中心，成为整个社会发展的道德引导者，理性价值和先进思想的领导者，为建设物质文明、精神文明协调发展的新时代人类命运共同体提供教育所特有的角色力量。

中国教会大学资料散落于世界各地。2014 年 7 月，我来到美国康涅狄格州的纽黑文市，一个凭耶鲁大学而出名的小镇。联系到了负责亚洲档案的耶鲁大学神学院图书馆特藏部主任 Martha Smalley 博士，一位友善而严谨的学者，她为我赴耶鲁大学查阅资料提供了热情的帮助，还热心地帮我推荐便利的住所。耶鲁大学这段查档经历在我的人生中是颇具震撼的时光。一方面，我第一次触摸到那些早已陈旧焦黄的一百年前的历史痕迹，另一方面，我为耶鲁大学神学院图书馆的服务感叹不已。这批中国教会大学的档案多数储存在远离该图书馆的场所，每天早晚两次，Martha Smalley 博士专门为我调阅档案，负责运输的师傅用厢式货车按时送到神学院图书馆，神学院图书馆的凯文（Kevin）先生等工作人员非常热情、耐心地安排我摘录、扫描。这些服务都是免费的！在纽黑文市，我遇见素昧平生的耶鲁大学医学院强一兵教授和高晶红女士，他们夫妇非常慷慨、友好，在我离开耶鲁大学之后，他们还热心地帮我复制没有来得及查阅的相关资料！波士顿的友人姜宗禹先生及其家人为我的纽黑文之行提供了很大帮助。

在一百年前的中国，约翰·司徒雷登先生为了筹建北京海淀的燕京大学校园，数十次乘越洋轮船往返于太平洋两岸，游说海淀当地的居民和大洋彼岸的基督信徒或捐款，或出售田地建校，在那个车马慢的年代，一次跨太平洋远航就要花费三四周的时间。刘湛恩为了沪江大学的发展，亲自走上街头呼吁市民义捐，马相伯先生更是尽捐家产，创办震旦学院，他们身上散发着一种锲而不舍的奉献精神。匹兹堡市的卡内基图书馆和多蒙特社区图书馆的读者服务效率也令我记忆犹新，在我国大多图书馆都只能馆藏阅读的书籍，他们竟然可以通过文献共享从远在数百英里外的其他州的图书馆调阅到所住的社区，不需要任何服务费，服务方和读者之间的信任完全是自觉的。华人校长能够在20年战争乱局中带领中国教会大学顽强生存，并发展壮大，本身就是一个奇迹。他们在近代中国大学建制进程中的探索，对于中国近代化的历史是有重大贡献的。

本书的撰写是基于我在苏州大学读博士期间的研究完成的。衷心感谢导师周川教授对我的悉心指导，老师的言传身教不仅在学术上引领我潜心探索，而且在价值认知方面也让我终身受益。2012年，我赴苏州大学攻读博士时已是不惑之年，是导师的鼓励和关怀让我摆脱了困惑，燃起了激情。从本选题的研究规划到行文成稿，周老师倾注了大量的心血，老师督促我在研究主线上要细致严谨，在文本细节上要斟酌推敲，从清末民初高等教育制度演变，到教会大学办学要义解读，再到华人校长角色冲突与交融，周老师给予了我系统的指导和深刻的启发，为本研究的顺利展开奠定了扎实的理论基础。2020年，母校苏州大学迎来建校120周年，历经两甲子，当年东吴大学的校训箴言“Unto A Full-Grown Man”始终激励苏大学子们砥砺前行，不忘初心，传承并发扬东吴大学“完人教育”的宗旨。

在书稿撰写过程中，非常荣幸得到多位师友的指导和帮助，他们是浙江大学张炜教授，武汉大学陈新忠教授，苏州大学黄启兵教授，匹兹堡大学教育学院叶飞飞教授，河南理工大学部书错教授，西安交通大学张顺教授，清华大学姜海波博士、苏州大学吕承文博士、杭州电子科技大学高丙梁教授、郭继东教授及马玉军等同事，在此一并诚挚作谢。

最后，感谢中国社会科学出版社、浙江省哲学社会科学规划办和杭州电子科技大学对本书出版的资助和支持，也真诚地感谢本书中所有引用文献涉及的学者和出版单位。

时光荏苒，岁月如歌。从本科、硕士到博士，辗转牧野平原、古城西安、锦绣苏杭，两千公里的旅途颠沛，二十年青春的芳华流逝，有怡人的风景，有收获的欣喜，也有失意的落寞，一路走来，我聆听着光阴的故事，也努力编写着属于自己的下一帧。忆眷眷往昔，深知最应该感谢的是我亲爱的家人，父母的呵护，妻儿的陪伴，让我无比珍惜人生，真诚感恩生活。

杨习超

2019 年 8 月 30 日于杭州钱塘江畔